战乱中的上海

马军、蒋杰主编

上海社会科学院“中国现代史”创新型学科团队

1950年上海大轰炸

张犇◎著

上海社会科学院出版社
SHANGHAI ACADEMY OF SOCIAL SCIENCES PRESS

总　序

我是上海之子，身处承平时代，虽已人到中年，还从未遇到过战乱。但是我的祖、父辈则没有那么幸运了。尤其是祖辈，他们曾经长期在20世纪三四十年代的沪上生活，抗日战争、解放战争的创伤烙在他们的记忆里。

外祖母是1936年从杭州来上海帮佣的，她曾反复向我唠叨过三件事，其一是1937年8月淞沪战争时大世界游乐场落下了航空炸弹，当场血流成河，死尸遍地，她当时就在附近不远处，曾随众人逃进了一座大建筑避难。其二是战时她曾一度在乡间居住，“日本军人很坏，每见到有人家有炊烟，就前往捣乱，在灶上拉屎拉尿。为了防止受辱，中国女人常将煤灰涂在脸上，以防被当作‘花姑娘’……”其三是1949年5月解放军攻进上海，许多国民党军人穿便装逃跑，故而马路边的垃圾箱里留下了许多制服。

我的祖父则是1930年来上海的，有一次他曾颇有些自豪地告诉我：“八一三时，我们家住在‘大法国地界’（法租界）的顺昌路……”言下之意是，当大批难民从战火纷飞的华界闸北和南市逃向市中心时，他和我奶奶却因有租界的保护可以免于逃窜和劳顿之苦，从而在“孤岛”苟延残喘。当我问起战时日军的暴行时，他这样回答：“日本军队中的朝鲜人最坏了，比日本人还坏……”遗憾的是当时他并没有说明理由，而我也没有追问。

外祖母和祖父对我最为抚爱，虽然故去20多年了，但我仍然经常想念他们，也想起他们的话语。每当我身处悲哀的心境时，总会梦见他们，先是仿若生前般的对话，然后我便哭醒过来。

我的父亲生于1941年春，即太平洋战争爆发的前夕。父亲常挂在嘴边的是这样一件事：他年幼时曾被寄养在某亲戚家，某一天他哭叫不止，该亲戚不得不将他送回家，当路过南市十六铺一带，他曾亲眼见到远处上空有飞机扔下一排排的炸弹……我算了一下，如果那是他3岁的事，应该是1944年美军飞机轰炸上海日军的设施；如果是9岁的事，则是1950年国民党飞机空袭上海。父亲还曾说到，上海解放那一年他正好8岁，某一天晚上整整打了一夜的炮，第二天醒来他跑到街上去查看，只见到处都是解放军。

大概在我七八岁的时候，父亲常带我到浦东塘桥的一个朋友家里去游玩，当时浦东尚未开发，一派郊外的景象，所见的是一片接一片的农田。他有好几次指着途中的一处旷野说："当年解放军曾打下过一架国民党飞机，飞机残骸就掉在了这里，我们小时候是特地从市区赶到这里来看热闹的。"

……

大致上，这就是我听闻的祖、父辈的战乱记忆。像我这样的家庭，上海有几十万家、几百万家，集合起来，这是一份多么厚重而真实的精神存在，它记录了六七十年前上海民众曾经蒙受的灾难、惊恐、悲伤和屈辱。

战乱的记忆不仅存留在意识层面，还处处显现在我们现实生活的周边情景中：

当我们在北部的闸北寻亲访故时，切不可忘记日本帝国主义者曾如何利用自己的军事优势，狂轰滥炸，将这块本来颇富希望的新兴之地，毁成了一片废墟，多少同胞因此丧命……

当我们坐游船徜徉在黄浦江上，汽笛声声，万舸争流，饱览东方巨港的盛景时，是否忆起了在那国族式微的岁月里，列强的军舰是如何用大口径的火炮肆意威吓着我们先辈们的日常生活……

当我们信步在苏州河边时，微风吹拂、绿枝飘逸时，可曾寻思当年女童子军杨惠敏泅渡过河，将国旗送至北岸的四行仓库，为谢晋元团的八百壮士坚定了守土抗日的决心……

当我们到南市的豫园游玩时，吃着美味的小笼包，走过人头攒动的九曲桥，或许会想起不远处点春堂里曾经有过的勇气和决心，刘丽川、潘起亮在那里点燃了小刀会起义的烈火……

当我们坐着公交车路过南浦大桥桥堍中山南路1551号三山会馆时，可曾知道这座红色清水砖围墙、院落开阔的古建筑，曾是1927年3月21日上海工人第三次武装起义时，南市方面起义工人的指挥总部……

这些故事，离我们可谓是既远又近，远是由于那都是七八十年前，乃至百多年前的事了；近是因为它就在我们的身边，目力所及，手指可触，是一座建筑，一片街区，一条马路，或是一座桥梁。

对我们史学工作者，尤其是上海史研究者来说，这样的记忆还多了一种载体，那就是我们常年接触的档案、报刊、书籍和各种文字资料，其中又以原始档案对血与火的记载最为翔实。本丛书的各位作者都曾长年累月出入于上海市档案馆和上海图书馆等地，着力在千百卷档案和旧报纸的字里行间，搜寻、重构历史的过程，经日录夜作，终告成书。正因如此，鸦片战争在上海、小刀会起义、辛亥革命在上海、齐卢战争、第三次武装起义、两次淞沪战争、上海解放之役，等等，才得以多角度、多侧面、放大般地呈现在读者面前，这不仅丰富了“上海学”这座文化大苑，沪上前辈们经受的苦难和困扰，亦能更真切地被今人感知和体验。由此，作者们除了尽到史学学者的应尽责任外，也拉近了和先人们的距离，虽然身隔阴阳，却常有近在咫尺的心灵沟通。

若是这样的话，先人们就没有走远，他们仍旧在我们中间……

马 军

2017年4月16日夜写于东京力行会馆

反轰炸：一幅恢宏的历史画卷（代序）

展现在读者眼前的这本书是青年学者张犇先生的学术专著，也是他继2015年出版《民国上海空难简史——以1945—1949年为重点的考察》一书之后，呈献给广大读者的第二部史学专著。这部专著属于围绕一个历史事件进行的典型个案研究，选题眼光独到，聚焦于中华人民共和国成立后一个不大但也不小的历史事件，而对上海史研究来说，这一事件又有十分重要的意义和丰富的内容。全书在结构设计上颇有新意，一是在颇具气势的开篇导论之后，作者跨越时空，专写了一章中外历史上的轰炸，为全书做了一个铺垫，也给读者提供了一些参照；二是正文之后、参考文献之外，专设了一个附录，提供了不少很有价值的文献资料。

通读全书，第一印象就是作者严肃认真，勇于突破，穷究学理，严守规范，细致入微，充分展现了史学前辈留下的优良传统。第二个好印象是作者在资料上用功甚勤，对前人的相关成果进行了全面的研读，还查找并利用了大量档案材料，包括在台湾学术机构搜集的一手材料，广泛征引了相关学术观点和史料，做到了让事实和数据说话，显得更有说服力，内容也更加翔实。第三个好印象是作者善于发现真相，纠正错误，矫正偏差，去伪存真，多有创见，且敢于秉笔直书，对人对事评价得当。

在我看来，展读此书，恰似面对一幅历史画卷，眼前浮现的是当年上海滩那乌云压顶城欲摧，众志成城筑堡垒的场景。所以，可以说此书的贡献不仅在于从史料和过程出发，系统梳理和全面叙述了1950年的上海大轰炸，还在于从危机处理视角观察和分析，揭示了中共新地方政权在中华人民共和国成立后百废待兴之际，意气风发、踌躇满志建设大上海之初，遭遇危机、应对危机、化解危机，化险为夷的历史经验，而且是正反两方面的经验，以及它所折射出的毅力、勇气、智慧和力量。应对大轰炸的过程告诉读者，即使是在一个全新的环境，一座工厂密集、房屋林立、人口稠密的大城市，中共的传统优势也能发挥有效作用，如宣传群众、发动群众、组织群众，就为战胜困难、坚持生产、维护秩序奠定了基础，而这是脱离人民群众的国民党所做不到的。这在工会组织在党与工人群众之间发挥的桥梁作用上、各级政府与各界市民的水乳交融、同呼吸共命运上也得到了印证。作者的叙述还触及了政府有效地处理与外资企业的关系、城市运行和管理等重要问题，今天看来，当时的实践并不简单，而且可以说是相当深入细致的。此外，作者客观讲述和评价了苏联空军在那场防空斗争中的作用，以及苏联在防空方面为中国提供的有力帮助。最后，我认为，这部专著在今后很长一个时期具有重要的现实意义。因为当今世界并不太平，国际局势复杂多变，假如一场中外战争不可避免，我国沿海地区尤其是大城市并非安全无虞，人民防空和危机管理依然是重要课题。所以，我相信，张犇先生的这本书一定会令读者开卷有益。是为代序。

王海良

2017年1月于上海

目　录

导 论

1948年、1949年之交，国民党的陆军主力被消灭殆尽。随着解放军继续南进，前者的活动范围越来越小，通道越来越闭塞，所能采取的反击手段也越来越有限，相应地，其战略战术重心必然会有所调整变化。当时的国民党三军中，空军是保留最为完整的军种，并且在与中共军队的力量对比中具有绝对优势。在这种情况下，派遣空军对中共控制区的重要城市进行袭扰，是一种最具现实性的报复、反击，也是一种寻找可乘之机的作战方式。通过对重要军事和经济目标进行持续性轰炸、扫射、骚扰，不断给中共政权控驭局势制造障碍，以期在混乱中实现投机性翻盘，是当时国民党军队反击的主要战略。

作为远东第一大都会的上海，在国民党空军的炸射行动中首当其冲。据统计，自1949年6月至1950年5月一年内，国民党方面先后77次派遣各型飞机共302架次骚扰（侦察、散发传单）、扫射、轰炸上海，投掷炸弹678枚。当时，国民党飞机的空袭每月都有发生，月均为6次左右，其中尤以1949年八九两月最为频繁，几乎每隔一两天即有袭扰。[1]这一系列事件可以分为两个阶段，大致以1950年初国民党草山会议为界。前一阶段，国民党空军的炸射行动多围绕配合其海军对大陆海岸线的封锁，和摧毁造船厂、码头等解放军的渡海作战

[1] 《关于“二·六”轰炸前后本市人防工作情况资料（1962年战备期间整理）》，1962年，上海市人民防空办公室档案B120-1-69，第114页，上海市档案馆藏（以下简称“上档”）。

潜力而展开，虽然也有数次烈性事件，但其总的影响基本局限在军事对抗的范畴以内，未引起系统性危机。后一阶段，国民党将炸射行动升级，出现了对闹市区和居民区的大规模轰炸事件，目标选择更为敏感，特别是在1950年的2月6日即“二六”大轰炸中，不顾美国盟友“颜面”，猛烈轰炸上海最主要的电源点——美商上海电力公司杨树浦发电厂。这一事件导致了两个严重后果：一是物理上的，除了造成大量的人员死伤、财产毁灭和数万民众流离失所之外，此次轰炸直接导致断电，失去了电力驱动，这座远东最具近代化气质的城市瞬间“窒息”，电灯、信号灯熄灭，电车、电梯停运，机器停转，广播喑哑……交通混乱、犯罪率冲高、工业品减产、商品匮乏、物价上涨等问题接踵而至；二是民众心理上的，轰炸之后当政者依然无法阻止更惨烈事件的发生，头顶的轰炸机继续“闲庭信步”，生命财产随时都有再次损伤毁灭的可能性，无奈和惶恐气氛弥漫全城。在国民党飞机的轰炸威胁下，上海陷入军事“无能”、经济混乱、社会情绪悲观的局面，出现了系统性危机。作为国家主要工业产地和财政收入来源的上海若局势不稳，所产生的连锁反应势必波及全国，这引起了中共高层的深切担忧。因此，尽管当时上海还存在很多方面的棘手问题，但从“二六”轰炸起，上海的工作重心遂聚焦于反轰炸。从恢复和保障供电，到各种应急法令、政策的颁布，再到救护、救济、慰问、善后等常规工作，中共上海市委、市政府进行了全城动员，使社会各阶层都参与到反轰炸运动中去。当政者还利用国家机器对国民党特务和犯罪分子进行了镇压。在宣传方面，除了反轰炸外，当政者竭力将舆论引向反美和买公债这两个更具根本和长远意义的目标。中苏同盟的缔结为中共借兵打破轰炸提供了契机，最终在苏联空军的直接参与下，中共在3个月内赢得了上海防空保卫战的胜利，此后虽然仍有国民党飞机袭沪事件发生，但均局限于可控范围之内。在军事胜利、政治稳定的基础上，国家适时调整经济政策，将因轰炸而断裂的经济链条重新接续。可以说，1950年一年，全国和上海均直接或间接地参与了反轰炸运动，其间呈现出壮阔的历史场景，成为1949年以来的上海历史中不可或缺的一部分。反轰炸运动中的种种创建，在留下了深刻时代印记的同时，也产生了深远的历史回响，时至今日，其基本遗产依然在上海城市的发展中起着独特的作用。

前人对此专题的研究多聚焦于1950年“二六”大轰炸这一重大政治历史事件。按照发表时间先后分别为：刘统《1950年中苏联合上海防空保卫战》[1]、林江彩《1950年上海“二六”轰炸研究》[2]、徐锋华《一九五〇年上海“二·六轰炸”及应对》[3]。

刘统论文主要侧重于他所关注的军事史领域。该文广泛利用了大陆地区的军事档案和台湾方面的资料，将国民党对沿海的封锁和对主要城市的轰炸，放在金门、登步之战后解放军剑指台湾的各项军事行动暂时受阻，国民党转守为攻的背景下进行考量。对于封锁和轰炸的基本情况、造成的剧烈破坏和沉重影响，以及上海在防空上的困境做了全面的叙述与分析，最后很自然地导引出苏联防空部队的援华行动。从军事角度而言，该文已属完满[4]，然而军事只是1950年上海大轰炸的一个方面，甚至可以说是次要方面，仅仅突出这一点是不够的。

林江彩的学位论文主体部分有4章，依次为：建国初期上海面临的形势、上海“二六”轰炸始末、社会各阶层的反应、“二六”轰炸的影响。该文的精彩之处在于使用了大量报刊和档案资料，对于“二六”轰炸及其影响的基本情况进行了较为全面的爬梳，是到目前为止聚焦这一事件最详尽的论文。然

---

[1] 韩钢编：《中国当代史研究（一）》，北京：九州出版社，2011年，第177—198页。此文实为该作者所著《跨海之战：金门·海南·一江山》（北京：生活·读书·新知三联书店，2010年）一书中“保卫大上海”（第157—183页）一章。另，该作者《1950：大上海的国共较量》（《同舟共进》2009年第3期）亦为同一内容的节选。

[2] 硕士学位论文，东华大学历史系，2013年。

[3] 《历史研究》2014年第4期。

[4] 关于苏联防空部队来华协防的依据，该文认为是《中苏友好同盟互助条约》的第1条：“一旦缔约国任何一方受到日本或与日本同盟的国家之侵袭因而处于战争状态时，缔约国另一方即尽其全力给予军事及其他援助。”然而当时国民党对上海的轰炸并未符合这一条款，显然不足为据。实则在轰炸之后，远在莫斯科的毛泽东、周恩来与苏联领导人之间就空军援华一事有复杂的利益交换，形成的文本即《中苏友好同盟互助条约》的《补充协议》，是为苏联空军援华的实际条件和依据。

而，相比于其余两作，该文稍显功力不足，在某些章节的安排次序上尚有可商酌之处，对一些重要问题的把握和思考稍欠准确细致。笔者尤为不敢苟同的是，该文的主要出发点和落脚点都放在了中美关系上，认为"二六"事件是在美国公开声明放弃台湾的前提下，国民党蒋介石出于怨愤而轰炸美商企业的报复行为。即便此观点成立，该文也并未对此做出充分可信的论证，颇多主观推断，缺乏说服力。在结论部分，该文又错误地领会了美国中国学者魏斐德（Frederic E. Wakeman Jr.）的意思，认为这一事件使得中美关系彻底恶化；没有将执政者的主动引导作为重要因素来阐述，忽略潜藏于公开宣传材料背后的实际情形，将执政者影响下的群众态度等同于中美关系，这些都是很明显的失误。

徐锋华的论文明确道出了"二六"轰炸的本质是一个政治事件。该文依据广泛的资料，将研究对象所涉及的主要问题都给予了详略相宜的交代。但该文也有不足之处，主要有三：一是该文相比而言为最晚发表，但导语部分并未提及此前的主要研究成果；二是对个别史实考订欠准确，对当时历史环境的整体感知似有偏差；三是对党和政府在危机中转化矛盾、争取主动所做努力的梳理尚欠充分。

另有谢忠强撰《新中国成立初期上海市反轰炸斗争述略》[1]，较为系统地梳理了1949年下半年至1950年上半年逃窜台湾的国民党军队对上海的轰炸和上海的反轰炸斗争。该文用较为精练明晰的语言概括了上海解放后遭受国民党飞机轰炸的基本情况，并很有条理地罗列了中共方面的反制和应对措施，尤其是作者依据档案资料自制的5幅图表，使所述问题更为清晰直观。就一篇论文的篇幅而言，该文堪称完备精当；然而就所述对象的重要程度而论，尚有可商榷之处：一是在轰炸事件的系统梳理中未能将军事事件和政治事件这两种不同性质的事件加以明确区分，对某些轰炸事件的特殊性凸显不够；

[1]《军事历史研究》2012年第4期。

二是对于轰炸与反轰炸给上海乃至中国造成的影响着墨不多，仅有的数笔也未述及要害；三是受史料局限（主要集中于档案，而未用报刊），在梳理反轰炸措施时仅罗列出人民政府的被动反应，而未提及其如何转危为机、主动应对的举措。

在关注20世纪50年代的各著述中，魏斐德遗著《红星照耀上海城——共产党对市政警察的改造》[1]在第四章“动员”中辟有“1950年‘二六轰炸’”专节。该文以独具风格的精练而又到位的表达方式，将美国在这一事件中的“复杂表情”传神地勾画出来，而另一面却是新中国政权日渐得心应手的社会动员机制。

此外，朱秉秀《解放初期的上海防空》[2]、陈晖《苏联空军援助上海始末》[3]、周洁《一个应对突发事件的成功案例——上海解放初期的反封锁、反轰炸斗争》[4]、王春华《毛泽东密请苏联空军进驻上海》[5]、叶介甫《建国初期大上海上空的防御保卫战》[6]、李维民《解放初期保卫上海领空的战斗》[7]等多篇文章，或从整体层面或从某个角度，对解放之初上海的轰炸与反轰炸给予了不同程度的交代，特别是各文中所包含的众多细节，为笔者理顺整个事件的逻辑提供了重要的线索。《上海通史·当代政治》《上海一百年》等通史类著作，以及张济顺《远去的都市：1950年代的上海》[8]等聚焦20世纪50年代的论著为笔者提供了广大而又精微的背景知识。更为值得一提的是，北京卫视、上海纪实频道、江西五套等媒体先后播放了以“二六”轰炸中的谍战为主题的纪录片，直观展示了部分档案资料和珍贵历史影像，使这一问题跃出纸质媒体而引

[1] 梁禾译，北京：人民出版社，2011年。
[2] 《军事历史》1994年第3期。
[3] 《纵横》2005年第11期。
[4] 《上海党史与党建》2005年4月号。
[5] 《文史博览》2010年第4期。
[6] 《福建党史月刊》2011年第15期。
[7] 《党史博览》2014年第2期。
[8] 北京：社会科学文献出版社，2015年。

起了更为广泛的社会关注。

2011年，笔者在完成了民国上海空难史的专题研究之后，受导师马军研究员启发转而关注1950年“二六”大轰炸这一个案。随后广泛收集资料，并于2012年底以此为题材撰写论文参加了上海社会科学院历史研究所主办的“1949年以来的上海”国际学术讨论会。论文主要利用报刊和地方志资料，对于轰炸所造成的破坏和政府的应急措施进行了基本梳理，最后归纳出上海当局所采取的两个反轰炸根本举措，一是“美制匪机”概念的宣传，二是动员购买公债。现在看来，虽然“根本举措”的提法未必恰当，但直至目前，在其他研究中仍未见对于两者的特别重视。此后笔者又开展了关于1950年中苏联合上海防空保卫战的专题研究，对此次苏联空军援华的细节问题进行了系统整理。以这两个专题研究为前导，笔者进行了更为深入的史料搜集整理，通过对史料的梳理、比对、思考，笔者更为明确地认识到“1950年上海大轰炸”一案在上海当代史中的重要意义，也注意到现有研究未能充分反映此案的丰富内涵，并且对于某些重要史实的考订判断有欠准确之处，直接影响研究者对当时复杂历史环境的恰切把握。笔者认为有必要对这一问题进行全面阐述。

关于该专题的史料无疑是很丰富的，包括在上海市档案馆查阅到的大量反轰炸时期的原始档案文献，和在台湾中国国民党文化传播委员会党史馆和中国台湾“中研院”近史所搜集到的部分补充资料，以及在各图书馆、资料室翻检出的当时的主要报刊、资料集、回忆性文章(具体附书末)。上海市档案馆的档案资料共有近百万字，其中包含了上海电力公司对轰炸过程和严重后果的报告、对反轰炸斗争具体措施的陈述，以及对经验和教训的总结；还包含了上海市政府和各部门所采取的救护救济、电力统筹、交通管理、防特反特、舆论宣传等反轰炸措施的文件汇编和简报、总结、办法制度；也包含了十余年后上海人防办对1950年反轰炸斗争的总结。档案资料的相对丰富和完整为拙著基本架构的确立奠定了基础，特别是20世纪60年代对十余年前问题的总结材料，通过另一个时间维度的对比帮助笔者树立起更为准确的历史触感。台湾的档案资料相对较少，但也提供了必要的补充，并与主体史料相互印证，提升了拙著论证的准确度。报刊、资料集和概述性文章的史料为该研究提供了大量的细节和过程描述，是体现反轰炸斗争完整和生动的壮阔场面所不可或缺的资料。由于该专题所聚焦的解放初这一时段，执政者对于舆论工具的运用在场面的控驭和矛盾的转化中发挥了核心作用，因此作为拙著所重点征引的各大报刊史料绝不是可有可无的补充，尤其是"舆论宣传主动出击"一章，在应用报刊史料时，特别注重矛盾双方主要喉舌言论的对比，来提高论证的严密性，应是恰得其所的。另外，解放后的主要报纸中包含有大量制度、法规、办法、措施，大部分是档案中所未囊括的。因此，这些报纸也是档案之外的一个补充。

本书在充分搜集整理史料的基础上，通过对比、总结，去伪存真，归纳史实。注重历史事件的叙述，尽量不做无史料的议论。在事件叙述中，力求全面，全景式还原本来历史面貌，充分展示当时壮阔的历史场景。

相较于前人研究，本书具有五方面独特取向。第一，突出"轰炸"主题，纵向梳理近代以来发生在中国的轰炸与被轰炸重点事件。第二，明确地将1949年6月至1950年5月上海所遭受的国民党飞机轰炸分成两类，一类是偏重军事性质的，一类是偏重政治性质的。两者的区别主要在于轰炸所造成的影响不同，军事性质的轰炸事件影响较小，而一些发生在敏感时间和要害部位的轰炸事件则由军事行动转化为政治事件，进而酿成政治危机。第三，采用"解剖麻雀"的方法，将重要轰炸事件进行全景式、立体式展示，并注重联系的方法的运用，将大轰炸放在解放初上海极其复杂、急剧变化的社会环境中考察，突出其社会关联度。第四，明确指出苏联防空部队的支援是上海能够在短时期内取得反轰炸斗争胜利的决定性因素，新政权从而赢得了迄今为止上海的最后一战的胜利，上海和平发展的局面从此奠定。第五，突出强调党和政府在反轰炸中的积极作为，主要体现在舆论宣传上的积极引导：一是在"一边倒"、中苏联盟的大背景下，利用轰炸造成的悲惨局面，猛烈宣传"美制匪机"这一鲜活生动的概念，对于国民情绪从“恐美”“崇美”“亲美”转向“仇视”“鄙视”“蔑视”美国有着巨大的导向作用；二是在全国性通货膨胀、财政吃紧的大背景下动员民众买公债，在不增发纸币的同时增加了财政收入，纠缠上海达十多年之久的恶性通货膨胀经此一举消弭，对于稳定城市经济、筹集军事行动和经济建设资金具有根本意义。这些积极努力为新中国建政初期政治局面的稳定打下了坚实的基础。

另外，需要特别说明的是，关于本书阐述的主要对象之一——1950年2月6日的轰炸事件，史料和既有研究中有多种书写格式，诸如“二・六轰炸”“‘二・六’轰炸”“‘二六’轰炸”等，本书统一以“‘二六’轰炸”表达，引述史料和既有研究时则一仍原文。

第一章
中外历史上的轰炸

一、轰炸内涵及简史

轰炸，是指从飞机上对各种地面目标投掷炸弹、核武器和发射空对地导弹的活动；是从空中消灭敌方有生力量，摧毁敌技术兵器及其他重要目标的主要手段。[1]

按照《辞海》的上述定义，具有现代意义的轰炸行为只有在飞机问世之后，并且携带爆炸物实施攻击时才可能成立。1903年，美国莱特兄弟设计制造的人类第一架飞机“飞行者一号”试飞成功，揭开了人类从事航空活动的新纪元。飞机诞生后，其主要用途即指向军事，但早期仅用于侦察。在侦察飞行中，飞机顺便甩下几颗手榴弹或者迫击炮弹就具有了轰炸机的雏形。1911年10月，意大利和土耳其为争夺北非利比亚的殖民利益而爆发战争。11月1日，意大利一架飞机向土耳其军队投掷了4枚重约2公斤的榴弹，虽然战果甚微，但它作为世界上第一次空中轰炸事件而被载入史册。[2]第一次世界大战期间，欧洲列强先后组建了空军部队，飞机的侦察、轰炸、扫射、骚扰功能得到

[1] 辞海编辑委员会：《辞海（1979年版）》，上海：上海辞书出版社，1980年，第1344页。
[2] 顾诵芬、史超礼主编：《世界航空发展史》，郑州：河南科学技术出版社，1998年，第170页。

了初步发挥。[1]飞机一经与战争结合，即显示了强大的威力，使得战争的立体化格局最终确立。作战方能否具有空中绝对优势，能否保持或者取得制空权，成为影响战场态势从而左右战局的主要因素之一，也是现代战争的显著特点。在这一基本战争逻辑驱策下，各军事强国自第一次世界大战（简称“一战”）后便大力推动航空事业发展，飞机的技术水平和空军空战的规模与强度越来越大。第二次世界大战（简称“二战”）期间，参战各国的空中对决成为战争不可分割的重要组成部分，从最初不可一世的德国空军，到战争末期如日中天的苏联空军和美国空军，作战双方的很多空战战例成为人类历史的传奇。[2]1944年6月起，美军开始对日本本土进行大规模战略轰炸。在一年多的时间里，美军先后从中国成都，以及太平洋上的马里亚纳群岛和硫磺岛等空军基地出动B-29轰炸机3.3万多架次，向日本207座城市中的115座城市投弹16.8万吨，其中63%是燃烧弹，有66座城市被毁面积超50%。在1945年3月9—10日的轰炸中，日本首都东京1/4的建筑物被毁，死伤人数超过12万，100万居民无家可归，成为“战争史上单独一次轰炸所造成的最大伤亡和损失”。此后，对广岛和长崎的两次“核击”，作为战略轰炸的最高级呈现，成为日本宣布无条件投降的直接动因之一。[3]冷战时期，在新科技革命和美苏军备竞争

[1] 详见顾诵芬、史超礼主编：《世界航空发展史》，第175—181页。

[2] 空战有空空对决、空对地轰炸扫射等几种基本形式。在反法西斯战争中，空对地轰炸是最主要的空战方式。战争前半部分，德国占取主动，在闪击波兰的“白色方案”和闪击苏联的“巴巴罗萨计划”中，强大的轰炸机群为之前驱，在短时间内消灭了对方有生力量，打乱了对方部署。遭受重创的苏联空军在德军的进攻面前，一度手足无措。随后苏军调整力量配置，建立了便利大兵团作战的空军集团军，并且发挥强大重工业的优势大量制造飞机，训练飞行员，终于在莫斯科会战中稳住了阵脚，在斯大林格勒战役中扭转了颓势，在库尔斯克战役中扩大了优势，战争最后阶段横扫对方，而对柏林的空袭成为一种情绪的宣泄。英、美、加开辟欧洲第二战场的诺曼底登陆动用飞机1万多架。可以说，“二战”当中任何一方要想取胜，没有强大空军的参与是不可想象的。详见白献竞：《试析德国“闪电战”在二战初大行其道的原因》（《沈阳教育学院学报》2004年第3期）、彭训厚：《史无前例的大规模登陆战役——诺曼底登陆战役述评》（《军事历史》2008年第1期）、[美]肯尼思·R.惠廷：《第二次世界大战中的苏联空军》，张忆民译，1983年。

[3] 穆景元：《美国空军在二战中对日本本土战略轰炸的作用》，大连近代史研究所、旅顺日俄监狱旧址博物馆编：《大连近代史研究·第12卷》，沈阳：辽宁人民出版社，2015年，第188—194页。赵喜：《二战期间美国战略轰炸研究》，硕士学位论文，山东师范大学世界史专业，2011年。

的大背景下，空军取得了飞跃式发展，战略轰炸在局部战争中发挥着更加重要的作用。美国在朝鲜、越南、中东、巴尔干等战争中使用持续性大规模轰炸，给对方的军队和平民造成了巨大伤害，引起了世界爱好和平人士的反感和谴责。如今，在瞬息变幻的国际风云中，军事轰炸依然作为主要作战方式和威慑力量而表现出巨大的现实存在感。

二、中国早期轰炸事件述略

近代以来，中国虽以弱国面目示人，但航空史和“轰炸史”并不比欧洲晚很多。清末即“置航空武备，但为附设于湖北、江苏、直隶之气球队”。[1]1910年，清政府向法国买进一架“法曼”双翼机，并在南苑的“毅军”操场内开辟了飞机场，这是我国拥有的第一架飞机和首座机场。继之而起的袁世凯北洋政府是中国早期航空事业的主要推动者。1913年，中国第一所航空学校——南苑航空学校成立，用以培养陆海军航空人才和研究航空器制造，飞行家秦国镛担任首任校长。该校培养了中国航空事业的骨干。同年冬，北洋政府派陆军围剿蒙古叛军，在作战中使用飞机进行了空中侦察，开创了中国第一次空中作战行动。翌年4月，在镇压白朗起义的战争中，北洋政府派飞机实施侦察和轰炸，为中国战争史上首次空中轰炸之作战行动。在护国战争中，袁世凯派遣航空队入川、湘作战，但未能挽救败势。[2]

1917年7月11日，在张勋复辟的闹剧中，中国航空早期最重要的轰炸事件发生了，目标竟然直指少年皇帝溥仪居住的紫禁城。此前几天，段祺瑞在天津马厂誓师讨伐张勋。为了配合陆军作战，段祺瑞命令南苑航校校长秦国镛和飞行教官姚锡九、鲍丙辰3人，分别驾驶3架当时中国的主流战机“高德隆”式

[1] 陈存恭：《中国航空的发轫·民前六年至民国十七年》，《中央研究院近代史研究所集刊》第七期。

[2] 马毓福编著：《中国军事航空1908—1949》，北京：航空工业出版社，1994年，第123—129页。

飞机，向“辫子军”发起空袭。“飞机首先‘光临’了丰台地区的‘辫子军’阵地，哪里见过这个阵势的‘辫子军’们四散奔逃，溃不成军。之后飞机到达南河沿张勋住宅上空，从飞机上投下的手榴弹让这位‘辫帅’全家魂飞魄散。接着飞机掠过紫禁城上空，先后投下了3颗手榴弹，完成了此行最重要的任务。3颗手榴弹一颗落在了隆宗门外，一颗落在了御花园里，一颗落在了隆福门上。此举在紫禁城的历史上绝无仅有，也可谓空前绝后。”[1]溥仪在40多年之后对当日的惶恐与绝望依然记忆犹新：

> 飞机空袭那天，我正在书房和老师们说话，听见了飞机声和从来没听过的爆炸声，吓得我浑身发颤，吓得师傅们面无人色。在一阵混乱中，太监们簇拥着我赶忙回到养心殿，好像只有睡觉的地方才最安全，我钻进了卧室再不敢出来。太妃们的情形更加狼狈，有的躲进卧室的角落里，有的钻到桌子底下。当时各宫人声嘈杂，乱成一团。这是中国历史上第一次出现空袭，也是内战史上第一次使用中国空军。如果中国历史上第一个家庭防空情形也值得说一下的话，那就是：各人躲到各人卧室里，把廊子里的竹帘子（叫雨搭）全放下来，根据太监和护军的知识，这就是当时认为最聪明的措施了。[2]

此前，复辟朝廷虽然本质上虚弱，但表面上却颇有一股稳定升平气象。然而，此役之后，“局面突然完全改观。磕头的不来了，‘上谕’没有了，大多数的议政大臣没有了影子，纷纷东逃西散，最后只剩下了王士珍和陈宝琛……”[3]张勋也在当晚躲入荷兰使馆，“辫子军”缴械投降。翌日，溥仪宣布退位。此次空中轰炸，以3颗手榴弹的威力，“颠覆”了一个朝廷。

[1] 哈恩忠：《段祺瑞派飞机“轰炸”紫禁城》，《北京档案》2012年第8期。
[2] 爱新觉罗·溥仪：《我的前半生》，北京：群众出版社，2007年，第73—74页。
[3] 爱新觉罗·溥仪：《我的前半生》，第73页。

其后，各派旧军阀之间更是陷入了旷日持久的混战。直、皖、奉系军阀先后占据北京，他们也分别依托南苑航校的资源组建了自己的航空队，“北洋政府时期军阀混战，常常伴有飞机助战，已成为一大特点”。[1]此时的空中作战行动主要是配合地面部队，或侦察敌情，或执行简单轰炸任务，或临空给对方以威吓，使之精神恐慌，削弱其战斗力。当时，交战双方在多数情况下仅一方拥有飞机，即使双方都有飞机参战，由于飞机没有格斗性能，双方飞机在空中照面，都严格遵守国际航空条约“向右转弯”的规定，互不侵犯，因而没有发生过空战。

广州国民政府在苏联人的帮助下发展空军。国民政府军事委员会第一任航空局局长就由苏联人李糜担任，飞机也使用苏式战机，并且有很多苏联飞行员直接驾驶。北伐时期，国民革命军航空队发挥了很大作用，“除协攻南昌之敌，更飞赴南浔铁路一线，兼施侦察之任，一则爆炸敌兵站部于九江，再则毁敌炮垒于涂家埠，三则轰炸敌军列车于德安，其次轰炸南昌车站敌军司令部，侦察敌军一切行动”。白崇禧称赞说：“一架飞机在战场上使用得宜，足当一个师兵力有余。”而“一架飞机胜于一万战斗士”的说法则是当时高级指挥官的共识。[2]其实这种说法是建立在中国航空事业刚起步时期的脆弱现状之上的，对于战争中空中力量所造成战争天平的倾斜幅度不应过分夸大。

三、抗日战争中日军的轰炸罪行

1931年9月18日，日本发动侵华战争。日军兵锋所指，中国军民坠入了漫无天日的轰炸梦魇。面对关东军的步步紧逼，东北军将指挥机关和部队收缩于东北重镇锦州。10月8日下午，关东军组成侦察机和轰炸机编队，相继在锦州上空投掷75枚炸弹，炸死居民16人，重伤12人，这就是著名的“锦州轰炸”。

---

[1] 马毓福编著：《中国军事航空1908—1949》，第122页。

[2] 张建基：《北伐战争前后的中国空军》，《军事历史研究》1990年第2期。

锦州是中国第一座遭日机轰炸的城市，也是第一次世界大战后世界范围内第一座遭空袭的城市。这次轰炸是日本军队实施所谓“无差别轰炸”的第一次，事实上也开启了第二次世界大战中的无差别轰炸，引起了国际社会非常密切的关注和强烈谴责，日本方面也承认“日军轰炸锦州，使国联空气恶化，对日本非常不利”。[1]之后日军虽然有所收敛，但派机轰炸的行为并未停止。张学良被迫一再退让，关东军终于1932年1月3日占领锦州，进而在2月初吞并东北全境。

上海也是在此时遭受了历史上的第一次轰炸。1932年1月28日晚，日本为了转移国际社会对东北事件的关注，向上海的中国驻军十九路军展开突袭，遭到中国军队的顽强抵抗。1月29日凌晨，日机从停泊在黄浦江上的“能登吕”号航空母舰上起飞轰炸闸北华界，作为重点目标的宝山路584号商务印书馆被炸毁；2月1日，东方图书馆（中国最大的私人图书馆，藏书超过30万册）起火，闸北多处燃烧，公私学校遭到不同程度的毁损。“这场浩劫不仅使商务总厂元气大伤，对中国的文化出版事业也造成了巨大冲击。战前，商务的印刷技术领先全国，但经过这场浩劫，它只得将大量印刷业务交给技术水平较低的小厂家承包。东方图书馆被焚前，从事编译工作的专家曾达300人，之后仅剩十名负责审理外稿的编译人员。”[2]2月29日蔡廷锴在给国民政府的电文中表示：“商务印书馆印刷所中日飞机之炸弹，完全破坏，此为战中最大之损失。”《大美晚报》社论称：“东方图书馆被毁，损失虽专家亦不能计算之，盖非金钱数目所能计算也。一言以蔽之，即世界文化上财富从此亡其不可复得之重要部分而已。”《大陆报》也称：“（此）实中国教育文化上之一大打击也。商务印书馆为中国文化中心机关，竟为日本飞机投弹炸毁。此种重大损失实足使中

[1]　详见袁成毅：《国际社会为何聚焦日军空袭锦州》，《中国社会科学报》2010年3月2日；唐学锋：《抗战初期日机对我国城市的轰炸》，《航空史研究》1999年第3期。

[2]　蔡亮、苏智良：《日本侵华对中国现代化建设的破坏——以上海闸北为例》，《民国档案》2009年第4期。

国新文化运动后退十年也。”[1]据统计：“1月28日至1月31日间，日本对上海出动了63架次飞机进行轰击，投弹101枚，造成上海我平民死亡1人，受伤33人的惨剧。而1932年2月1日至2月29日，日本更是出动668架次飞机，对上海（主要地区）、南京、苏州三地投弹815枚，造成中国方面死亡122人，受伤144人的结果。”[2]上海大学、上海商学院、上海法学院、同济大学等7所高校，吴淞商船学校、市北中学等12所中学以及24所小学的资产全部被毁。闸北、江湾、吴淞等地工厂、商店和住宅也遭到日军的破坏。据战后统计，在整个日军占领区（包括3月1日以后新占领地区）共有工厂597家，其中一半以上遭到破坏，损失约达6 800万元，12 915家商店70%遭到不同程度的破坏。仅江湾地区房屋被烧被炸者达7 539间，闸北无家可归的居民达五六十万人之多。[3]埃德加·斯诺目睹了日军的暴行，对日机轰炸上海的情形做了如下的记录：

> 闸北的居民区和工厂几乎每天遭到空袭，那里许多妇女和儿童害怕地蹲着。最惨的是对难民营的袭击，其中住着一万名去年秋天从长江沿岸逃来的水灾灾民。这些人是由中外救济委员会收容的，日本人完全知道这个难民营的位置，何况屋顶上飘着明显的红十字旗子。尽管这样，这里遭到三次轰炸，有时加之以机枪的扫射。救济委员会主任约翰·西蒙爵士向国际联盟提出的控诉中说，除了几十人被杀死以外，还有几个怀孕的妇女因休克而死亡。
>
> 数架水上飞机在我们头上盘旋。两架突然俯冲下来，我清楚地看见了银色机翼上涂着一个红圈……除投下高性能的航空鱼雷外，还投下了

[1] 商务印书馆善后办事处编：《上海商务印书馆被毁记》，1932年，第7、21页，转引自袁成毅：《日本陆海军对华航空初战及其影响（1931—1932）》，《历史研究》2014年第3期。

[2] 李雪：《1931—1937年“航空救国”运动探析》，硕士学位论文，云南大学人文学院，2014年，第39—40页。

[3] 《上海民防志》编纂委员会编：《上海民防志》，上海：上海社会科学院出版社，2001年，第158页。

许多20磅至100磅的硫磺燃烧弹，这些炸弹在市民密集的地区，立刻爆了开来。这次空袭没有预报，市民躲避不及，几十人有的被炸得血肉横飞，有的被熊熊的大火活活烧死。[1]

面对日本军国主义的蚕食鲸吞和国内复杂的局势，南京国民政府力图将孙中山生前所设想的"航空救国"思想付诸实践，并发展成一场轰轰烈烈的运动，从1931—1937年对航空事业，尤其是军事航空，进行了大力倡导和建设，在提高民众认识、动员国民支持航空、建设航空院校、航空工业、航空管理机制等方面都有巨大的建树，为日后的抗日空战奠定了一定的基础。

当然，在中日之间没有出现全面对抗的时段内，南京政府的军事航空成就主要发挥了"安内"的作用。在国民党各派系混战中，"政府军"频频动用飞机助战。1933年末突发"闽变"，蒋介石于12月1日派机轰炸了福州中山公园举行的新政府成立庆祝大会会场。当日有3架飞机"自西北飞来，灰色翼下有白日徽，在会场上盘旋。众初以为来散传单者，嗣两机忽掷下炸弹，会众纷逃，计共掷下五十磅重量炸弹十枚，五枚落主席台附近六丈至二十丈间，一弹落距主席台六丈之处，炸死会场逃走群众十人"，死者多为十几岁的少年。[2]不久，福建事变也在双方悬殊的综合实力比对中淡然收场。至于在围剿共产党红军的作战中，国民党空军更是发挥了当时技战术条件下空军所能发挥的最大作用。

全面抗战爆发之后，日本军国主义延续了5年前轰炸锦州和上海时的残暴与无耻，造成中国城市财产的毁灭和平民的大量死伤。上海又一次被置于轰炸蹂躏之下。"八一三"淞沪会战期间，日本海军陆战队航空兵在和中国空军展开搏杀之时，出动大批飞机对非军事目标展开轰炸。

---

[1] 埃德加·斯诺：《远东战线》（1993年），转引自唐学锋：《抗战初期日机对我国城市的轰炸》，《航空史研究》1999年第3期。

[2] 《飞机轰炸泉州，死伤市民多人》，《益世报》（天津）1933年12月3日，第1版。

由于上海北站处于交战区，南站就成为军队调配和难民疏散的主要节点。1937年8月28日，日军宣称中国军队聚集南市，所以对这一地区进行轰炸。当天下午2时10分，江西会馆遣送大批难民回原籍，其他难民也蜂拥而至，当时有1 800余人在南站候车，6架日本轰炸机不断俯冲轰炸，投弹20余枚，当即炸死难民250余人，炸伤500余人，沪杭铁路交通枢纽毁于一旦。上海《立报》有如下记载："站屋、天桥及水塔、车房当场被炸毁，同时在站台候车离沪难民均罹于难，死伤达六七百人。死者倒卧于地，伤者转侧呼号，残肢头颅，触目皆是，血流成渠……景象之惨，无以复加。"

王小亭当时任美国好莱坞米高梅公司《今日新闻》电影摄影师，在中国进行战时拍摄。轰炸发生时，他正在黄浦江边的巴特菲尔德太古洋行（Butterfield & Swire Co., Ld.）大楼上。爆炸声起，火光冲天，浓烟滚滚，他当即携带德国埃尔莫电影摄影机驱车前往现场。王小亭回忆道："铁轨上、月台上到处是炸死炸伤的人，断肢残体处处皆是，只是由于工作，才使我忘了所看到的东西。我停步装上片子，看到脚上的鞋子已满帮是血。我穿过铁轨，以燃烧着的天桥作背景拍了好几张全景，这时，看见一个男子从轨道上抱起一个幼孩，把他放在月台上后，又回去抱另一个受重伤的孩子。孩子的母亲已经死在铁轨上。我在拍摄这幅悲惨的情景时，听到有架飞机又飞回来了。我迅速对着那个孩子拍完了剩下的几英尺胶片，然后向孩子跑去，想把他带到安全的地方去，但孩子的父亲回来了。"[1]

照片很快被刊登在美国《生活》杂志上。据估计，当时有1.36亿人看到了这幅照片。这张照片引起国际社会的强烈反响，各国纷纷谴责日本轰炸不设防的城市，杀戮无防御能力的百姓的罪行。[2]世界各大报刊对这张照片的转载传播，也使中国军民的抗战博得了各国人民更广泛的同情和道义支持。

---

[1] 景智宇：《王小亭和他的惊世之作》，政华摘编，上海档案信息网，http://www.archives.sh.cn/shjy/scbq/201306/t20130603_38695.html，2013年6月3日。

[2] 韩子善：《日军轰炸上海火车站》，《领导文萃》2005年第10期。

面对国际舆论的谴责，日本方面百般抵赖。他们咬定是一场“误炸”，诡称飞行员把火车站货栈看作军火库，把候车的难民当成调动中的中国军队。实际上，上海南站及周边远离交火地区，没有任何军事设施。当时，上海南站遣送难民早已众所周知。日军对南站的轰炸，完全是有预谋的野蛮屠杀。因此，理屈词穷的日寇对王小亭恨之入骨，他们声称照片是为了反日宣传而伪造的，悬赏缉拿王小亭并派骑警和特务四处搜捕。王小亭在公共租界当局的帮助下逃亡香港，才免遭不测。

闸北是当时中国军队的主要依托，遭受轰炸也最为惨烈。“10月25—27日3天内，日军出动850架次飞机轮番轰炸，共投掷2 526枚炸弹，闸北、南市几被夷为平地。”[1]火车站和铁路是日机轰炸重点目标，北火车站被炸19次，投掷炸弹177枚，东站被炸8次，投掷炸弹84枚，两车站房屋、月台、货栈及运输设施全部被炸毁殆尽，车辆多节被炸毁，铁轨多处被炸断，铁路员工多有死伤。[2]日机在闸北施虐长达80天之久，战争的破坏使之元气丧失殆尽，昔日“华界自治的典范”成了经济的“下只角”，闸北的现代化建设之路不仅因此而中断，还直接导致了该地区的长期沉沦，以致有人讥讽其是一个“光有躯体”的“赤膊区”。[3]

据统计，此役共炸死炸伤10 567人，全上海被日军完全摧毁的工厂有905家，遭受严重破坏或损失的1 000余家，68所中学遭到破坏，100多万居民沦为无家可归的难民，全市总损失在30亿元以上，超过“一·二八”淞沪战役期间所蒙受的损失。[4]

另外，战役中中国空军上演的“乌龙”也造成己方平民的大量死伤。8月14日，即淞沪会战第二天，中国空军频繁出击，在与日机争逐中获全胜，后来这

---

[1] 熊月之主编:《上海通史·民国政治》,上海:上海人民出版社,1999年,第337页。

[2] 《上海民防志》编纂委员会编:《上海民防志》,第159页。

[3] 蔡亮、苏智良:《日本侵华对中国现代化建设的破坏——以上海闸北为例》,《民国档案》2009年第4期。

[4] 《上海民防志》编纂委员会编:《上海民防志》,第159页。

一天被确定为“空军节”。下午4时30分左右，悲剧发生了：4架中国空军轰炸机在返航前投下了5枚炸弹，其中3枚落在了南京路和外滩交口处的汇中饭店（今和平饭店南楼）和华懋饭店（今和平饭店北楼）附近，时值南京路营业高峰，人头攒动，这一意外造成包括3名欧洲人在内的150人当场死亡，另有200多人受伤。然而，半小时之后，另一架中国飞机又把失误扩大了，它投下的两颗炸弹落在了爱多亚路（今延安东路）与敏体尼路（今西藏南路北段）交汇处的“大世界”门前，在地上炸开了一个长6米、宽3米、深2米的大洞。此前一天，这个游艺场已改作临时难民收容所，正挤满大批难民，再加上附近车辆行人，爆炸共酿成死675人、伤554人的巨大惨祸。[1]

在淞沪会战接近尾声之时，日本将“政略轰炸（无差别轰炸）”以法律形式正式予以确认，“1937年11月，制定并颁布到陆军航空本部的《航空部队使用法》明文规定，陆军航空部队从支援地面转向空中轰炸。”“政略攻击”规定为：“第103、政略攻击的实施，属于破坏要地内包括重要的政治、经济、产业等中枢机关，并且至要的是直接空袭市民，给敌国造成极大恐怖，挫败其意识”。[2]至此，日本军国主义完全放弃战争的基本道义，肆无忌惮地对中国大地实施轰炸。

从淞沪战起至南京沦陷的4个月时间里，日军对中华民国首都进行了持续性轰炸。1937年11月4日，南京市长马超俊就被日机空袭一事向国民政府行政院呈文：

查自淞沪抗日军兴以来，我后方不设防城市，迭遭敌机肆意轰炸，凶狠残毒，漫无目标。京市为首都所在，敌人谋我更属无所不用其极。计自8月15日起至10月15日止两个月中，共遭空袭65次，骚扰破坏无时或已，

[1] 参看蒋杰编译：《“大世界”爆炸案调查报告》，马军、蒋杰主编：《上海法租界史研究第一辑》，上海：上海社会科学院出版社，2016年，第209—228页。

[2] [日]前田哲男：《重庆大轰炸》，李泓、黄莺译，成都：成都科技大学出版社，1989年，第38页。

我无辜民众惨死敌弹之下者，先后达3百余人。他如文化组织、慈善团体以及医药机关等，亦莫不遭其摧毁。每一弹落，墙圮壁颓，血肉横飞。似此违反公理，灭绝人道之暴行，实为历史所罕见，举世所公愤。[1]

虽然日军对于中国首都的密集轰炸和大屠杀具有同样的用意，都是为了泯灭中国人民的抗战意志，但中国政府和人民的顽强抵抗使得这一阴谋落空。

广州是南方最大城市，也成为日机轰炸的重要目标。从1937年8月31日首次空袭广州起，至1938年10月21日广州沦陷的将近14个月间，日军对广州的轰炸，密度仅次于此后的重庆。据不完全调查统计，抗日战争期间，广东全省受日机侵袭死亡人数14 587人，受伤人数10 166人，合计24 753人。[2]

1937年11月，国民政府各中央机构党、政、军由南京迁至武汉，武汉遂成为当时中国军事、政治、经济、文化中心，对全国的抗战发挥着中枢神经的作用，也因此成为日军轰炸的主要目标之一。国民政府在苏联志愿飞行队的帮助下，固守武汉近1年，有力地遏制了日军势头，但也付出了惨重的代价。据统计，从1937年秋开始至1938年10月25日国民党军队从武汉撤退时止，日机共侵入武汉上空达61次，出动飞机964架次，投弹4 500余枚，炸死居民近4 000人，炸伤5 000余人，炸毁民房4 900余栋。[3]

全面抗战初期，苏联对中国给予了极大支持，向中国提供了贷款、武器装备、军事顾问，甚至直接派遣志愿飞行人员，与日军展开空中角逐。地处西北内陆的兰州是苏联物资和装备的主要中转与汇集地，是战时中国国际生命线的重要节点，因此也成为日军的眼中钉。由于无法以地面部队进攻，只能派机空袭。从1937—1943年，日机出动54次、共870架次轰炸、袭扰兰州，投弹2 798枚。有时因天气状况不佳或仪器失灵等原因找不到兰州城时，就将所携

[1] 《侵华日军南京大屠杀档案》，南京：江苏古籍出版社，1987年，第56页，转引自唐学锋：《抗战初期日机对我国城市的轰炸》，《航空史研究》1999年第3期。

[2] 黄丹彤、钟鸣：《日机轰炸广州密度仅次重庆》，《广州日报》2012年10月22日，第16版。

[3] 焦光生、李玉凡：《日寇轰炸武汉实录》，《湖北档案》2005年第7期。

炸弹倾泻在周边市县，笔者所在的小城平凉就因此遭受8次轰炸。“日机空袭甘肃各市县共造成1 426人死亡、受伤，其中死亡821人（男578人、女243人），受伤605人（男444人、女161人），损毁房屋24 124间。”[1]

在整个抗战时期，乃至整个“二战”所波及的区域内，中国战时首都重庆遭受轰炸持续时间最长，后果也最为惨烈，它是世界上第一个被“战略轰炸的思想”摧毁过的城市，有人称其为“广岛之前的广岛”。[2]1937年12月，国民政府和国民党中央党部先后迁渝办公。1938年2月18日，日机对重庆进行了首次轰炸，9架飞机投弹14枚，炸伤3人。1938年10月底，武汉失守，国民政府党、政、军全部迁渝。日军以打促降的希望又一次落空，重庆就此成为日机战略轰炸的核心目标。从1939年起直至太平洋战争爆发这3年时间，是重庆遭受轰炸最频繁、最惨烈的时期，今日重庆的渝中区、沙坪坝区、渝北区、巴南区、北碚区、合川区、万州区、涪陵区以及周边城镇都受到了攻击。日机轰炸多集中于5—9月间，因此时重庆雾少，能见度高，在当时军事航空技术水平下投弹准确度较高。1939年，日机轰炸造成震惊中外的“五三”“五四”惨案，炸死3 991人，炸伤2 323人，创下了中国抗战史上一次轰炸造成死伤最多的纪录。[3]这次轰炸中，日机有计划有准备地把目标选定在人口稠密的城市中心区域。这里既无军事设施，也无军工企业，仅有成片的居民住宅、学校、商店和市民百姓生活的街区，日军飞机带有明显的大屠杀、大破坏的意图。[4]1940年8月19、20日两天，日军共出动289架飞机对重庆市区进行了毁灭性轰炸，投下大量燃烧弹和新型凝固汽油弹，市区多处被炸起火，加之天气炎热，火势愈来愈猛，根本无法扑救，使市区陷入一片火海之中，许多地方变成一片焦土。此次燃烧之惨、火势之猛，远超过1939年“五三”“五四”大轰

[1] 《甘肃省境内遭受敌机空袭损害统计表》，档号14-2-566，甘肃省档案馆藏，转引自杨红霞：《抗战时期日本轰炸甘肃研究》，硕士学位论文，西北师范大学历史学系，2014年，第42页。

[2] ［日］前田哲男：《重庆大轰炸》，李泓、黄莺译，第370页。

[3] 徐朝鉴、王孝询主编：《重庆大轰炸》，重庆：西南师范大学出版社，2002年，第40页。

[4] 徐朝鉴、王孝询主编：《重庆大轰炸》，第72页。

炸。[1]1941年6月5日，在日机轰炸下发生了大隧道窒息惨案，死亡1 000余人，重庆卫戍司令刘峙被撤、重庆市长吴国桢受到革职留任处分。太平洋战争爆发之后，随着日军战略重心的转移，和同盟国支持下中国军队防空能力的增强，日机对重庆轰炸的频次骤减。1943年8月23日最后一次空袭之后，重庆终于摆脱了长达5年半之久的轰炸困扰。在大轰炸中，中国军民被炸死11 889人，炸伤14 100人，经济、文化财富损失无计。日本学者前田哲男在所著《重庆大轰炸》中的一段话非常形象地概括了轰炸所造成的主体与时空的撕裂：

> 整个战争期间，重庆人谁也没看到过持枪要杀戮他们的日本士兵。从1938年2月的试探性空袭到1943年8月的最后一次空袭，没有一个日本士兵在重庆土地上露面，他们只是拼命地从空中投炸弹，日本兵和重庆人的关系是相对的。[2]

除重庆之外，大后方的贵阳、成都、昆明、桂林、西安、延安等地均遭到日军的猛烈轰炸。据统计，从"九一八"事变到日本投降的14年中，中国除吉林、西藏、新疆、澳门和台湾以外的所有地区共有900余座城镇遭到日军无差别轰炸。[3]这是日本军国主义对于中国人民和全人类犯下的滔天罪恶。

数量有限、无力补充的中国空军在战争初期即已消耗殆尽，在苏联方面的大力援助下，才勉强支撑到1939年。随着苏联战略方向的转换，援华空军人员陆续撤出，物资断供，独自面对日本的中国在中日空中对抗中遂失去了还手之力，猖狂的日机在1941年7月侵袭成都时，居然还在太平寺机场着陆，抢走国民党党旗。因此，当时有人把1940年下半年至翌年上半年这段时期称为中

[1] 徐朝鉴、王孝询主编：《重庆大轰炸》，第123页。
[2] [日]前田哲男：《重庆大轰炸》，第5页。
[3] 《抗战影像志：无差别轰炸》，中央电视台综合频道，2015年6月14日。

国空军史上“比较黑暗的时期”。[1]1941年8月起，美国空军人员接续起了援华抗日的任务，从陈纳德的志愿飞行队，到驻华特遣队，再到后来的美空军第十四航空队，美国驻华空军在华南、华中频繁出动对抗日本，给对方以不小的杀伤。

1944年下半年，美军决定以中国成都为基地，大规模轰炸日本本土，处于来回路上的上海又一次遭受被炸的厄运。7月8日凌晨3时许，美机在飞往日本九洲时，路过上海，投弹3枚，均落荒郊，这是上海沦陷后首次遭炸。11月10日上午8时许，美军飞机对驻沪日军进行规模最大的一次轰炸，有包括B-29在内的20余架美机飞临沪空投弹、扫射达2小时之久，主要空袭江湾机场、龙华机场、高昌庙军用仓库和停泊在黄浦江中的日军军舰。日军只进行零星高射炮射击，未升空应战。翌日，美机又来，沪西区市民被炸死2人，受伤11人。此后美机临沪次数更多，对日军军用设施、交通枢纽、人员进行有效轰炸，亦造成少量无辜平民的人员财产损失。[2]以往遭炸时，上海民众的心态多为恐怖与憎恶。然而，此时却有不同，当11月10日美机临空，伪政府的防空警报大鸣时，“市民不但不躲避，反而出门观看”，乃至喜形于色。时人的日记记录了这一情景：市民“步至门外，果见机队三二成群，高翔于霄海之中，又闻隆隆的轰炸之声，人皆现笑容，而无恐惧之声，我也不由精神为之振奋……此次空袭，延至下午一时余方止，范围之广，时间之长，为空前所未有，人皆曰，如服一味兴奋剂也”。[3]国人生活在日军的淫威下苦闷太久，于此时终于看到挣脱的希望，一时大有“与汝偕亡”的慨然之气。

---

[1] 顾学家、姚波：《美国在华空军与中国的抗日战争(1941年8月—1945年3月)》,《美国研究》1989年第4期。

[2] 《上海军事志》编纂委员会：《上海军事志》，上海：上海社会科学院出版社，1994年，第345页；《上海民防志》编纂委员会编：《上海民防志》，第14(大事记1944、1945年)页。

[3] 颜滨著，采金整理：《1942—1945：我的上海沦陷生活》，北京：人民出版社，2015年，第270页。

国民党空军虽然不能有效防止日军对中国城市的狂轰滥炸，但也在抗战后期实现了浴火重生，由太平洋战争爆发之前的濒临覆灭到1945年日本投降时的阵容完备，成为一支较为先进的作战力量。[1]在随后的国共内战中，国民党空军配合地面部队作战，在历次战役中对缺乏空中打击和防御能力的解放军造成了很大损失，也对延安、河北、东北等解放区城镇进行了报复性轰炸，使得平民财产受损严重，但由于它还没有强大到足以左右战局的地步，并且所拥有的"政府军"身份也不容他们有过分行为，因此在战争中总体上所发挥的作用有限，最终也没有能够挽救国民党节节败亡的颓势。

[1] 1945年，蒋介石拥有空军力量如下：5个战斗机大队，其中1个装备P-40，4个装备P-51，共计200架战斗机，除此之外，很快又向美国转购了3个中队的P-47；2个中型轰炸机大队，共拥有60架B-25，其中大多从1943年起就在中国空军服役，在1945年8月15日后，又增加了许多来自美第14航空队的同型机；1个重型轰炸机大队，拥有30架B-24"解放者"式；1个侦察机联队，拥有15架P-38；2个运输机大队，共有120架C-47。国民党空军当时共拥有500架相对先进的飞机，此外，美第14航空队还留下大量零备件，并为国民党政府留下一个美国顾问团。详见米歇尔·乔治：《1937—1949国民党政府空军建设的局限性》(杨常修编译，《航空史研究》2001年第6期)。日军投降后，国民党空军接收日军飞机1 797架，各种油料460余万吨，航空炮(枪)弹2 539万发，炸弹201 259枚，以及各种航空、通信、照相等器材。1946年6月27日，美国国务院批准帮助国民政府建立8个飞行大队的计划，装备成本及训练费达30 770万美元，并批准一个美蒋秘密军事协定，供应国民党1 000架飞机，700多门火炮以及其他大批军火。详见马毓福编著：《中国军事航空(1908—1949)》，第505、637页。

第二章
1949年：军事袭扰

一、国民党空军袭扰上海总体情势

1949年春，国共战场的情势已基本明朗。国民党陆军处处陷于被动，海军也只能在有限条件下活动，只有空军依然保持着绝对优势，几乎能够随意深入"敌后"进行轰炸骚扰。3月25日，中共首脑机关进入北平，5月4日就有国民党空军6架B-24重型轰炸机空袭南苑机场，"炸毁通信机2架，炸伤轰炸机、运输机各1架，炸毁机库1座、房屋20余幢，死伤24人"，对中共领导机关构成了严重威胁，乃至中共中央军委不得不把解放军仅有的30架作战飞机中的20多架（包括10架歼击机、3架轰炸机）集中起来用以保卫北平。[1]第二天，国民党空军又派遣2架重型轰炸机轰炸了太原市的工业区及工人住宿区，"达四十分钟之久，投弹二十四枚""惨死工人及家属七名，伤工人十二名"。[2]5月底，华东大部分解放，国民党失去了空袭长江以北重要城市的基地，因此空袭目标转向南方。自蒋介石败走台湾至1950年5月海南岛和舟山群岛解放的一年间，国民党利用台湾和舟山的空军基地，对南京、杭州、徐州、宁波、福州、广州等东南部重要城市进行持续空袭，而上海作为东亚首屈一指的金融中心和全国经济重心，以及国民党欲重返大陆的主要突破目标，是空袭的重中

[1] 沈志华：《苏联专家在中国（1948—1960）》，北京：新华出版社，2009年，第96页。
[2] 《血债定要清偿，匪机滥炸太原》，《人民日报》1949年5月7日，第1版。

之重。由此，上海城市和人民遭受了自两次淞沪战役之后最严重的空袭困扰。

据统计，上海解放一年间（1949年6月至1950年5月），遭国民党飞机袭扰77次，[1]投弹678枚，受灾地区达118处，伤亡人数4 549人（死1 826人，伤2 723人），炸毁房屋4 300余间，烧毁民船、驳船14艘，轮船、商船31艘，舰艇27艘，损失财产价值估计在1 000亿元以上，其余市政设施和军事要地遭受破坏情况无法估算。[2]

表2-1　1949年6月—1950年5月上海因受国民党飞机袭扰损失情况

		袭扰次数	袭扰架数	分类统计			投弹数量	受灾地点	受灾人数			损毁情况				
				骚扰	扫射	轰炸			小计	炸死	炸伤	房屋	木船	驳船	轮船	机艇登陆艇
1949年	6月	7	24		1	6	43	13	513	53	460	1 001	3			
	7月	7	11	1	3	3	34	9	27	10	17	6			1	
	8月	14	40			14	140	22	811	387	424	333	1	6	12	
	9月	12	36		4	8	31	18	19	4	15	22		1	3	
	10月	7	29		1	6	71	9	718	189	529	701				24
	11月	3	5		2	1	2	3	24	16	8					
	12月	4	17	1		3	33	3	12	3	9			1		
1950年	1月	6	46	2		4	115	22	558	265	293	704		2	15	3
	2月	8	38			8	80	14	1 850	890	960	1 570				
	3月	6	49	3		3	115	3	17	9	8	23				
	4月	1	1			1	3	1								
	5月	2	8	1		1	11	1								
总　计		77	304	8	11	58	678	118	4 549	1 826	2 723	4 360	4	10	31	27

资料来源：《关于“二·六”轰炸前后本市人防工作情况资料》，上海市人民防空办公室档案B120-1-69，第127页，上档。[3]

［1］　袭扰分为扫射、轰炸、骚扰等情形，其中属轰炸破坏性大、影响恶劣。国民党飞机对上海的77次袭扰中属于侦察或散发传单的只有8次，用机枪扫射的有11次，而投弹轰炸的有58次之多，占侵袭总数的3/4。

［2］　《关于“二·六”轰炸前后本市人防工作情况资料》，上海市人民防空办公室档案B120-1-69，第114、115页，上档。关于此期上海遭空袭次数和投弹数量，另有71次593枚一说，《上海民防志》即采此说法。

［3］　原史料中袭扰飞机架次总计为302架次、炸毁房屋数为4 364间。或许是记录有误，此处根据各月数据进行了重新核算，得出袭扰飞机架次为304架次、炸毁房屋数为4 360间。

台湾国民党对上海的空袭呈现出明显的两个阶段、两种规模。第一阶段从1949年6月起至1950年初，空袭多属“常规性”袭扰，其破坏基本限定于军事层面，对新政权的威胁和社会经济生活的影响不大；第二阶段从1950年初国民党召开草山军事会议提出扩大轰炸规模起，至5月上海防空体系建立并足以抵御空袭为止，此期的轰炸引起政治不稳、经济混乱、群情惶恐，对上海社会影响极大。

二、空袭上海的第一个阶段

这里，先就前一阶段军事袭扰的重点事件进行梳理罗列：

6月20日，国民党对上海的第一波空袭降临。[1]当日下午3时35分，2架蚊式轻型轰炸机在赖玉码头与董家渡码头之间投弹1枚，炸毁编号分别为16 995、12 634、14 565的3只木船，炸死杨五老、王凤明、杨真孩、赵绍良4名平民，船主张顺记等4人被炸伤。[2]

为严格执行海上封锁计划，禁止海外物资进入上海，国民党不惜向美、英国家的商船发起攻击，迫使其知难而退。封锁任务主要由国民党海军执行，空军也全力配合。6月21日上午9时45分，英商货轮安契塞斯号（Anchises）在由吴淞口驶到高桥江面时，被2架蚊式轰炸机用机枪扫射并投弹1枚，“全船登时发生剧烈震动，片刻后江水汹涌自左舷引擎间涌入，船长得报后知已受伤，立即掉转头，开快车撞上沙滩搁浅”，4名英籍船员受伤。同时，该船附近有英商亚细亚油栈被飞机上所发射的燃烧弹命中起火，致使2万箱煤油被毁。另有普善路上海后勤粮秣厂附近有一老百姓遭扫射受伤。[3]

6月22日上午9时，2架国民党飞机在中国石油公司西侧大门前投弹1枚，

---

[1]　谢忠强、林江彩等研究皆以6月29日为国民党空袭上海开始之日，实为不确。
[2]　《匪机两架昨窜市空，投弹扫射屠杀市民》，《解放日报》1949年6月21日，第1版。
[3]　《匪机昨再肆虐，英轮一艘中弹受伤》，《解放日报》1949年6月22日，第1版。

图2-1　英商货轮"安契塞斯"号在高桥江面被炸搁浅
资料来源:《解放日报》1949年6月22日,第1版。

炸毁岗亭。[1]

信中实业公司拖轮拖带"兴中2号""兴中4号""兴中6号"铁驳3艘,安孚公司"安沪"拖轮拖带"安孚1号""安孚4号"铁驳2艘,自6月22日空船出沪,准备去南京运回煤炭。6月23日上午,在十一圩港附近遭国民党飞机低飞扫射。该船无线电员徐福钧,押运员李成章,"安孚4号"铁驳老大杨根发等3人当场中弹丧生,1名水手受伤。信中公司只好把三艘空铁驳在十一圩港抛锚,仅把拖轮和安孚公司的拖驳勉强驶回上海。[2]与此同时,还有2架国民党飞机袭扰杭州萧山,投弹3枚,炸死炸伤农民4人。[3]至此,国民党连续4天出动飞机轰炸上海及周边,其目标主要集中于来往上海的货轮,以斩断上海的物资供应,空军袭扰从属于海军的海上封锁。

6月29日的轰炸是上海解放一年间所遭受规模最大的空袭事件之一,也是国民党大规模轰炸无辜平民的开始。当天中午,有6架轰炸机袭击了闸北、北站、虹口3区,投弹34枚,市民死伤500多人,炸毁民房1 000余间。[4]具体情

[1]《匪机两架昨又肆虐》,《解放日报》1949年6月23日,第1版。
[2]《匪机无耻暴行,长江两拖轮遭袭击》,《解放日报》1949年6月25日,第1版。
[3]《匪机两架窜扰杭州萧山》,《解放日报》1949年6月27日,第3版。
[4]《关于"二·六"轰炸前后本市人防工作情况资料》,上海市人民防空办公室档案B120-1-69,第115页,上档。

形为：闸北方面，“投弹十余枚，毁屋百余间，（死伤）估计在两百人以上，仅中华新路沪太路即炸毁草房四十间，死十二人，伤四十人，重伤者由政府部门派救护车分送中美、宏仁、济民、仁济、南洋五家医院；北站方面，宝源路启东路口、宝源路二〇九号高志才家，一四四号三处中弹，毁楼房九幢，平房三间，草房四十六间，死三十五人，重伤六十六人，轻伤八十人……虹口方面，四川路川公路一带，落弹三四枚，毁屋二三十间”。[1]

7月2日，1架蚊式轰炸机偷袭上海，在龙华以南的黄浦江江面上向3条待修的破船投弹3枚，将其摧毁。[2]这个事件代表了另一类轰炸行动的目的，即为阻止解放军向海上进攻而摧毁主要作战工具——船舶，以消灭解放军的海战潜力。此后还有数次更大规模的以摧毁船只为目标的轰炸行动。

3日，4架国民党飞机于中午12时在沪西投掷炸弹，炸死市民魏金海和8岁男孩孟菊仙2人，另有马兰、朱长裕、朱吕氏3人受伤。[3]

4日、5日均有国民党空军飞机进入沪空盲目扫射投弹，炸伤数人，这“已是他们日常的疯狂功课之一”。[4]

其实，6月下旬至7月上旬间，国民党空军轰炸的重点目标不在上海，而在闽北。因为此时解放军“三野”10兵团迅速占领闽北，并积极筹备福州战役，进而剑指金、厦，大有旦夕之间直取台湾之势。因此国民党出动飞机对闽北解放军狂轰滥炸，殃及平民。“七月八日，匪机对不上两万人口的建阳城区，投下九枚燃烧弹，当时天干风急，引起全城大火，虽经民主政府全力领导抢救，全城民房被烧毁约三分之二。”在此以前，建瓯、古田、南平、沙县也连续遭到轰炸。“六月二十八、二十九两日，建瓯城被炸死市民十余人。南平县七月六日两次

[1]《国民党反动派又添一笔血债：匪机昨滥炸本市人民》，《解放日报》1949年6月30日，第1版。
[2]《匪机袭沪，市民愤慨》，《解放日报》1949年7月3日，第1版。
[3]《匪机昨来袭》，《文汇报》1949年7月4日，第1版。
[4]《匪机又来袭扰，无辜市民数名受伤》，《文汇报》1949年7月5日，第1版；《匪机昨又来袭，在郊外盲目扫射》，《文汇报》1949年7月6日，第2版。

遭炸，死伤市民十二人，该县流芳中学亦被炸中，死伤教员二名，学生一名。”[1]另外，时值汛期，长江沿岸已酿成严重水灾，在解放区救灾尚且不及之时，国民党多次派飞机轰炸长江安庆段江堤，竟有重演花园口惨剧之势。[2]在这种情况下，7月中下旬，国民党暂时减少了对上海的袭扰，仅在14日下午3时左右派1架中型轰炸机在龙华机场一带散发传单。[3]

对于解放军利用江南造船厂等机构建造和修复船只为攻取舟山、金门、厦门乃至台湾等沿海岛屿提供渡海工具，国民党方面始终感到不安，因此视江南造船厂为眼中钉，必欲灭之而后快。国民党溃退之前，海军总司令桂永清派人将江南造船厂的主要设备和材料拉到基隆，并且炸毁船坞闸门和多处厂房设备，破坏无法搬运的机器设备、工具、材料，留下一片萧条破败景象。在解放军军代表的领导下，江南造船厂职工积极恢复生产。8月3日上午11时40分，国民党派出6架B-24型轰炸机轮番轰炸江南造船厂，投下500磅以上炸弹34枚，命中20余枚，给停泊在码头上修理的海军舰船造成严重破坏，造船厂各船坞、内燃机、翻沙厂、机器厂、木工厂、电焊厂、电气厂均被炸毁，并炸伤9人，“损失甚大，据记者探悉，该厂已很难复工”。为避开轰炸，江南造船厂于次日将设备、职工分散到复兴岛、杨树浦、汇山码头、武昌路码头、浦东陆家嘴、流动厂（“麦克”号工作船）、高昌庙等7个地方生产。军代表及所长迁往杨树浦分厂办公。自1949年9月至1950年5月，该厂共抢修改装舰艇100多艘。[4]

8月16日，正在集中上课的淞沪警备部队98师293团2营被国民党飞机炸中，当场死伤副政治教导员以下干部战士共231名。[5]

---

[1] 《匪机滥炸闽北人民，居民对残匪无不切齿痛恨》，《人民日报》1949年7月21日，第1版。

[2] 《匪机残暴无耻，竟扫射江堤民工》，《文汇报》1949年7月13日，第6版。《匪机再炸皖南江堤扫射灾民》，《大公报》（上海）1949年7月24日，第1版。

[3] 《匪机一架侵入本市》，《解放日报》1949年7月15日，第1版。

[4] 刘统：《1950年中苏联合上海防空保卫战》，韩钢编：《中国当代史研究（一）》，第180页；《蒋机前日袭沪，江南造船厂被炸》，《解放日报》1949年8月5日，第1版。

[5] 中国人民解放军上海警备区政治部、中共上海市委党史研究室编：《警备大上海》，上海：上海远东出版社，1994年，第142页。

8月26日，国民党飞机2架于下午1时进入上海，在吴淞区投弹12枚，炸伤居民4人。[1]

自此时起，国民党飞机袭沪频次达到高峰，8、9、10三个月内总计达33次之多，尤其8、9两月，气候条件适合飞行轰炸，国民党空军有时甚至每天"造访"上海2—3次之多，主要针对龙华、大场等机场停泊的待修飞机及黄浦江各码头渡口的船只等潜在作战工具进行轰炸，只是每次出动飞机架数不多，造成伤亡和破坏强度也有限。[2]原因可能是此时解放军集结宁波前线，寻机攻取舟山，国民党将空军主要投向对舟山的防御和对宁波的轰炸而无法大批袭扰上海。另外，国民党海军海防第一舰队旗舰"长治"号于9月19日凌晨在长江口外起义，于拂晓5时到达上海外滩武昌路码头。为防备国民党飞机轰炸，当天下午该舰即离开上海，溯江而上到达南京，停泊于燕子矶江面。国民党方面大为惊骇，连日出动飞机搜索，并于22、23两日集中轰炸，致使该舰舰身及设备多处损毁，舰员也因日夜防空而疲惫不堪。危急关头，上级只好决定"弃舰保人"，命令将舰上器材和弹药卸下，人员调离，于24日晨将该舰自沉于长江江底。翌年2月，该舰被打捞出水，经整修成为人民海军第一支舰队——第六舰队的旗舰"南昌"号。[3]

10月1日，蒋介石在最后关头放弃了轰炸天安门以破坏中华人民共和国开国大典的计划，然而整个10月，他对于上海却给予了特别的"关照"。虽然轰炸的次数较前两月为少，但强度有所加大，对于要害部位的"把握"也比之前更准。

8日上午10时45分，3架国民党飞机对军工路4000号的闸北水电公司盘旋轰炸达2小时之久，投掷炸弹40余枚，工房、设备多处被炸毁，炸死工人1

---

[1]　《敌机两架昨又来袭》，《文汇报》1949年8月27日，第2版。

[2]　《空军袭沪，毁匪机二架》，《中央日报》（台北）1949年9月16日，第1版；《我蚊式机群再袭上海》，《中央日报》（台北）1949年9月18日，第1版；《敌机骚扰激起愤恨》，《解放日报》1949年8月13日，第1版。

[3]　郭晔旻：《"长治"号传奇》，《舰载武器》2010年第9期。

人、家属1人，伤10余人，闸北水电一时断绝，抢修3小时才恢复。[1]

9月中旬，上海市军管会在大场机场成立了中国人民解放军空军第二十一厂，从事飞机、发动机修理工作。这成为国民党方面的又一个眼中钉。10月10日，2架国民党空军B-24轰炸机飞临大场机场上空，投掷炸弹16枚，炸毁棚厂2座，炸塌办公楼，炸毁水电设备，所幸并无人员伤亡。此后，为了安全起见，军管会将一些工种疏散到机场四周，将发动机、螺旋桨、金工、电器等重要工种搬迁至市区霍山路300号仓库继续坚持工作，办公也改在晚上进行。[2]

10月13日下午2时38分，1架国民党飞机向人流集中的十六铺轮渡码头附近投掷2枚炸弹，1枚落在外马路，一枚落在民房，炸毁棚户15家及十字路口源丰水果行。由普善山庄和同仁辅元堂收殓的遇难者尸体就有38具，送医院救治者约70人。[3]造成了这样惨烈的结果，在国民党的报纸上，他们竟然借当时韩国所谓"驻华大使馆"参事李鼎邦之口宣称"上海人欢迎中国机飞临"。[4]

15日上午5时，国民党飞机在真如向京沪列车扫射，后又在公和祥码头投弹一枚，幸未伤人。9时起，又有6架飞机先后3次进入沪空，在蓬莱、邑庙等区沿黄浦江北起公和祥码头，南至高昌庙，共投下炸弹18枚，炸死市民34人，炸伤183人，其中重伤住院者43人。具体受灾处为：

> 中山东二路八弄底力行、大利两堆栈，死二人伤七人；太古轮船公司背后之十七号堆栈被炸死一人，伤两人。
>
> 金陵东路大中华橡胶堆栈及圣爱纳龚瑜共被炸死五人，伤五十二人。
>
> 新开河民国路口通达、通德进出口行，死一人，伤十四人。

---

[1] 《匪机昨竟滥炸闸北水电公司，工人奋勇抢救》，《解放日报》1949年10月9日，第2版。
[2] 刘统：《1950年中苏联合上海防空保卫战》，韩钢编：《中国当代史研究（一）》，第182页。
[3] 《匪机滥炸和平居民，昨在十六铺码头投弹》，《解放日报》1949年10月14日，第1版。
[4] 《上海人欢迎中国机飞临》，《中央日报》（台北）1949年10月14日，第1版。

里马路会馆弄福美里一号及九三号被炸死女佣两人。

民国路二一一号至二二九号门面房屋全部被炸毁，死六人，伤廿九人。

民国路银都电影院对面被炸死三轮车工友一人。

里马路老摆渡街之间投弹两枚，一枚未炸，另一枚烧夷弹炸中二八六号所储存之煤油等物，附近的一一六户全部被焚，该处炸死失踪各二人，急死的一人，伤十一人，受灾难胞五二七人，经邑庙公安分局及区接管会收容的一二八人。

外马路江海关码头投弹两枚，死三人，伤四人。

江南造船厂投弹两枚，伤两人。

前伪海军机械学校旧址中弹两枚，轻伤两人。另东区救火会附近落弹两枚幸未爆炸。[1]

16日上午5时半，1架国民党飞机在北站附近扫射，伤30余人，1人送医院后伤重死亡。[2]同一天，国民党飞机投下一顶降落伞，降落在南市静修路大华里22里柯家，伞下系着一个箱子，公安人员拆启后发现箱内竟是一颗重约40磅的炸弹。[3]

10月23日，国民党飞机轰炸金山、亭林、张堰、漕泾、山阳等地，炸死26人，炸伤72人，炸毁房屋100余间。[4]

在10月29日的袭扰中，国民党飞机受到了挫折。上午1架国民党空军第十大队104中队D-47式飞机在上海散发骚扰传单，其后即飞往南京执行相同任务。10时30分该机飞至戚墅堰上空时被解放军高射炮火击落于常州城郊陈渡桥，机身焚毁，驾驶员解仁博、董华岚、报务员周邵南等8人被全部生俘。[5]

---

[1]《匪机续炸和平居民》，《解放日报》1949年10月16日，第2版。
[2]《匪机昨又扰沪》，《大公报》(上海)1949年10月17日，第3版。
[3]《匪机降落的箱子，打开来是个炸弹》，《文汇报》1949年10月20日，第2版。
[4]《上海民防志》编纂委员会编：《上海民防志》，第16页。
[5]《昨扰本市匪机，在戚墅堰被击落》，《解放日报》1949年10月30日，第1版。

图2-2　在戚墅堰被击落的国民党飞机残骸

图2-3　在戚墅堰被击落的国民党飞机的机组人员

资料来源：《解放日报》1949年11月1日，第1版。

戚墅堰当天也遭遇了报复性轰炸，有十几架飞机针对该地机厂和电厂轮番“投弹百五六十枚”，两厂大部被毁，被迫停工。[1]

10月31日是蒋介石63岁生日。当天，“再也没有往日祝寿的场面与心情，蒋介石在蒋经国的陪同下，只是无聊地在上午9时从草山出发，经新店到宜兰，在礁溪用过午餐后再乘火车返回台北”。他在当天的日记中写道：“本日为余六十三岁初度生日，遏去之一年，实为平生所未有最黑暗、最悲惨之一年。”[2]也许蒋氏非要在这种惨淡的氛围里求得一些内心的安慰吧，他的飞机向上海倾泻了大轰炸期间一次投弹数量居第二位的炸弹。当天上午9时至下午1时35分，国民党飞机11架在吴淞口一带盘旋轰炸，投弹50余枚，炸死平民11人，重伤11人，轻伤43人，炸毁机艇、登陆艇共24艘，另有民船14只也被摧毁。[3]

魏斐德在《红星照耀上海城》中说：“8月5日，地方军事当局在外国人拥

[1]　《匪机十余架狂炸戚墅堰》，《解放日报》1949年10月31日，第1版。

[2]　江水：《逃台前后的蒋介石》，《两岸关系》2000年第10期。

[3]　《匪机血腥罪行，昨滥炸吴淞一带》，《解放日报》1949年10月31日，第2版；《关于“二·六”轰炸前后本市人防工作情况资料》，上海市人民防空办公室档案B120-1-69，第115页。

有的商业大楼顶上架起了7架高射机关枪。无论这些事件在国际上引起的政治反响如何，遭受轰炸的事实，可能导致了英国和美国开始用运送这类高射武器来制约蒋介石的美制炸弹，以致在接下来的几个月里转移了国民党对上海的随意轰炸。11月是那年最安静的日子，国民党轰炸机在宁波东面扔了些炸弹，但没有对上海进行轰炸，直到12月4日，十几架P-51型轰炸机又一次妄图摧毁龙华军用机场。”[1]由前文的梳理可以看出，这位美国学者对于国民党空军的剧烈破坏效果显然是过于轻描淡写了，即使在被称为“最安静的日子”的11月，也有3次国民党空军袭沪事件的发生，目标指向机场。11月11日，即在“两航”起义的第三天，国民党派飞机轰炸了“龙华机场的跑道及江湾机场的棚场”[2]，而11月20日上午7时对大场机场的轰炸，酿成死3人，伤10余人的惨剧[3]。12月，国民党飞机分4批共计17架次袭扰上海，主要目标同样指向机场。相比之前而言，规模和破坏性减小了，总共仅造成3人死亡、9人受伤。[4]袭沪频次的减少最主要的原因在于国民党感到舟山、金门、海南所受到的威胁日重，他们只能将空军调往三区域配合防御，间或主动进攻。因此，浙东、闽南、广州是此一时段被空袭的重点区域。9月20日及其前后，宁波的多次被袭造成市区大火，国民党飞机又持续进行扫射轰炸，致使火势无法遏制，商业区精华近1/2惨遭焚毁。“镇海沿海重镇大碶岛遭飞机连续轰炸，已成一片焦土，大榭岛上一百四十余户的关外村被炸仅余八户。”[5]这些事件时时牵动着占沪上人口总数1/5的宁波移民以及更多浙江籍移民的神经，各种劝捐、申诉活动在上海形成了一股反轰炸、反暴行的激流。

以上即为1949年国民党飞机袭扰上海的基本情况。总的来看，上海解放

[1] [美]魏斐德：《红星照耀上海城——共产党对市政警察的改造》，梁禾译，第174页。
[2] 《我空军大举出击轰炸京沪杭机场》，《中央日报》（台北）1949年11月12日，第1版。
[3] 《匪机又肆虐，死伤十余人》，《文汇报》1949年11月21日，第2版。
[4] 《关于“二·六”轰炸前后本市人防工作情况资料》，1962年，上海市人民防空办公室档案B120-1-69，第127页，上档。
[5] 《匪机疯狂轰炸上海浙东》，《人民日报》1949年10月15日，第1版。

后一年间总共遭受空袭77次，发生在1949年的为54次，占七成以上；国民党飞机投掷炸弹总数为302枚，1949年为162枚，占一半以上。这说明国民党在袭扰上海以及重要城市的主动性和积极性上，以1949年败退之后最为强烈。但从轰炸所造成的破坏效果和社会影响来看，1949年的袭扰只具有局部和暂时效应。解放初，上海被轰炸和反轰炸斗争的重心，应是本书将要着重叙述的1950年。

第三章
1950年：轰炸危机

解放初的上海，百废待兴，非常需要有一个安定和平的建设环境。然而，当时的实际情形却并不乐观。除了国民党撤离时遗留下的诸如投机倒把、通货膨胀、社会秩序混乱等一系列经济社会问题之外，更大的危机是由国民党的军事行动所直接造成的。前文所述及的发生于1949的飞机袭扰，使得上海人民生命财产受到直接的损害和威胁，但暂时并未构成系统性破坏，在1949年内对上海经济建设和社会稳定影响有限。而自该年6月下旬开始的国民党对沿海，尤其是上海的武装封锁，给上海的经济建设和社会稳定构成了巨大破坏，是1949年后半年上海所面临的主要威胁。面对封锁危机，中共华东局和上海党政机关在中共中央的支持下，采取了较为得当的应对策略，在短时间内一举稳定了局势，使得国民党方面的意图落空。在这种情况下，国民党将轰炸升级，采取了更具冒险性和破坏性的暴力方式，将上海推入了更大危机。

一、反封锁斗争的胜利

中共所称的“封锁”，在国民党方面被称为“关闭”，“乍看起来两个名词并无多大差别，实际上其意义却迥然不同”。后者的依据是国际法中的惯例，认为“封锁是对交战国或既经承认的交战团体而言”，而“关闭是自己政府对本国内有绝对主权的港口，因某种特殊原因予以关闭，暂停使用”。基于此理，“为了断绝共匪的海上交通与海外接济，对过去陷入匪军之手的匪港，我政府乃宣告以武力予以关闭，这是绝对合法合理而且亦是绝对必要的措施”。于是，国民党依然站在主政者的立场，宣布“自六月廿六日零时起凡我国沿海匪港全部予以关闭”，具体任务由海军执行，空军协助。其范围为“南自闽江口起北至辽河口止，离我国海岸三里（以低潮期做标准）以内的领海，不准任何国家的船只出入，并同时由外交部正式照会各国驻华使馆，否则概不负安全之责。如果是匪军船只则一律击沉或炸沉勿论”。[1]“关闭”政策采取的主要措施是：命令其飞机、军舰，对上海港口设施、航行和停泊的船舶进行轰炸袭击；在渤海、长江口、华东及华南沿海布放大量水雷；查缉前往大陆的各国商轮，对在沿海航行的船舶进行袭击、拦劫。[2]

在关乎生死存亡的危急时刻，国民党上下拼命抓住一切救命稻草，而“关闭”海岸作为当时最切实有效的战略决策，被执行得非常严格。大陆方面的资料一般以6月23日国民党在长江口外布雷之日为封锁政策的开始，[3]此后

[1] 《关闭匪岸七十天》，《中央日报》（台北）1949年9月6日，第2版。国民党强调“关闭”这一概念，而大多数外国政府都把它视为全面封锁。“国际舆论认为，实行封锁的做法，使广州国民党政府不再视中国内战为一场‘剿匪运动’，而是已经把共产党当作具有国际地位的敌手，从而在事实上认可了共产党新政权的地位。”详见［美］魏斐德：《红星照耀上海城——共产党对市政警察的改造》，第148页。

[2] 刘统：《1950年中苏联合上海防空保卫战》，韩钢编：《中国当代史研究（一）》，第178页；李德仑整理：《上海海员在反封锁反轰炸的日日夜夜里》，《上海党史》1994年3月。

[3] 国民党方面关于“关闭”政策的开始有几个时间点：6月9日，国民党当局宣布他们在长江入口处布下了水雷；6月19日，国民党电台发出其空军将轰炸所有掌管在共产党手中的港口，包括上海、南京、天津、青岛和宁波港；6月20日，国民党外交部正式通知在广州的外国使者：从福建闽江北至东北辽河的沿海港口都“应当暂时关闭”；6月26日起“外国船只严格禁止入内”。详见［美］魏斐德：《红星照耀上海城——共产党对市政警察的改造》，第147—148页。

6月9日的“布雷事件”确有其事，《字林西报》于10日以头版对这一事件进行了报道，随后《大美晚报》、合众社、美联社等外国媒体都对其进行报道。上海市军管会最初并不能确定国民党施加封锁的能力和造成的危害，因此出于维护稳定的目的，欲将这一事件隐瞒下来。于是，以《解放日报》为首的主流报纸认定《字林西报》等外媒为造谣，对其进行持续批判，甚至发动了群众抗议。最终，该事件以《字林西报》在报上公开发表“悔过书”而告终。上海市军管会成功地将此事件“压”了下来，并严厉打击了外国媒体。详见［美］魏斐德：《红星照耀上海城——共产党对市政警察的改造》，第152页；《长江口并无布雷事实，字林西报造谣惑众》，《解放日报》1949年6月21日，第1版；《对长江口布雷造谣事件，字林西报已承认错误》，《解放日报》1949年6月25日，第2版。

不久，就有“香山”“济南”“新宁”“伏虎”等7艘公私营轮船遭遇不幸，触雷沉没，数名船员被炸死炸伤。主要负责执行封锁任务的是国民党海军第一舰队，舰队司令刘广凯指挥“太和”“太康”“太昭”“太平”4艘驱逐舰及“永丰”“永泰”等炮舰，从舟山出动百余次，拦截过往美、英籍货轮41艘，捕获汽船25艘、机帆船200余艘。[1]仅1949年6、7、8三个月中，被国民党军舰、飞机炸沉炸毁的较大船舶就有“郑和”“江新”等38艘，5.1万多吨。[2]对于英、美等国的商船，国民党甚至不惜诉诸武力，也决不让通过。封锁期间，来往上海的商船当中，属英国的最多，多从事香港和上海、青岛、烟台间的转口贸易，为大陆送来急需物资。国民党方面称其为“不友好的约翰牛”，6月21日轰炸“安契塞斯”号并于8月23日扣留了“摩拉”号商船。[3]11月27日，英国驱逐舰4艘掩护多艘英国商船进至长江口，遭到国民党海军4艘驱逐舰的拦截。英军指挥官和刘广凯谈判，表示他们所载物品全是商品和工业用品，并非军用品，可以上船检查。他们是按合同到上海经商，对国民党海军违反国际法的行为表示抗议。双方在海上僵持了三天，这期间有一艘美籍商船“富兰克林”号强行闯关，国民党海军开炮射击。该轮船中弹多处，仍勉强驶入上海港。英国舰队见国民党海军如此野蛮，被迫驶向外海。[4]

国民党的严密封锁致使外埠商轮不敢靠近上海港，给对外依存度极高的上海经济社会造成了严峻的危机。“1949年6月26日到7月23日之间，没有任何一艘船只或任何一架飞机从国外抵达上海港。”[5]在老上海所形成的经济运行模式下，重要工业的生产原料及机器，大部分仰赖外国。如：作为上海工业基础的动力生产，不仅为外商经营，其原料80%用进口油料，甚至20%的煤也

[1] 刘统：《1950年中苏联合上海防空保卫战》，韩钢编：《中国当代史研究（一）》，第178页。
[2] 李德仑整理：《上海海员在反封锁反轰炸的日日夜夜里》，《上海党史》1994年3月。
[3] 《关闭匪岸七十天》，《中央日报》（台北）1949年9月6日，第2版。
[4] 刘统：《1950年中苏联合上海防空保卫战》，韩钢编：《中国当代史研究（一）》，第178—179页。
[5] 《纽约时报》1949年7月24日，第19版，转引自［美］魏斐德：《红星照耀上海城——共产党对市政警察的改造》，第150页。

大都依靠舶来品；500万人生命所托的食粮，依赖于洋米洋面者50%—60%；占全国总设备约60%的棉纺业，所需原棉有60%靠进口；占全国总设备80%的毛纺业，全部靠进口毛条维持生产；占全国总设备1/4的面粉业，原料全靠洋麦；月产6 000余吨纸张的造纸设备，完全依靠进口的纸浆；月产12万箱的卷烟业，半数以上的烟纸烟丝都靠外来；等等。[1]上海解放时，全市的存煤只有5 000吨，只够当时一天的消耗，粮食储备只有4 000万斤，只够上海市民用半个月。国民党搬走了工厂设备，拖走了轮船，并破坏了大批带不走的船只和机器。挨到7月，上海市政府所掌握的必需物资，存量几乎到了枯竭的地步。由于原料供应紧张，全市87个主要工业行业的13 000多家私营工厂，只有25.9%开工。[2]在这种情况下，解放之初刚被平抑的物价又一次暴涨。6月23日至7月21日的近一个月内，纱价由32.5万元/20支纱上涨到61.5万元/20支纱，上涨89%；米价由每石1.17万元上涨至5.9万元，上涨404%。7月份物价指数上升为204.61，即比6月份增长104.6，各种主要商品的7月份平均价比6月份上升50%—200%以上。[3]上海的工业生产、工人就业、市民日常生活面临着严峻的形势。

中共上海市委首先考虑的是疏散人口和迁厂迁校，以减轻上海的负担和压力，渡过难关，并以此思路拓展成包括军事斗争、疏导交通、鼓励内贸、厉行节约等内容的粉碎封锁的"六项任务"，作为当时全市工作的基本纲领。

在反封锁"六项任务"的号召下，中国标准铅笔厂于8月下旬决定将"现有机器之半数运往哈尔滨建立新厂，以便就原料"，成为上海产业界首家响应疏散迁厂号召的企业。[4]9月5日，私营新华、康乐、龙华等4家烟厂也分别迁

---

[1] 中共上海市委党史研究室编:《历史巨变：1949—1956》，上海：上海书店出版社，2001年，第25页。

[2] 劳黎:《机智勇敢的上海海员——忆上海解放初期反封锁反轰炸的斗争》，《航海》1992年3月。

[3] 中国科学院上海经济研究所、上海社会科学院经济研究所编:《上海解放前后物价资料汇编（1921年—1957年）》，上海：上海人民出版社，1958年，第359—360页。

[4]《标准铅笔厂首北迁，首批机器分装待运》，《解放日报》1949年8月21日，第2版。

往郑州、天津、汉口等地。到1949年底以前，先后有上海铅笔厂、正明、新新等火柴厂、寰球内衣织造厂、国信纺织厂、中央化学玻璃厂等10个行业的20多家中小工厂部分或全部进行了内迁。[1]然而，这与当初的迁厂计划相比只能算是九牛一毛，而且，作为上海工业主要门类的纺织业并没有迁移。因为在七八月间召开的上海财经会议上，陈云考虑到工业生产的集中效应和搬迁之后恢复生产周期长，在迁移的停产过渡期市场会因产品短缺引起更为剧烈的通胀等连锁反应，以及当时尚有利用欧美国家间矛盾获取原料的可能性等因素，决定上海的工厂暂时不向内地迁移，"特别是占当时全市工业总产值55%的纺织工厂一个也不搬"，全力维持生产。中央集中调度全国的资源全力支持上海所必须的"二白一黑"（大米、棉花、煤炭）供应，并且加强内河航运加快运输速度。"这一决策不仅重新明确了粉碎美蒋封锁的方针，指导上海克服困难、渡过难关；而且保住了上海这个老工业基地，为以后上海的经济发展奠定了基础；同时开创了'全国支援上海、上海支援全国'的新格局，并在以后经济发展过程中逐渐得到扩展。"[2]另外，上海市军管会为突破封锁线，有针对性地采取了众多有效措施，从国内外市场进口工业原材料，如准许商人自备外汇进口棉花，免除棉花进口税；对船舶进出口采取辅助的方针，奖励绕道青岛、天津出口和进口，在运费、税收上予以照顾等，落实了一系列的过渡办法，使上海的工商业在口岸被封锁的情况下，仍能获得生产所必需的原材料，对外贸易状况也有所好转。国家也通过加工、订货、收购、代销和配售原料等方式扶持上海轻纺工业的发展。到1949年底，占全市60%以上的纺织印染厂、30%以上的绸厂、70%以上的面粉厂，都受到过国家不同方式的扶持。[3]此外，军管会还利用国民党畏惧和依赖美英等国的现实心理，将从黄浦江中打捞起的沉船进行修理后予以伪装，"靠太古码头者悬英旗，靠美商码头者悬美旗，以避开敌

[1] 中共上海市委党史研究室编：《历史巨变：1949—1956》，第34页。

[2] 中共上海市委党史研究室编：《历史巨变：1949—1956》，第30—31页。

[3] 周洁：《一个应对突发事件的成功案例——上海解放初期的反封锁、反轰炸斗争》，《上海党史与党建》2005年第4期。

方轰炸攻击，增加实际运力。”[1]再者，某些行业所采取的燃料替代措施也收到了很明显的效果，如占上海总供电量81.3%的美商上海电力公司杨树浦发电厂，原本所用燃料原油的80%以上依靠进口，在外来油料供应断绝之后，电厂职工自力更生，苦战19昼夜，将燃油炉改为燃煤锅炉，改由内地供给燃料，确保了全市的正常用电。上海市公共交通公司当时有公共汽车312辆，营运线路14条，线路总长103.4公里，每天行驶33 000多公里，所用燃料为汽油，97%靠进口。公交职工在工程师张德庆的主持下，制造出烧木炭、白煤的锅炉，拖在汽车后面，形成了当时一幅别样风景。[2]节约和增产运动也以多种形式展开，如：上海市公用局路灯处为节约电力拆除路灯274盏，改装3 117盏，“用电量可省205基洛瓦特”；[3]上海北站行李房的职工自愿放弃相当于7天半工资的年终奖，并提出“今年少吃一只蛋、明年多孵一只鸡”的口号；[4]振扬电厂职工在烧煤时，把煤炭先敲成鸡蛋或石子一样大小，结果是烧剩的“二炭较前大大地减少，发电量也较前增多”；[5]上海财委规定，电风扇每次使用不得超过5分钟，每天不得超过20次，洗脸以半盆水为限，一般情况下不准开电梯；市委机关食堂的饭菜票也是利用国民党逃离时丢弃的蒋介石画像的背面白纸印刷的；陈毅身体力行，带头吃大灶、裁减警卫人员……[6]

反封锁的各项举措取得了预期的目的。1949年底，据68个主要工业行业10 078家私营工厂统计，开工率已达61.7%。其中有些重要行业如钢铁、机器制造、棉纺、毛纺、染织工业等开工率达80%，另如造船、碾米、医疗器械等达到100%。棉纺工业纱锭运转率达83%，产量较6月份增加34.8%，毛纺增加59.5%，卷烟增加89.6%，火柴增加80.1%，水泥增加了17倍，用电量也达到了

[1]　《处理在沪英轮》，1949年，11-32-11-06-055，第5页，中国台湾“中研院”近史所档案馆藏。
[2]　中共上海市委党史研究室编：《历史巨变：1949—1956》，第32页。
[3]　《公用局计划改装路灯三千余盏》，《解放日报》1949年10月7日，第3版。
[4]　《今年少吃一只蛋，明年多孵一只鸡》，《文汇报》1950年1月25日，第1版。
[5]　《振扬电厂职工动员，把灯接到泰州去》，《文汇报》1949年7月31日，第6版。
[6]　中国人民解放军上海警备区政治部、中共上海市委党史研究室编：《警备大上海》，第38页。

解放以来的峰值。这些数据充分表明上海的经济环境在好转，并且经过9月、11月两次以集中抛售为主要内容的“经济战”之后，波动起伏的物价指数也被暂时地压了下来，市民的基本生活有了保障。

总之，从1949年5月底上海解放至当年底，“经过各种曲折与复杂的斗争”，上海的局面开始稳定下来，“上海工商业的情况开始好转了”“市库的收入也开始较前宽裕了”“市政局部建设与市政修整也开始了”“这业已造成了上海情况会继续好转的极大可能”。但“所谓好转是不充分的，是不全面的，因为目前仍然存在着严重的困难，如年关迫近，广大工人群众及公教人员的薪给，只能勉强维持；难民倒流，失业现象不能解决；工商业很多部门虽已日渐活跃，日益向前发展，但某些部门仍处在极其严重的境地。”[1]正是在新政权刚刚从局部打破封锁，并且初步建立了反轰炸的应对机制，国民经济有向好的方向发展的趋势时，国民党方面将暴力破坏升级化，又一次将上海社会推向了危机。

二、轰炸升级

由于解放军没有海、空军配合作战，在解放东南沿海岛屿的局部战争中，如果无法实现夜战、近战、速战，则会陷入对方军舰、飞机的狂轰滥炸之下而毫无招架之功。1949年10月、11月的金门、登步登陆作战失利是其典型。国民党方面则借这两次小规模胜利稳住阵脚，重整士气，并实现了转守为攻，依靠海空军优势向大陆发动反扑，“战略上采取持久消耗”“战术上以攻为守，积极开展敌后游击，并对匪沿海实行登陆奇袭，以争取主动”。[2]

在“关闭”政策没有取得预期效果的情况下，国民党试图以轰炸机再次搅

[1]　中共上海市委党史研究室编：《陈毅在上海》，北京：中共党史出版社，1992年，第81—83页。
[2]　刘统：《1950年中苏联合上海防空保卫战》，韩钢编：《中国当代史研究（一）》，第178页。

浑上海暂时的安静。1950年初，蒋介石在台北草山[1]召开军事会议，提出对上海及其他城市的发电厂、水厂、码头、仓库、船只、车站、铁路、桥梁等加大轰炸力度，试图全面破坏上海的重要设施，造成上海经济和生活的瘫痪，而后导致天下大乱，从而达到卷土重来的目的。[2]果不其然，自此以后，国民党飞机对上海的空袭更为频繁，轰炸规模不断升级。

1月7日，国民党轰炸机8架于中午12时至下午2时间分批袭击上海，因驻沪解放军高射炮火猛烈还击，终不敢低飞，"竟在浦东及沿江一带，狂轰滥炸居民区"，投弹30多枚，炸死60多人，炸伤40人。"贾家宅、曹家宅、杨家宅一带损失最重，民房棚户被毁百余间。浦东西渡陶家宅、新三井、洋泾镇东首杨家门有民房90间被毁；沿江一带有数艘民船被炸沉。"[3]陶家宅64保和43保为投弹最多处，中弹10余枚，总共被炸死19人，伤10人。

1月8日上午11时起，又有"美制P-51型及B-24型敌机八架，先后在浦东及沿黄浦江一带轰炸和平居民，死伤居民六十余人，被毁房屋近二百间"。直至下午2时，"因我高射炮火猛烈，匪机未敢低飞逸去"。[4]

1月11日，国民党空军大规模出击，分两个编队批次分别从台湾和定海起飞向大陆各重要地区袭击。空袭上海的有两路：一是B-24型重型轰炸机大编队，共6架，分别由李肇华中校、水建盘中校、刘希瑞中校、吴达波中校、王方柱少校、黄圜少校、王儒少校、赵钦上尉等驾驶，于12时20分到达上海上空；二是P-51型野马式机群，在B-24重型轰炸机之后再袭上海。[5]两队飞机分

[1] 草山因盛产茅草而得名，位于台北市区正北方。1949年蒋介石到台后即寄居于此，因忌讳"落草为寇"的说法，易其名，代之以他所敬仰的先哲之名，题曰：阳明山。历史上的"草山会议"有多次，较著名的是1945年8月16日由日军不愿投降的"死硬派"和部分台湾士绅主导的，商讨"台湾独立事宜"成为"台独"的源头。国民党逃台之后，以草山为据点，很多重要会议都在此举行，多数被称为"草山会议"，如检讨失败教训、商讨国民党改组的关门会议等。

[2] 林江彩：《1950年上海"二六"轰炸研究》，硕士学位论文，东华大学历史系，2013年，第12页。

[3] 谢忠强：《新中国成立初期上海市反轰炸斗争述略》，《军事历史研究》2012年第4期。

[4] 《匪机又炸上海，人民极度愤慨》，《人民日报》1950年1月9日，第1版。

[5] 《空军出击沪港，伤毁匪军船轮多艘》，《中央日报》（台北）1950年1月13日，第2版。

别在浦东、吴淞、杨树浦一带高空盘旋投弹达1小时之久。杨树浦英商怡和纱厂中弹2枚起火，炸毁厂房34间，染缸部全被炸毁，死伤21人。浦东西渡沿江一带陶家宅、卢家宅等处再度被炸，中弹18枚，震塌民房10余间。在吴淞口投弹6枚，死伤居民10余人。[1]王方柱驾驶的61号轰炸机，在浦东船坞江面轰炸1 000吨以上船舶2艘。在中纺十二厂附近江面轰炸轮船3艘，扫射小火轮4艘。[2]《大公报》记者对当时的惨烈局面有详细记录：

> 死伤最重的地区是杨树浦广兴码头，当场炸死的市民十一人中有两个连头颅都不见了，其他的死者肢体也残缺不全。除扬子江拖驳公司的船员郑文才、邵连贵、周敖鱼还查得出姓名以外，其余的连姓名都不知道。入晚，还是无人领尸。码头旁，还炸死了三头羊，活着的一头眼睛里直在流血。怡和纱厂钢骨水泥的染缸间被炸塌了，当场炸死女工秦龙弟、徐王氏及男工吴银洪等三人。秦龙弟的孩子在他母亲的尸体旁痛哭，他还在念书，现在他更不知道如何来处理这件事情以及遗留下来的弟妹们。浦东居家桥本月七号才被炸过，死去的人刚用棺材盛起来，停在空地上，昨天连这几个死人都不被放过，又一次遭受匪机的残害。居民们对匪机这种绝灭人性的行为，都抱着刻骨的痛恨。[3]

1月17日，国民党轰炸机“不畏恶劣天气飞炸上海龙华机场，跑道多处被坏甚烈”，之后对由嘉善向北行驶的火车扫射，车头被炸毁。[4]

1月23日，国民党飞机空袭金山漕泾驻军，解放军干部、战士牺牲33人。[5]

---

［1］《匪机昨又窜袭本市，和平居民三十余人罹难》，《解放日报》1950年1月12日，第2版；《老怡和纱厂被炸前后》，《文汇报》1950年1月16日，第2版。

［2］《空军出击沪港，伤毁匪军船轮多艘》，《中央日报》（台北）1950年1月13日，第2版。

［3］《匪机昨又滥炸市区》，《大公报》（上海）1950年1月12日，第2版。

［4］《空军炸龙华机场》，《中央日报》（台北）1950年1月18日，第2版；《空军炸京沪》，《中央日报》（台北）1950年1月19日，第1版。

［5］《上海民防志》编纂委员会编：《上海民防志》，第17页。

1月25日的轰炸，虽然不是规模最大的，但却是“解放后最残酷的轰炸”。[1]当日上午10时左右，12架B-24型重型轰炸机从台湾基地起飞，依然由水建盘、刘希瑞、侯谦明、黄凯、赵钦、王国南、王方柱、张缙绅、梁德铭、齐树声、秦循则、胡致远等资深飞行员驾驶，中午12时左右到达上海。同时又有数架P-51型机从定海机场起飞，为轰炸机作掩护。它们以江南造船厂为主要目标，同时沿黄浦江对十六铺、高昌庙、杨树浦、杨家渡等处投掷重磅炸弹52枚。江南造船厂中弹21枚，“火焰冲天七千尺以上”，继上年8月3日被滥炸之后，厂房和机器设备遭受了更大损失。华东海军停泊修理的“万寿花”、“常州”等26艘舰船被炸毁，码头被毁1 000米。该厂一度被迫停产。为了避免再遭轰炸，2月初将能开动的13艘舰艇调离上海和南京，溯长江而上疏散到武汉。[2]

十六铺、高昌庙、杨树浦、浦东杨家渡等地被炸，400余间民房及商铺被炸毁或震毁，市民死70余人，伤300余人，“以邑庙区的十六铺方浜支路一带及浦东高邮南街等地居民区损失最重”。[3]具体情形如下：

> 在十六铺小东门方浜东路一带，该处中弹四枚，落于力生与义源德两店号，着弹之后，自方浜东路三十九号老南昌起，王德润、王德大、秦和、源平、大同、源裕、永泰等店号皆被炸毁，大吉楼菜馆、振泰鱼行、乾坤和烟行、彩成等号楼上房屋亦被震毁，直至八十四号陆稿荐及大新袜厂为止，所有三层楼房屋，均全毁或半毁。方浜东路附近平润街四十九号至六十号房屋及阳朔街九号至十三号，包括鼎丰、合丰、同顺煤球店、协隆等号，亦皆全毁或半毁。中弹之后，立即起火；火光烛天，浓烟弥漫。死尸遍地，鲜血淋漓，悲惨景象，不忍卒睹。该处因有油店，油类着火之后，燃烧

[1] 《匪帮滔天罪行！美造机昨来沪滥炸》,《文汇报》1950年1月26日，第1版。

[2] 刘统：《1950年中苏联合上海防空保卫战》，韩钢编：《中国当代史研究（一）》，第182页；《我空军大编队出动，集中猛炸上海匪船》,《中央日报》（台北）1950年1月26日，第1版。

[3] 谢忠强：《新中国成立初期上海市反轰炸斗争述略》,《军事历史研究》2012年第4期。

力更为强大；直至黄昏，火势犹未完全熄灭。死伤数字，至记者属稿时为止，约略二百人。

杨树浦广兴码头附近，投掷炸弹四枚，仓库内物资略有损失，并无死伤。

南市高昌庙附近黄浦江内投掷炸弹多枚，船只被炸起火。

浦东方面，共有九处被轰炸：① 杨家渡草泥塘，投弹六枚，塌倒及烧毁房屋一百三十余间，初步调查结果死伤约计百余人，确数尚在调查中。② 老白渡高邮街及南街中弹三枚，死二十人，伤十八人，房屋损毁五十余间。③ 陆家嘴海关码头中弹三枚，伤四人，死一人。④ 英商颐中烟草公司仓库被炸起火燃烧。⑤ 烂泥渡太古码头落三弹，弹落空地，幸无死伤。⑥ 老三井煤栈附近落弹十枚。⑦ 亚细亚栈房落三弹，炸毁房屋一座。⑧ 陶家宅附近投二弹，均落空地，并无损失与死伤。⑨ 施村小学后面落弹二枚，伤二人。[1]

2月4日下午2时，国民党飞机2架在10天前被轰炸过的浦东草泥塘江北村附近投弹，“毁棚户四十多间，炸死平民十一人，伤廿三人”。[2]又在“洋泾区庆生里及麦家宅投弹各一枚，致使庆生里一带被毁民房七间，麦家宅棚户四十余间，两处死伤三十余人”。[3]

5日，国民党飞机1架在周浦车站用机枪扫射，打坏公共汽车一辆，市民伤亡3人。[4]

以上即为“草山会议”后至“二六”轰炸前，国民党空军向上海空袭的主要事件。和之前相比，其轰炸的区域更为集中，目标更为明确，出现了在短时

[1] 《匪帮滔天罪行！美造机昨来沪滥炸》，《文汇报》1950年1月26日，第1版。
[2] 《血债终须偿还！匪机昨又滥炸浦东》，《大公报》(上海)1950年2月5日，第4版。
[3] 《美制蚊式飞机，昨又滥炸浦东居民》，《解放日报》1950年2月5日，第4版。
[4] 中国人民解放军上海警备区政治部、中共上海市委党史研究室编：《警备大上海》，第272页。

期内反复轰炸某些节点的现象，其核心目标指向上海的各个民用码头和造船厂，旁及居民区和人群集中的商业区，在军事方面摧毁解放军渡海作战潜力，在经济和社会方面干扰商业流通、破坏城市交通、扰乱社会稳定、引起市民恐慌的意图更为明显，造成的无辜平民伤亡也比之前更多。然而，即使1950年1月以来的这些轰炸行为的确比之前有了更多残暴性，但对于当时未身历其境的500万上海居民中的大多数人来说，国民党的轰炸只是代表高射炮穿破云霄和美制炸弹落地的几声巨响，以及呼啸而过的救人救火的警报声，对其切身的感受并不见得有多明显。上海市政府也没有将反轰炸正式提上日程，或者更准确地说，没有下最大决心进行反轰炸。在国民党方面，他们的逞凶行为还远未达目的；在上海居民方面，他们对轰炸梦魇的体认依然处于模糊状态；在上海市人民政府方面，他们尚未意识到即将面临比反封锁更加激烈的场面和更为棘手的难题。

三、“二六”轰炸

虽然前文历数了上海解放之后遭受国民党飞机轰炸的种种史实，后文也会将这一爬梳过程继续，涵盖所有国民党飞机对上海的侵袭事件，但需要明确的是，这一类事件之所以引起整个上海的翻腾与喧嚣，进而促成上海社会和中国社会的种种创建，从而被永恒刻入上海人的历史记忆，则是因1950年“二六”大轰炸而产生的。

事件发生的前一天，即2月5日，国民党飞机在各城市投掷传单，内容如下：

各同胞注意：

凡居住于上海、南京、杭州、青岛、天津、北平、汉口、福州、厦门、广州各地之造船厂、发电厂、码头、车站、工厂、仓库、兵营及其他一切军事目标附近之居民，请即刻离开，以免遭受轰炸之损害。[1]

国民党的这一“善意警告”并没有引起人们足够的重视，“从我们所获悉的情况看，无人从那一带撤离”。[2]

灾难在悄悄临近。

6日清晨，台湾的国民党空军基地，“朝雾如烟，淡淡地笼罩着整个村野，远山近树，如在虚无缥缈中”。国民党空军北海大队飞行员架起战机，“冲破层雾，撕裂了长空，开始踏上远征的路程”。[3]他们此行的目的是摧毁上海的动力中心——电厂。这次任务由四个编队、共17架飞机来承担，包括作为主体的12架B-24型“解放者”重型轰炸机，以及2架B-25型“米切尔”中型轰炸机、2架P-51型“野马”战斗机，和1架P-38型“闪电”战斗机。飞行员为刘怒涛、秦循则、王泰云、刘希瑞、王长龄、王鼎基、喻可盈、杜佛章、王振江、李飞达、刘古琬、周伸鲁、胡振祥、赵钦等国民党空军的主力飞行员，他们是数月来造访上海的“常客”。[4]

中午，这批“死亡使者”飞抵上海市空。自12时25分起，至下午1时53分止，在前后一个半小时之内，他们向杨树浦区、嵩山区、卢家湾区、蓬莱区、江湾、吴淞等地倾泻了重500磅的炸弹达六七十枚之多，炸毁房屋2 000余间，炸死炸伤市民1 464人（其中死595人、伤869人），5万多民众受灾，财产损失无法估计。[5]

作为此次轰炸目标的上海五大电厂中有四座遭到不同程度的破坏，人员财产损失巨大，首当其冲是当时上海最主要的电源点——美商上海电力公司杨树浦发电厂。

---

[1]《上海市公用局有关上海电力公司1950年“二六”轰炸杨树浦发电厂之报告》，1950年，上海市人民政府档案B1-2-390，第89页，上档。

[2]［美］魏斐德：《红星照耀上海城——共产党对市政警察的改造》，第174页。

[3]《轰炸实录》，《中央日报》（台北）1950年3月3日，第2版。

[4]《大编队机群猛炸沪电厂，彻底摧毁匪电力设备》，《中央日报》（台北）1950年2月7日，第1版。

[5]《关于“二·六”轰炸前后本市人民防空工作的情况资料》，上海市人民防空办公室档案B120-1-69，第115、116页，上档。

1882年，英国人狄思等创立上海电气公司，在乍浦路建电厂。但此时机械故障多，用户极少，而满清政府的上海道认为此乃妖术，于该电厂营业半年之后下令禁止华人用电。这是上海电力公司的前身。1893年，工部局收购上海电气公司，成立电气处，并另在斐伦路建立电厂，于1895年落成供电。从此开始直至"一战"末，电力作为照明和生产动力的主要来源而逐渐被上海社会所接受并迅速普及。1910年，因电力供不应求，而斐伦路电厂限于厂址难以扩充等原因而无法增加负荷，所以在杨树浦的沈家滩江边建立新的发电厂，并将斐伦路逐渐改为馈电部办公室及一级变电所。此后，随着上海轻纺工业的持续发展，电力需求越来越大，电气处也不断扩大，至1929年已成为发电负荷12万千瓦、全年售电5亿度的远东第一大发电厂，其规模和地位就此奠定。也正是在此时，租界当局鉴于大革命中汉口、九江英租界被民众力量逐一收回的教训，担心上海的英国势力亦将受到影响，而电力等基础产业落入中国人之手将成为可以左右外商利益的工具，因此将市办（工部局办）企业一一出卖。最后美国电气债券股份有限公司（Electris Bond and Share Company, EBASCO）以8 100万两白银取得了电气处全部资产的所有权和在公共租界40年的专营权，美商上海电力公司（简称上电）成立。美商在设备和技术上对该公司进行了大规模添加和更新升级，1935年发电负荷达18.35万千瓦，每度煤耗0.65千克，全年售电7.2亿度，并通过新成立的沪西电力公司占领了华界电力市场。至此，上电呈4部分组成：电源点杨树浦发电厂、斐伦路馈电处、南京路办事处和沪西电力公司。"孤岛"时期，在工商业畸形繁荣的带动下，上电迎来了"黄金时期"，并建成了特高压输电工程。珍珠港事件后，日军占领上电，并将公司英美籍人员分批拘禁于集中营，而代之以日人和华人，此后"日寇战事败绩，交通麻痹，生产萎缩，物价高涨，加以管理不周，养护松弛，因之设备损坏，效率减低"，1945年全年售电仅1.74亿度，约相当于1939年的22%，发电耗煤高至每度1.67千克，为1935年的223%。第二次世界大战结束后，美国人重管上电，由于上海的轻纺工业在国际上少了日本同业的竞争，开始大发展大繁荣，刺激了全上海的工商业发展，上电的电力供需水涨船高，也出现了再度繁荣，并且将原来燃料的百分之百用煤改成百分之八九十用油，油料全部依靠进口，直至解放初期反封锁时才又重新改造为燃煤锅炉。上电是中共地下组织渗透控制的最早最好的企业之一，最典型者是王孝和烈士，在与国民党的斗争中被捕遇难。1949年上海战役期间，工人积极开展护厂斗争，加之它是美国资产，所以国民党败退时并未能对其施以严重破坏，完整地落入中共政权之手。上海市军管会没有急于将该公司资产没收，而是派军驻厂监管保卫，并通过工会等组织予以控制，使其继续提供电力。当时上海电力公司的发电量占全上海总发电量的80%以上。[1]

2月6日中午被炸前，杨树浦电厂正开足马力发电。当时运转的设备如下：[2]

2号锅炉间——第9—11—12及15号锅炉；

3号锅炉间——第17—18—19—22—24及26号锅炉；

4号锅炉间——第27—28及30号锅炉；

5号锅炉间——第31号锅炉。

涡轮发电机第4—7—8—9—10—12—14—15—16及18号。

1号进水间——第13、14、16及17号循环水泵；

2号进水间（南部）——第21及24号循环水泵；

3号进水间（北部）——第25、27及28号循环水泵。

当时的发电负荷为96 369千瓦。[3]

12时40分至13时30分，在国民党飞机轰炸上海其他区位的同时，2架B-

[1] 《上海电力公司的历史概要》，1955年，上海电力公司档案C7-2-70-1，第1—5页，上档。上海市电力工业局史志编纂委员会编：《上海电力工业志》，上海：上海社会科学院出版社，1994年，第463—468页。

[2] 停产设备主要情形是：第10、13、20、29号锅炉停产检修，第14、16、21、25号锅炉等待更换，第13号发电机检修，第11号发电机正值运行第一年后取下叶片检查；另有第25号锅炉和第5号发电机可用而未用。以上据《"二六"轰炸档案史料选》，《档案与史学》1995年第1期。

[3] 《上海市公用局有关上海电力公司1950年"二六"轰炸杨树浦发电厂之报告》，上海市人民政府档案B1-2-390，第91页，上档。

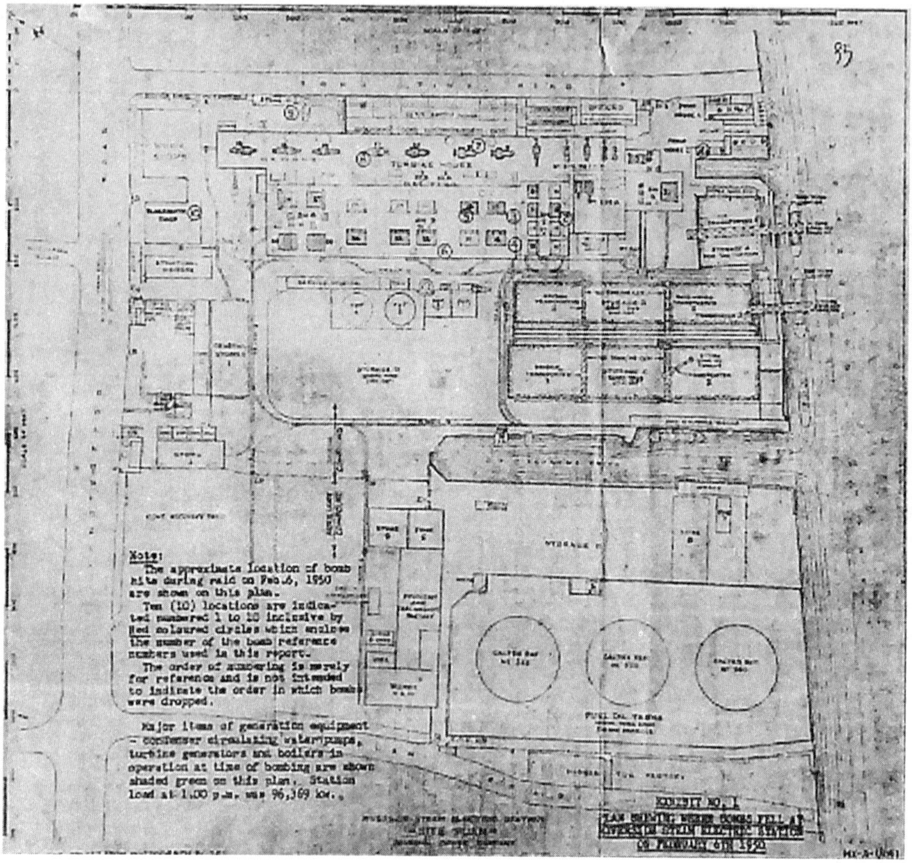

图3-1　轰炸杨树浦电厂的10枚炸弹弹着点标示图

资料来源:《上海市公用局有关上海电力公司1950年“二六”轰炸杨树浦发电厂之报告》,上海市人民政府档案B1-2-390,第94页。

24型轰炸机集中向该电厂由东南至西北方向俯冲投弹。据当时正在厂内及附近活动、得以第一时间近距离获得轰炸损毁情形,并对该电厂状况“知之甚稔”的上海电力公司中外高级职员约翰·查理士·贝克[1]、李善杰[2]、林福

[1] 贝克于1905年生于英国,时居住于复兴路230号。1935—1941年在上电任职,之后离职,又于1946年进入该公司,轰炸发生时任杨树浦发电厂维持监督之职。《上海公用局有关上海电力公司1950年“二六”轰炸杨树浦发电厂之报告》,上海市人民政府档案B1-2-390,第16页,上档。以下李善杰等7人简介分别见诸同一档案的第20、22、26、29、33、51、53页。

[2] 李善杰于1900年生于武昌,时居住于愚园路11号。自1932年起即在上电任职,时任该电厂工务监督。

裕[1]、孟顿[2]、麦克兰[3]、潘廉思[4]、冯国祥[5]、吴畏[6]等人立誓陈述，这2架飞机至少向电厂投掷了15枚炸弹，其中有10枚落于上海电力公司的资产之上，均造成不同程度破坏。10枚炸弹（均有特定编号，见图3-1）的落弹点及造成损毁情形如下：

第1枚炸弹命中2号帮浦间（即进水间）之北部，“钢骨混凝土房屋全部毁坏，致基础及设备遭受重大损坏”。“四周埋有主要循环及给水管之地区亦受相当之震动，致接头损坏甚多，管子破裂。”该炸弹导致“由三八〇伏三相三五〇马力四八五转马达所推动之每分钟二万加仑容量之循环给水帮浦二具全部毁坏”，“由三八〇伏三相三五〇马力四八五转马达所推动之每分钟二万加仑容量之循环给水帮浦二具损坏极重，马达之大部分零件均需换新，循环给水管子若干节毁坏”。“六——三二寸循环给水弇之马达推动机械受损极重”。该帮浦间内包括主要控制油断路器、起步齿轮、主要及辅助电缆等电气设备全部损坏。第2号帮浦间全毁，近旁1号帮浦间毁坏70%，高压发电站房屋毁坏30%，办公处房屋毁坏25%。

第2枚炸弹爆炸于第12号和第14号锅炉间后面，致使各锅炉及与其联系的设备遭受重大破坏。第2号锅炉间“主要钢骨建筑部份屋梁及屋顶均受重大之损坏”，第1号及第2号锅炉间的工房损毁严重，“墙头及屋顶之大部份钢骨建筑部份均需换新，窗上玻璃及窗架全部毁坏”。具体有：第10号、第12

[1] 林福裕于1898年生于广东，时居住于梵皇渡路223号。自1930年起即在上电任职，时任该电厂发电工程师。

[2] 孟顿于1898年生于英国，时居住于复兴西路253号。自1928年起即在工部局电气处任职，上电成立后继续留任，时任该电厂工务顾问。

[3] 麦克兰于1900年生于英国，时居住于隆昌路349号。自1929年起即在工部局电气处任职，上电成立后继续留任，时任该电厂工务顾问。

[4] 潘廉思于1896年生于英国，时居住于隆昌路331号。自1923年即在工部局电气处任职，上电成立后继续留任，时任上电发电处主任工程师顾问，兼任工程师。

[5] 冯国祥于1918年生于上海，时居住于汇山路66弄83号。自1943年即在上电任职，时任杨树浦电厂高级主管工程师。

[6] 吴畏于1917年生于苏州，时居住于巨鹿路741弄34号。自1943年即在上电任职，时任杨树浦电厂工务顾问。

图3-2　第1枚炸弹破坏结果(1)

图3-3　第1枚炸弹破坏结果(2)

资料来源:《上海市公用局有关上海电力公司1950年"二六"轰炸杨树浦发电厂之报告》,上海市人民政府档案B1-2-390,第95、96页,上档。

号、第14号及第16号锅炉严重受损；第12号锅炉蒸汽推动的引风机全部毁坏；第14号及第16号锅炉蒸汽及电气推动的引风机全部毁坏；第10号及第12号锅炉总烟囱的混凝土基座和钢烟囱损毁严重。

第3枚炸弹爆炸于第2号和第3号锅炉间房屋的下层，将支撑第3号锅炉间南端三角屋顶的混凝土柱炸毁，该锅炉间下层电机工房办公处受损严重，大部分电气校验仪器也被毁坏。第17、18号锅炉的吹风机及其导管、直流推动马达及其联系起步设备、燃煤机起步机件及其电马达均严重受损。第9号、11号、13号、15号、17号、18号锅炉附近的辅助设备电缆蒸汽管子及水管被炸弹碎片损毁。推动第13号锅炉引风机的蒸汽引擎与电马达以及与其联系的控制设备严重受损。

第4枚炸弹爆炸于第3号锅炉间上层主要钢骨建筑架之上。第41号、42号运煤带推动器件、电马达及控制设备、电缆、指挥台及其钢骨建筑全部损毁。第43号、44号运煤带之终端滑车及装置，以及与其联系的钢骨建筑工程全部损毁。第3号运煤机的推动器件，电马达及控制设备、电缆、指挥台及其钢骨建筑工程全部损毁。第17号、18号锅炉之上250吨容量的煤仓损毁大部分，其支撑钢架也损坏。走道、指挥台及其钢架主体工程、扶手，跳却器皮带、滑车等的轨道损坏50码。第17号、18号锅炉吹风器马达等装置、配件以及外壳损毁严重，所有仪器损毁；燃煤机起步马达及其联系的减速齿轮全部损毁；电气辅助机，如引风机、吹风机、燃煤机齿轮的所有直流开动器及电缆全部损毁，其上的屋梁坍塌。

第5枚炸弹命中第19号煤仓，“穿过煤仓之旁而炸裂于第三号炉子间第十九号与第廿号炉子间之总升火道”。第19号、20号、22号锅炉的蒸汽鼓轮气管装置、配件仪器、煤槽、通气道、燃煤机齿轮及外壳损毁严重；电气开动器及燃煤机马达完全损毁；管子起头及气头盖严重受损；引风机、吹风机及燃煤机之直流开动器完全毁坏；煤仓损毁极多，锅炉的主要钢骨支撑上端移位6寸，锅炉呈侧状。

图3-4　3号锅炉间内毁坏情形

图3-5　3号锅炉间及其内锅炉毁坏情形

资料来源:《上海市公用局有关上海电力公司1950年“二六”轰炸杨树浦发电厂之报告》,上海市人民政府档案B1-2-390,第97、99页,上档。

第6枚炸弹由“第三号锅炉间西首屋顶锅炉间值班工程师室正上端穿入，将该室全部毁去，再穿过锅炉间与涡轮间中间放置燃料油加热器之主要燃料油泵走廊，在其下电气修理室之马达储藏间内爆炸”，锅炉间的主要混凝土柱被炸断，地面炸成一个大坑，值班工程师1名和电气匠10人当场毙命。锅炉间工程师室全部被毁，其下放置燃料油加热器的燃料油泵走廊一部分和数节燃料油管及其各种阀门被毁。电气马达储藏间、电气修理室、电气工程材料室大批设备被毁。

第7枚炸弹碰到承担主要发电机线头及第9号涡轮发电机的中性电缆，以及控制电缆的混凝土建筑上，在透平发电间地下层内第8号、9号涡轮发电机之间爆炸。第8号发电机荷载达18 000千瓦，正在发电，被炸后润滑油被烧尽而使所有主要轴承扭曲损坏，其主要油排泄管碎裂，油冷却器被炸穿，油料全部泄漏，引发大火，机件大部分被毁；因主要轴承损毁致使电枢落于电极片上致使励磁机造成严重损毁；出气管、凝水泵及其连接的管子阀门等辅助设备尽皆损毁。第9号发电机荷载亦为18 000千瓦，也正在运转，其主要线头、中性电缆及控制电缆以及中性油断路器等配套设备全部被毁。发电间周围各种厂用水管及循环水管亦因破裂而损毁。“电缆以及透平间附属机件所有之主要电气材料在周围五十码左右以内者均被毁。”

第8枚炸弹从第11号涡轮发电机正上端穿过发电间的屋顶，碰到地面爆炸。第11号涡轮发电机荷载达25 000千瓦，当时正在停机维修，但依然受到严重损毁，其下部与其相连的整办机、涡轮、涡轮底座、出气管、仪器板等均被炸毁。发电间的土建主体以及屋顶换气机、电气排气机均被毁。第14号涡轮发电机的整流器和交流发电机冷却空气管道损坏。第15号涡轮发电机东端的蒸汽排气器及循环水阀的左手马达运转机件损坏。

第9枚炸弹落于“乙”号发电间东边的空场内，正对第15号涡轮发电机。致使第14号、15号涡轮发电机混凝土筑成的循环水排泄沟道遭受严重损坏，其23 000伏的主要电缆、线头、单股包铅等全毁。第16号涡轮发电机的中性电缆被毁。配电间和铜匠间之间用以运送涡轮发电机的10寸加厚混凝土道路被毁40尺。支撑第14号、15号、16号涡轮发电机入口循环水管的数根主要混凝土柱梁被毁。

第10枚炸弹落于铁匠间东南角，炸毁了其周围的混凝土建筑及一些配套设备。[1]

主要发电设备中，严重损毁的有：25号、26号、27号、28号循环水泵，12号、14号、19号、20号锅炉，8号透平发电机，41号、42号、43号、44号输煤皮带。部分损毁的有：9号、10号、11号、13号、15号、16号、17号、18号、22号锅炉，9号、14号、15号、16号透平发电机。[2]其余设备虽未被直接命中，但由于厂房及配套设施被大面积炸坍损毁，因此无法工作。在这种情况下，杨树浦电厂的发电负荷瞬间降为0，并且短期内无法恢复供电。

轰炸造成该厂工作人员的重大伤亡，尤其是第6枚炸弹，直接命中第3号锅炉间值班工程师室，当场炸死11人，加上其他炸弹造成的死伤，最后统计，该厂总计死亡28人，受伤31人。以下是遇难人员的详细名单：

表3-1　上海电力公司“二六”空袭罹难职工名单及其家属姓名及住址

序号	姓　名	职　务	住　　址	家 属 姓 名
1	俞武勋	工程师	黄河路22弄4号	俞伯葵（兄）
2	赵祖培	绘图员	上海电力公司	赵士莲（子）
3	舒财富	汽锅清洁工	七浦路西唐家弄70弄7号	高小金（妻）
4	张来发	机工领班	杨树浦路依仁里48号	陈秀英（妻）
5	周礼堂	电　工	华德路荆州路仁庆坊62号	姚　氏（妻）
6	周瑞庆	电　工	华德路荆州路仁庆坊62号	姚桂香（妻）
7	孙根宝	电工领班	杨树浦路华忻坊173号	李月蕊（妻）

[1]　《上海市公用局有关上海电力公司1950年“二六”轰炸杨树浦发电厂之报告》，上海市人民政府档案B1-2-390，第17—55页，上档。

[2]　《上海市市政工会关于“二六”轰炸情况资料》，1950年，上海市政工会档案C7-1-1，第60—62页，上档。

续　表

序号	姓　名	职　务	住　址	家属姓名
8	孙根堂	电　工	杨树浦路华忻坊150号	陈金娣(妻)
9	梁　大	机工助手	东大名路649弄36号	徐　氏(妻)
10	赵业才	捣煤工	杨树浦路鸿德坊11号	赵能长(子)
11	张富根	电　工	浦东姜家行14号	姜龙宝(妻)
12	姜雪根	泥水工	浦东洋泾南陈家行11号	蔡　氏(妻)
13	金锡高	煤屑车工	邢家宅路107弄24号	王　氏(妻)
14	李琴堂	电工助手	其美路蒋家桥50号	顾秀囡(妻)
15	金益生	电　工	武定路309弄67号金月亭转	蔡　氏(妻)
16	张照祥	电　工	国权路30号其美路口张金德转	张三妹(妻)
17	陆廷德	锅炉间服务员	北河南路海宁路新乐村K15号	曹俊秀(妻)
18	王孝庆	锅炉间学习	梵皇渡路长义坊2号	王录笙(叔)
19	孙世平	煤　工	杨树浦路渭南路145弄36号	刘　氏(妻)
20	张启才	锅炉间服务员	河南中路11号张启棠转	张树贵(父)
21	吴凤祥	运煤工	松潘路11弄64号	夏　氏(妻)
22	施义泉	汽锅清洁工	杨树浦路华忻坊81号	施桂林(子)
23	陆德顺	火　工	杨树浦路2603弄24号	吴　氏(妻)
24	武庆琨	油　工	杨树浦路华忻坊5弄119号	石凤英(妻)
25	仇步森	火　工	松潘路107弄113号	杨　氏(妻)
26	王金林	电　工	宁国路和祥里10号	刁巧娥(妻)
27	孙学庆	火　工	杨树浦路2639弄110号	许秀英(妻)
28	崔前胜	机工助手	杨树浦路富禄里64号	金　娣(妻)

资料来源：《上海市市政工会关于“二六”轰炸情况资料》，上海市政工会档案C7-1-1，第98页，上档。

其中孙世平、周礼堂、周瑞庆、金益生4人属失踪，当时未能从轰炸现场寻获尸体，几天之后才“在被炸地区又发现单独的半个头、一段肉和一付肚肠，但血肉模糊无法辨认”。

受伤者依伤势轻重不同分5等。一等伤3人：胡骏之、陈根泉、姜根金；二

图3-6　张来发师傅
资料来源:《解放日报》1950年2月19日,第3版。

等伤5人:阮仁福、刘俊、季永福、孙照法、陈来福;三等伤13人:华进学、宋炳顺、吴增遒、崔德标、陆根林、王连生、浦毛三、李富才、王桃金、奚永根、李正邦、韦廷军,陶阿土;四等伤7人:王再根、李再华、张国庆、季学亭、朱金发、袁润德、程月亭;五等伤3人:奚福根、张六六、王玉佩。后者当场包扎后即出院,其余均住院治疗。[1]

张来发和俞武勋的遇难在上电工人中引起了强烈的愤慨。张来发是个铜匠,时年56岁,已经在上电工作了32年,技术很好。此前几个月,一台锅炉出了故障,按照惯例要修理必须先停火,因为其内部温度达600多度。但停火之后也需要两三天才能修好,电力供应就要受影响。在解放初那种热情四射的工作氛围中,"张来发师傅就发挥了新的劳动态度",向工程师提出了自己的办法:身上穿两套打湿水的棉衣,外面再披上湿麻袋,爬进去修理。最初工程师对这种方法不予认可,怕出问题,但在他的强烈要求下答应予以尝试。张来发便带领几个工人,在600度的高温下穿着湿衣进去,烤干了出来又浸湿,这样来回几趟,在锅炉燃烧运作的情况下用了2个小时就把它修好。这一英勇行为减少了公司的损失,同时也保证了电力供给,张来发因此被评为"劳动模范"。6日,电厂遭轰炸时,他正在岗位上,不幸被弹片穿破肝脏,抬到第二劳工医院后于8日上午不治身亡。[2]

俞武勋年仅31岁,毕业于上海雷士德工学院,进入上电已有7年,当时担任3号炉子间管理工程师,是该厂最年轻的工程师之一。电厂遭轰炸时,工友们劝他逃,他说:"你们逃,我无论如何不逃,我一定要看牢炉子。"[3]他的"工作

[1]《上海市市政工会关于"二六"轰炸情况资料》,上海市政工会档案C7-1-1,第90—91页,上档。
[2]《血仇必报!记劳动模范张来发的死》,《解放日报》1950年2月10日,第1版。
[3]《中共上海市公用事业委员会所属各党组织关于防空反轰炸的通知、情况汇报等记录》,1950年,中共上海市公用事业委员会档案A59-1-22,第89页,上档。

精神和负责态度是每一个同事和工友所敬佩的，为了工作，他毫不畏惧地站在岗位上了，献出了自己的生命”。死后，他的亲人和同事把他的骨灰抛洒到杨树浦电厂旁的黄浦江中。[1]

轰炸也给驻防杨树浦电厂的“三野”33军99师297团3营9连造成了很大伤亡。该连自解放后进驻电厂，担任守卫任务，其间破获了好几起特务活动。2月6日的轰炸中，有一颗炸弹正好在该连连部旁爆炸，有3位战士献出了年轻的生命，大部分战士都受了不同程度的伤，有“一位战士的脑袋被炸开了花，还有一位安徽籍的战士，他刚结婚不久的妻子刚刚从部队探亲结束回家乡去，连队通知他爱人牺牲的消息时，她还在回家的路途中……”[2]

南市区的华商电气公司也在当日遭受重创。该公司于1918年初正式成立，是中国人在上海经营最早、影响较大的电气公司。旧址在南车站路564号，1935年起又在半淞园黄浦江边建造了新厂。创建时，公司专营区域仅限沪南区，后来扩大至徐家汇天主堂区、浦东等广大区域，通过发电和购电方式提供电力，业务发展迅速，成为华商公用企业典范。抗战期间，该公司被日军占领，其发电、输电设备被日伪拆除贱卖，成为上海遭受日军掠夺最惨重的单位之一，发电也告中断。战后直至“二六”前，该公司因缺少发电设备勉强维持发电，而其所提供的大部分电力系购自上海电力公司，再转售用户。[3]

2月6日下午1时20分，华商电气公司南车站路老厂被国民党飞机轰炸，造成材料库、老车厂、漆工间、木工间、冷作间、起重间、路工间等厂房、设备、材料严重毁坏，尤其是使10余条出线的配电中心受到重大破坏，无法对外提供电力。修理方棚部冷作工人袁金山（51岁）被弹片从左胸穿入，右肩冒出，“跌倒于老厂门口附近”；司机纪大宝（32岁）被弹片穿过头颅而死。王银北、王纪

[1] 《上海市市政工会关于“二六”轰炸情况资料》，上海市政工会档案C7-1-1，第126页，上档。
[2] 赵瑞卿：《“二·六轰炸”事件亲历记》，《中国边防警察》2011年第7期。
[3] 上海市电力工业局史志编纂委员会编：《上海电力工业志》，第475—479页。

根、黄连才、王炳卿、王德荣、缪桂宝6人重伤。[1]

闸北水电公司因没有外资背景，又处于离十里洋场较远的华界，且其承担很大范围内平民的水电供应，战略位置非常重要，所以遭受国民党空军轰炸比另外几个发电厂更为频繁，1949年7月即开始，至2月6日前已达10次之多，但除10月8日的轰炸损失较重之外，其余均未造成太大影响。2月6日国民党飞机又一次光顾该厂，但只炸毁了5号锅炉，部分厂房被破坏，基本没有影响该厂的正常发电工作。[2]

法商电车公司也是当日轰炸的主要目标之一，但飞机只是在该厂周围很大范围内乱炸一通，造成该厂职工黄森宝、丁作雨、杜振海、王文华4人遇难，1人受伤；家属死9人，重伤12人，轻伤7人；小孩死10人，伤2人。该厂厂区却并未被命中，发电馈电也未受影响。[3]

另外一座主要电厂浦东电气公司在2月4日的轰炸中厂房配套设备遭受损失，而发电并未中断，2月6日没有遭受损失。[4]

国民党飞机轰炸目标虽是电厂，但生命财产损失最大的却是电厂附近的普通民众，因为当时技术手段下根本无法做到精确的轰炸。嵩山区和卢家湾区是民众死伤的重灾区。其中嵩山区共落炸弹约七八枚，有3处受灾，分别为斜徐路新桥路、局门路益大里和斜徐路制造局路。区域涵盖11个甲，属旧92、93保，“其中92保的第11甲全毁”。“计毁平房298间，楼房5幢，草房2间，受灾户达648户，死231人，重伤206人，失踪8人。”在北起斜徐路、南至张家浜路、西起鲁班路、东至新桥路的区域内，被毁房屋在60%以上。[5]49岁的王从宜，原籍北徐州，住在局门路益大里18号，这次轰炸中整个弄堂全毁，他的房

[1]《上海市市政工会关于“二六”轰炸情况资料》，上海市政工会档案C7-1-1，第126页，上档。
[2]《上海市市政工会关于“二六”轰炸情况资料》，上海市政工会档案C7-1-1，第2页，上档。
[3]《各厂工人四百余人，竟到上电帮助抢修》，《文汇报》1950年2月12日，第1版。
[4]《上海市市政工会关于“二六”轰炸情况资料》，上海市政工会档案C7-1-1，第3页，上档。
[5]《嵩山、卢家湾、蓬莱三区办理死难同胞善后》，《文汇报》1950年2月8日，第2版。

子和一妻三子悉数遇难。聂承德是军属，他的哥哥聂均在解放军某团服役，由承德抚养的8岁侄儿长慧被炸死。马王氏58岁了，住在斜徐路，很早便死了丈夫，好不容易把儿子抚养大，谁想到刚满25岁就被炸死了。[1]在局门路附近的灾场上，嵩山区动员了500多个摊贩，协助清除垃圾和发掘尸体。第二天，他们陆续清理发掘出烧焦和压死的尸体30多具。《大公报》记录了该区当时的惨景：

一个叫小王的男人，拿着铁锹在扒自己的太太和孩子的尸体。九十二保卅二甲某户，九个人死了八个，只剩下三岁的孩子也受了伤。断壁残垣间，昨天随时能看见烧焦的手和脚，好些光着身子跑出来的人，家破人亡以后生活毫无着落，女人们号啕着，但是没有眼泪。……在同仁辅元堂里，尸体纷纷哭诉着他们惨痛的遭遇：陈嘉美一家七口全被炸死了，还有一家老小十一口被烧得焦头烂额，有手没脚，可怜只剩下一个八岁的小孩子，像迷途的羔羊，在发狂似的哭喊着她已死去的妈妈。有一位姓刘的山东人，他是上海军管会重工业部的工人，刚从兰州返沪，如今一家四口都惨死了，他只认出了两具尸体，那是他的妈妈和妻子，两个小孩的尸体已找不到了。逢人便说："我活不下去了，剩我一条命有啥用场，跟他妈的蒋匪帮拼掉算了。"[2]

卢家湾区共落弹5枚，其中包括2枚燃烧弹，主要受灾地点有2处：一在徐家汇路泰康路，一在斜徐路鲁班路。该区烧死91人，炸死66人，压死37人，重伤35人，轻伤37人，共计受灾户189户，灾民1 215人，其中全家遇难者达13户，计60人。房屋全部被毁者有楼房23幢，平房73间，草棚30间，工厂3个（金刚热水瓶厂、六德机器厂、鸿康煤球厂）；部分被毁者有楼房2幢，平房22

[1] 《复仇的火焰燃烧着——反轰炸追悼死难同胞大会侧写》，《文汇报》1950年2月13日，第1版。
[2] 《痛恨匪帮欲哭无泪》，《大公报》（上海）1950年2月8日，第4版。

图3-7　失去了4个孩子的母亲
资料来源:《大公报》(上海)1950年2月9日,第4版。

间,草棚1间。当时该区内第一办事处的第三分段是棚户区贫民窟,居民多半是苏北难民,飞机来袭时,正是中饭时间,所以妇女和小孩死伤占比特别大。[1]有一位母亲失去了4个孩子,哭倒在瓦砾废墟中。“有的炸断一条腿,有的烧掉一只膀,尸首焦黑还滴血,肚脏脑浆都流出……三轮车夫鲍仁杰抱尸滚,一家六口子就剩他一人;半晌哭不成声要死去,最后咬牙切齿骂蒋匪!”[2]三轮车夫群体在历次轰炸中都遭受了损失,本次损失更大,共有109人死伤。当时卢家湾的三轮车联络站正值交换班头时间,所以人员比较聚集,国民党飞机投弹时,有两个三轮车班组(约30人)几乎全体遇难,仅有一两人幸免。[3]

另有蓬莱区的中山南路医院路口及外江家宅等4处也遭受到严重轰炸,共炸死民众72人,重伤11人,轻伤70人,另有4人死生不明,毁房子119间。[4]

遇难者的尸体主要由动员起来的工人群众发掘出来,由于很多家庭都是全家遇难,或者由于灾难的突然降临而家属未及时赶到,因此,被难者尸体大部在各验尸所寄放。

当时寓居上海的宋庆龄在致友人的函里描述:“目前我们在上海所面临

[1]《嵩山、卢家湾、蓬莱三区办理死难同胞善后》,《文汇报》1950年2月8日,第2版;《一笔血债:卢家湾受灾者共达136户》,《文汇报》1950年2月11日,第1版。
[2]《血海深仇卢家湾》,《解放日报》1950年2月12日,第2版。
[3]《中共上海市公用事业委员会所属各党组织关于防空反轰炸的通知、情况汇报等记录》,1950年,中共上海市公用事业委员会档案A59-1-22,第87页,上档。
[4]《嵩山、卢家湾、蓬莱三区办理死难同胞善后》,《文汇报》1950年2月8日,第2版。

的主要问题之一是最近国民党轰炸所带来的后果……造成大面积破坏，并给人民带来不可言状的苦难。”“人们看见自己的朋友和亲戚被卑劣的空袭夺取了生命，人们不断从虹口及苏州河一带涌过来。长长的三轮车队载着那些离开家园的人们，不知奔向何方。见此情景，不禁使人感到心酸。”[1]通过这些文字，可以很深切地察知当时上海民众所遭受的苦痛与哀伤。

2月6日的大轰炸，是解放后国民党飞机空袭大陆城市的最严重事件。虽然国民党方面出动的飞机数量和投掷的炸弹数量并非历次轰炸中最多的，但由于它造成了大量的人员伤亡、大规模的财产损毁，尤其是对电力的破坏使得上海这一流动不息的远东大都会瞬间陷入停顿，从而造成了深刻的连锁反应，使所有上海人终究感受到了轰炸所带来的恐怖与绝望，成为上海历史上抹之不去的黑暗印记，以至于人们略去了上海解放一年间所遭受的70多次空袭记忆，而统统以“二六”轰炸代之。

四、继续轰炸

2月6日当天上午，国民党的空军全军代表大会在台北召开，为了鼓舞士气、统一思想，蒋介石“亲临勖勉”，“训话五十分钟”，对空军大加褒奖，并明确指出：“空军是我们反共的一个中心力量。”[2]空军也很“争气”，也许出于为“全代会”献礼的目的，当天就在沪上闹出了大响动。据苏联情报人员探悉，蒋介石对“二六”轰炸的结果十分满意，“他欢欣鼓舞地召集了高级军官会议，要求扩大轰炸，并批准将轰炸行动扩展到北京、天津、汉口、南京、青岛、广州以及其他一些城市”。[3]于是，2月6日以后，国民党飞机又轰炸了上海、南京、杭

[1] 宋庆龄：《致耿丽淑》，吴全衡、杜淑贞主编：《宋庆龄书信集》下册，北京：人民出版社，1999年，第257页，转引自徐锋华：《一九五〇年上海“二·六轰炸”及应对》，《历史研究》2014年第4期。

[2] 《空军代表会开幕，总裁亲临勖勉》，《中央日报》（台北）1950年2月7日，第1版。

[3] 沈志华：《苏联专家在中国（1948—1960）》，第97页。

州、青岛、广州、福州、南昌、蚌埠等地。[1]当然，上海依然是此时国民党空军袭扰的主要目标，"二六"以后，几乎无日不来，不过随着上海防空的逐步加强，国民党已不可能再取得2月6日那样的"战果"了。

"二六"轰炸第二天，即2月7日，国民党飞机曾3次飞到上海市上空，第一次在上午7时左右，第二次在下午4时左右，第三次在晚上9时左右。[2]幸运的是，他们都未投弹，仅"盘旋数周而去"，主要目的是确认"战果"。

第三天，即2月8日，国民党定海、台湾两基地空军，又大编队起飞齐炸上海，《中央日报》所公布的"战果"如下："① 首批B-24型机晨5时自台出发，7时抵定上空，配合此间P-51式机多架掩护之下，浩浩荡荡前往轰炸上海电力厂及江南造船厂，掷下大量重磅炸弹后，两厂全被炸中；② 次批B-25式由定海出发机群，在虹口附近之复兴岛轰炸停靠岛旁三千吨匪轮一艘，中弹后重伤，连带炸毁码头一处，毙匪五十多名，在上海龙华机场南江中炸中匪五千吨大货船一艘"。[3]其实，以上报道有夸大之嫌，当日国民党空军的行动仍属骚扰性质，造成了恐慌，但破坏并不大。

此后数日，国民党空军的行动均以骚扰为主，如2月19日下午1时48分，2架轰炸机在浦东周家渡中华西栈前投弹2枚，并未伤人，随后离去。[4]

2月21日，国民党空军又一次大规模出动，轰炸了闸北水电公司，这是该公司第12次遭炸，也是"二六"之后上海市电力系统遭到的又一次重创。当日中午12时20分许，5架B-24、2架B-25、2架P-51飞临闸北水电公司新厂上空，随即分3批投下20余枚炸弹，第一批、第二批均未命中，第三批有6枚炸弹落在厂内，其中有2枚直接炸中锅炉间，其余4枚落在大门口和水池旁。该厂2号、3号方棚及4号、6号、8号锅炉被完全炸毁，发电彻底中断，并且短期内难以

[1] 马齐彬等编：《中国共产党执政四十年（1949—1989）》，北京：中共党史资料出版社，1989年，第8页。
[2] 《陈市长等昨亲赴上电，视察灾情慰问被难者》，《文汇报》1950年2月8日，第2版。
[3] 《空军猛炸上海》，《中央日报》（台北）1950年2月9日，第1版。
[4] 《匪机昨又侵入本市上空肆虐》，《解放日报》1950年2月20日，第1版。

恢复。飞机走后，“东是瓦砾，西是断铁，满目凄凉，无法形容”。[1]此次轰炸共造成该厂10余人死伤，并有路过该厂的4名解放军战士被炸死在厂门外。另外，当天下午5时30分左右，上海市总工会朱俊欣、市政工会倪复生、杨春霖、周凤麟及法电等市政工会下属各分会赴闸北电力公司开展集体慰问，由朱俊欣驾驶的英电小吉普在江湾飞机场附近的公路上与闸电卡车抢先，竟被撞到该卡车左轮叶子板附近，随即发生侧翻，车上8人中的6人受伤，仅有杨春霖、黄克勤2人全免。[2]

一般认为，此次对闸电的轰炸是“二六”轰炸的余波。[3]其实，这种说法是不准确的，因为国民党空军的袭沪行动并未就此停止。就在两天以后的2月23日上午9时53分，国民党空军再次发起攻击，在延安东路外滩江面投弹，炸伤船户及岸上路人多名，“仅送入仁济医院求治者轻重伤共计15人，伤者全系平民，其中有年逾古稀的74岁老奶奶”。自五马路外滩一直到金陵东路沿街房屋的玻璃窗都被震毁，其中如中国通商银行、英商汇丰银行、有利银行、亚细亚火油公司、法国航空公司以及法国总领事馆等大厦四五层楼上的玻璃，有很多被震毁。[4]

2月24日上午，国民党飞机两度袭扰上海，第一次1架，在上午7时左右，第二次1架在9时左右，“先后在高空盘旋，因慑于防空炮火猛烈未敢低飞即离去”。[5]

此后，随着中共中央军委紧急调入的两个高炮团部署到位和各项反轰炸措施的落实，国民党飞机已不能如之前般肆意妄为，它们不敢低飞，只能或在高空盲目投弹，或在解放军防空力量较薄弱的区域进行轰炸，或大机群出动针对某个点进行狂轰滥炸。最典型的破坏事件发生在3月14日，在沉寂了多日

---

[1]《上海市市政工会关于“二六”轰炸情况资料》，上海市政工会档案C7-1-1，第114页，上档。

[2]《中共上海市公用事业委员会所属各党组织关于防空反轰炸的通知、情况汇报等记录》，中共上海市公用事业委员会档案A59-1-22，第78、79页，上档。

[3] 谢忠强：《新中国成立初期上海市反轰炸斗争述略》及刘统：《1950年中苏联合上海防空保卫战》均有这种表述。

[4]《轻重伤十五人，内有七十四岁老妇》，《新民晚报》1950年2月23日，第2版。

[5]《美制匪机昨袭本市》，《解放日报》1950年2月25日，第2版。

之后，国民党飞机分7批共26架突袭龙华机场，投弹94枚[1]，其中有很多定时炸弹，炸毁了该机场正在修建中的跑道。这是国民党空军对上海的70多次袭扰中出动飞机数量最多、投弹数量最多的一次轰炸。由于部队事前已作遣散和隐蔽，总共造成17人伤亡，伤亡率相对较低。[2]

3月20日，国民党飞机又出动，3架P-51和1架B-24于上午7时48分飞入上海市境，但在高射炮的威胁下未能进入市区，在浦东、龙华等地投弹10余枚，居民被炸死4人，伤1人。龙华西南新马路的德润中学新校中弹2枚，炸毁初三和高中全部教室、寝室、办公楼等房屋15间，学生被炸死1人，伤14人。[3]

3月中旬以后，随着苏联防空集团的到来，上海乃至整个华东的空中安全得到有力保障，空战的攻守之势终于发生根本性逆转，此后，国民党飞机对上海的袭扰仅具投机性，再也不会如前般肆虐。

五、"作为政治事件的大轰炸"

"作为政治事件的大轰炸"，是徐锋华对"二六"轰炸的基本判断，笔者对此深感认同。然而，徐文并未对这一判断的内涵进行明确阐述，因此，未能充分展现"二六"轰炸的政治历史意义，以及剖析这一事件的学术价值。本节拟对此进行补充。

第一，所谓"政治事件"，此处是指所产生后果越出它所属领域，进而造成全局性影响和构成系统性风险的事件。以此来衡量，1949年下半年，上海可称为政治事件的应是国民党的武装封锁。自6月起，国民党以海军为主、空军辅之，通过阻止内外商船进入大陆沿海口岸，以及袭击内河船只和各种陆路运输工具等手段，以断绝上海生产生活物资供应，从而对严重依赖外界原料和市场

[1] 《上海军事志》的数据是194枚，见该书第83页。

[2] 《关于"二·六"轰炸前后本市人防工作情况资料》，上海市人民防空办公室档案B120-1-69，第115页，上档。

[3] 《匪机轰炸学校虐杀青年》，《解放日报》1950年3月21日，第2版。

的上海经济社会造成打击。武装封锁很快产生了效果，上海的工业生产、商业流通、人民生活都面临着极大困难，并且与时代因素叠加衍生出投机、通胀等“次生灾害”，给执政当局造成了极大威胁，构成了此期上海社会的系统性风险。在这一形势下，反封锁、反投机、反通胀成为此期中共政权的核心工作，而最终得以成功应对，挫败了国民党的图谋。

至于本书所重点涉及的国民党飞机对上海的袭扰，虽然发生在1949年下半年的国民党飞机袭沪事件总数占上海解放一年内的七成以上，但它的主要意图集中在以下两方面：一是配合封锁，对运输工具、码头、铁路、机场、桥梁进行轰炸；二是破坏解放军的造船修船行动，从而阻止解放军进攻沿海岛屿。总体来说，这50多次袭扰事件均属于军事行动，其影响也未越出军事层面，对中共政权和上海社会的影响有限。

第二，在新政权采取适当措施取得反封锁斗争的初步胜利之后，国民党所凭依的反击报复手段只剩下飞机轰炸骚扰这一点对点的方式。于是，自1950年初起，国民党对利用飞机袭扰行动进行升级，甚至不再顾及曾经的执政党身份，在轰炸军事目标的过程中，施行“无差别轰炸”，以致造成大量无辜平民的死伤。然而，如果国民党飞机的轰炸目标继续停留在船只、码头、造船厂、工厂乃至平民等“老对象”，或者对电厂的轰炸仅局限于对闸北水电公司的反复轰炸，而不涉及外资电厂，尤其是作为当时上海电力供应主体的美商上海电力公司杨树浦电厂的话，1950年的袭扰事件依然可以定性为军事行动，即使造成了大量民众的死伤。

第三，在上海执政者和电厂职工乃至民众的意识里，上海电力公司不可能受到任何破坏，因为这是“反动派干老子的企业”[1]，他们不敢炸。正是在各方毫无预料的情况下，国民党飞机大批出动，出人意料严重破坏了杨树浦电厂——上海瞬间断电。失去了电力供应，这座远东最具现代性的大都市马上

[1]《中共上海市公用事业委员会所属各党组织关于防空反轰炸的通知、情况汇报等记录》，中共上海市公用事业委员会档案A59-1-22，第90页，上档。

停止了运转，继而产生了一系列连锁反应：电灯不亮，自来水断供，生活陷于黑暗中。对于大多数民众来说，是第一次切身感受到轰炸所带来的恐怖。路灯不亮，交通混乱，事故率提升，国民党潜藏特务暗中破坏；工业生产停顿，市场供应短缺，引起了新一轮物价上涨；企业收入减少，银行呆账坏账率提高，行庄破产停闭……按照《解放日报》社论的表述："这是上海市几十年来空前未有的灾难。"[1]可以说，这一事件对当时上海的政治、经济、文化的各个领域都产生了深刻影响，并且几乎都指向消极方向，上海社会面临着系统性风险。因此，一个军事事件衍变成政治事件。

第四，几乎所有的论著在提及解放初上海反轰炸斗争时仅交代"二六"轰炸，其实，"作为政治事件的大轰炸"应该包括"二六"轰炸和其后数月内的袭扰事件。"二六"轰炸是轰炸恐怖的高潮，也是引起严重破坏的最重要事件，但在国民党定海空军基地依然运作，上海防空形势未得根本好转之时，国民党飞机"自由出入"上海市空，好比高悬于中共领导人和上海民众头上的"达摩克利斯之剑"，使大家的神经持续高度紧张，时刻担心遭到更为致命的打击，社会情绪陷于悲观失望，如果没有有效的应对措施，打不破封锁，必然会动摇上海市民对新中国政权的信心。此时，上海的这一被动局面也传导到了其他很多城市，从而成为国家层面的政治危机。

正是在这一严峻形势下，中共新政权展开了对国民党飞机轰炸的全面反攻。

[1]《上海人民紧急动员起来，反对美蒋的轰炸》，《解放日报》1950年2月12日，第1版。

第四章
恢复和保障供电

上海的反轰炸斗争从"二六"起全面展开。这次事件导致的最直接后果是断电，由断电又衍生出其他更深层次的破坏。因此，反轰炸斗争的首要任务即是恢复和持续保障电力供应。电力供应的主体是杨树浦电厂。由于该公司资方在被炸后的抢修中表现出明显的不配合倾向，抢修工作主要在电厂中共党总支和工会的领导下进行。经过电厂工人的持续努力和全市工人的鼎力支援，第一台机组终于在断电42小时后重新转动，再经过电厂一个多月的持续抢修和多方面的得力措施，至3月底，全市发电负荷恢复80%，供电不足的问题基本解决。在这一过程中，上海市军管当局在全市范围内推出了限制用电、分级供电、统一调度等措施，将供电和用电纳入有力的控制之下，有效缩减了电力供需差距，为解决矛盾创造了条件。

一、抢修与恢复发电

开埠以后，电力作为当时最先进的"新能源"，同其他现代生产生活方式一道，随西潮传入上海。租界领风气之先，先行先试，继而在华界渐次模仿，最后全市摊开。"自清光绪二十七年起，生活照明用电逐渐普及。清宣统三年(1911年)，工厂的原动力陆续由电动机取代蒸汽机，工业用电迅速发展。"[1]至

[1] 上海市电力工业局史志编纂委员会编:《上海电力工业志》，第188页。

迟到“一战”末，电力已成为上海工业生产、城市运行和居民生活不可须臾离之的基础动力。到1949年底，上海共有发电设备容量25.95万千瓦，占全国的14%；年发电量10.09亿度，占全国的23.4%；人均用电量201度。[1]“二六”轰炸前，有很多发电设备由于原料短缺、成本高昂、年久损毁等原因未能形成发电能力。当时全市有效发电总负荷约为15万千瓦，基本可以满足全市一般生活用电及尚未全面恢复的工业生产用电需求。

国民党当然很清楚破坏电厂对中共政权的打击力度，但此前的数十次轰炸中，国民党飞机仅对闸北水电公司这一民族企业“痛下黑手”，进行反复轰炸，致使该公司的辐射区域屡屡断水断电。但“闸电”的发电负荷只占上海总发电负荷的很小份额，也只覆盖“下只角”，因之造成的影响非常有限，而对于占上海电力供应主要份额的美商、法商等外资电厂，国民党未敢轻举妄动。

突如其来的“二六”轰炸致使美商上海电力公司近10万千瓦的运行中发电设备严重损毁，瞬间停止发电。向上海电力公司购电的华商电气公司也失去了对外供电的电力来源，并且它本身也遭到轰炸，停止发电馈电。“闸北水电公司只能部分发电约2 000千瓦，仅法商电车公司及浦东电气公司未遭破坏，合力供给约20 000千瓦之数，以此应付当时生产情况凌乱而失常的状态”。[2]再者，虽然当时电源点众多，不致发生全城完全断电的情况，但发电、输电系统的建设是“盲目而无计划，彼此馈电输电，尚无健全线路”，无法立刻形成“有电之此处”，“供应断电之彼处”。[3]因此，在全上海五分之四的发电设备突然损坏的情况下，这一远东大都会立刻陷入困境。当时的基本情况是：市区工厂几乎全部停工停产；高层建筑的电梯因停电而悬在空中，绝大多数街区失去电力供应，夜幕降临后，十里洋场漆黑一片；许多商店关门停业，市场萧条；自来水供应困难，市民的马桶、厕所都无水冲洗；交通指挥系统部分失灵，交

[1]　上海市电力工业局史志编纂委员会编：《上海电力工业志》，第5页。
[2]　《上海市市政工会关于“二六”轰炸情况资料》，上海市政工会档案C7-1-1，第3页，上档。
[3]　《上海市市政工会关于“二六”轰炸情况资料》，上海市政工会档案C7-1-1，第8页，上档。

通秩序混乱；潜伏的特务趁机大肆宣布谣言，蛊惑人心。[1]

灾难来临时，上海市市长陈毅正准备离开位于上海大厦12楼的华东军政委员会统战部。在高楼上，他亲眼看见了敌机沿着黄浦江轰炸电厂的情景，他还看到外白渡桥上的电车因供电中断而抛锚，上海大厦的电梯也因为停电而无法开动。陈毅只能从楼梯上走下来，登上汽车赶回市政府，紧急召集市委、市政府领导和部门负责人汇集情况，组织抢修、抢救工作。[2]2月7日中午，陈毅偕同副市长潘汉年、公用局长叶进明等来到矛盾的焦点——上海电力公司视察灾情，实地了解恢复供电的困难。[3]

其实，在陈毅直接指示上海电力公司尽快恢复发电之前，上电党总支、工会已经担负起了抢修和抢救工作的领导核心作用。受空袭前，杨树浦电厂所有职工都没有心理准备，因此，被炸后的惨烈场面普遍引起了全厂职工的“极度恐慌，惊惶失措，混乱异常”，无法自发投入抢修工作。当时大部分工会负责人均不在厂（有的参加上海市首届工人代表大会，有的在党校学习），初期的工作主要由党总支主持。随后工会主要负责人赶回电厂，经与党总支会同研究后，制订了先清理后抢修的基本思路，这样“可使抢修减少阻碍”。他们召开了紧急群众大会，“说明了这次轰炸的本质并说服工友应不怕困难斗争到底”。经工会号召和支部动员，“大部分工友愿意留下进行清理抢修，即把他们分成几个小组分头首先进行清理，待初步清理后，有的小组即转入抢修，有的小组仍继续清理”。为了安定工人情绪，为留厂抢修人员开大锅饭，并立即组织通讯队去各抢修工人住所通报，使工人放了心，减少了家属许多不必要的探望和电话询问，减少了混乱。

党总支和工会干部交换了意见，将工会干部分为三组，分别承担抢救死伤工人、抚恤治疗和清理抢修机器以争取尽早发电等工作，并在当天即决定实行

[1] 刘统：《1950年中苏联合上海防空保卫战》，韩钢编：《中国当代史研究（一）》，第187页。

[2] 苗生：《截获空中的黑色幽灵——侦破国民党保密局“上海独立台”纪实》，《党史纵横》1999年第10期。

[3] 《陈市长昨亲赴上电视察灾情并致慰问》，《解放日报》1950年2月8日，第1版。

工会干部24小时值班制，不间断开展工作。

2月6日晚，党团员和积极工人留厂通宵工作，主要任务是清理发电设备周围的坍塌堆积物。党总支组织有技术的党员分头排查发电设备的受损情况，初步摸清“未受损失或损害不大的锅炉和发电机，并估计如全部修理工程完毕，发电量可能达被炸前四分之三以上”，并明确先行恢复未受破坏的25号锅炉和10号透平发电机的运转。为了防止18号发电机（具体情况未知）受损，党总支接受了老工人的意见，发动群众轮流用人力转动，竟连续达24小时之久。[1]

2月7日清晨，驻上海电力公司军代表程万里陪同苏联专家到杨树浦电厂勘查。因程平日常在上电南京路办事处，对厂里的情况和工人群众不太熟悉，所以由党总支书记陪同视察全厂。[2]在苏联专家的直接指导下，电厂制订了修理和恢复发电的计划，争取在断电48小时之内恢复部分发电。该计划经报送陈毅批准后，下午带到上海电力公司执行，同时“集合党、政、工负责人组成三人小组，统一了意见，成为抢修工作的领导核心”。[3]

抢修工作目标很明确，就是首先使25号锅炉生火、10号发电机发电。为了实现这一目标，电气部全体工人紧急行动起来，竖起了被敌机炸倒的电线杆，架起电线，解决了临时照明问题，还接通了油泵间的电源。为了配合汽机分场检查校验10号机，外铜匠间、木匠间工人赶搭了10号机上的脚手架。10号机循环进水管穿孔漏水导致车间底层积满了齐膝深的水，汽机工人不停地抽水，同时到仓库找来两根旧水管及时换上。25号锅炉一根总油管被炸坏，锅炉工人想方设法仅花了3个小时就把油管修补好。在发电机、电气油开关等设备上，工人们盖上了油布，防止雨水侵入，淋坏设备。[4]

---

[1] 《上海电力公司二·六反轰炸总结》，1950年，中共上海市公共事业委员会档案A59-1-23-1，第17页，上档。

[2] 程万里脱离群众的作风引起了杨树浦电厂党员群众的不满，在党总支汇报中被向上反映。详见《中共上海市公用事业委员会所属各党组织关于防空反轰炸的通知、情况汇报等记录》，中共上海市公用事业委员会档案A59-1-22，第56、67、105—106、185、190页，上档。

[3] 《上海电力公司二·六反轰炸总结》，中共上海市公共事业委员会档案A59-1-23-1，第17页，上档。

[4] 林江彩：《1950年上海“二六”轰炸研究》，第16页。

2月7日晚8时，第25号锅炉和第10号透平发电机的周围堆积物被清理完毕，损坏的“机械及电气附属设备及发电所必需之管道加以抢修”完毕，集中三四十技工和工程师开始准备发电。由于电厂的所有冷凝水设备已经全部被破坏，只能将自来水注入锅炉。2月8日凌晨1时半，第25号锅炉生火。5时，在向法商电车公司借来的初始电流带动下，第10号透平发电机开动。上午7时，亦即被炸断电后42小时后，第一股电流输出，比原计划提前6小时。“当十号发电机修复恢复发电后，群众情绪比较兴奋，抢修情绪较高。”[1]虽然负荷仅为2 500千瓦，但它给抢修工作乃至整个反轰炸斗争带来了希望。自此之后，几乎每天都有部分设备恢复运转。

抢修设备以及恢复和持续保障供电的具体过程中始终充斥着各种艰难和不确定因素。根据1950年3月上海电力公司美国资方向上海市公用局出具的《报告书》所言：“杨树浦发电厂被炸之损失，根据目前所能确知之情形，按恢复被炸前之原状及死伤职工赔偿费用计算，估计约需415万元美金”，资方认为这是“修复之最低费用”，还不包括“受炸后数日中由于涡轮机间、锅炉间、给水原间之屋顶被毁未及修复，以致涡轮机、发电机、电气设备等裸露于大雨之下，将来机件运用性能之受损”，也不包括预计修复期（1年）内“所受到之电费收入损失”约1 170万元美金。[2]按照当时的情形，这无疑是一笔天文数字级别的损失。出于一种非常复杂的心理，上电的美国资方在抢修和防护工作中始终表现出不配合、不支持的消极态度，[3]因此保障电力的主要工作继续在中共上海市公用事业委员会领导下的上电党总支和上海市政工会领导下的上电分会主持下进行，他们一方面充当与资方之间的桥梁，为抢修争取物质条

[1] 《中共上海市公用事业委员会所属各党组织关于防空反轰炸的通知、情况汇报等记录》，中共上海市公用事业委员会档案A59-1-22，第190页，上档。

[2] 《上海市公用局有关上海电力公司1950年“二六”轰炸杨树浦发电厂之报告》，上海市人民政府档案B1-2-390，第3、10页，上档。

[3] 按照上电党总支的观察：“资方的策略和手段，这次是比较暴露的，他们对军代表依顺，对工会拖延分化，对工人压制挑拨，这三种不同的态度是很明显的。”详见《上海电力公司二・六反轰炸总结》，中共上海市公共事业委员会档案A59-1-23-1，第23页，上档。

件，另一方面直接组织和领导抢修工作。

2月8日上午，第一股电流发出之后，上电并没有松劲。当天下午党总支召开大会，根据公用事业党委会指示的精神，进一步向党员说明了“这次轰炸的性质、影响和敌人的意图，并做了一次动员，指出了工作方向和目的，使同志思想明确起来”。同时，号召每一党员充分发挥忘我精神和牺牲精神，决定打破原有的部门界限，按照技能和工作需要把全体党员分成四队：“① 凡有技术能力者参加抢修工作，在群众中起带头模范作用；② 技术能力不强，但年轻力壮，了解厂内情况者，编入纠察队内做骨干；③ 略有技术而对厂内机器设备地理情况熟识者编为防空工作队；④ 文化、政治程度较高、比较会讲话的组成宣传队。”再将全体党总支委员等骨干分子按照一定比例分配到每支队伍，担任领导和带头工作。如此，“支部力量使用的机动性比较大，这暂时改变了的领导方式证明是能适合反轰炸斗争的需要的。因之，抓紧时间动员党内一切力量，再推动到党外，使党团员和群众思想明确起来是有决定意义的”。[1]

8日晚，以工会为基干，上电成立了防空指挥部，设总指挥6人（2人一班，每班8小时），下设纠察、防空、救护、宣传、总务、抢修、清理七组，并将工作最积极、技术最好的工人正式组成突击抢修队，成为抢修队伍的主干力量。另外，防空指挥部还设立了一个工作检查队，由党总支负责同志担任，统一了党内外的检查工作。自此，上电的清理、抢修、防护工作才正式在统一领导下有组织、有步骤地展开着。[2]

应当特别指出的是，上电工人并非独自战斗，他们的工作得到了全市范围内工人、学生的支持与帮助。有着良好组织意识的上海工人向来有互助协作的惯例，尤其是在轰炸等突发事件中。如1月11日英商老怡和纱厂被炸后，附近的英联船厂、自来水厂、新怡和纱厂等单位工友，在半小时内即赶赴现场，第

---

[1][2] 《上海电力公司二·六反轰炸总结》，中共上海市公共事业委员会档案A59-1-23-1，第18页，上档。

二天更聚集到300多人,将原本需要20多天才能完成的清理工作,在一天半内就完成了,体现出强大的力量。[1]

此次上电被炸,"当第一颗炸弹落在上电后,在附近的中纺十二厂纠察队长祝德根,就带了许多工友急切地跑到上电了,抢救抬运死伤工友。电话公司开来了排水机,抽排楼下的积水。中纺十七厂、上海毛绒厂跑来了许多工友,到处扒找死难者。驻厂附近的解放军立即维持秩序和清除路上凌乱机件。病虫机械厂来了纠察队。上海电机厂、上钢二厂的技工协助检查各部门机器"。很多外厂人员带来了精良的修理工具,铁路兵团派来一部吊车,江南造船厂、祥泰夹板厂派来了专门的技工,英电开来了抢修机车,英联船厂带来了专修皮带的机件。在被炸后两天内抢发第一股电流的过程中,全市有63家工厂2 000多名工人和技术人员参加突击抢修。[2]

此后每天都有数百工人、学生来到杨树浦电厂慰问和帮忙。复旦、沪江、圣约翰等大学和新沪等中学学生,各纱厂、码头、清道夫等工人轮番上阵,在上电战斗。主要的抢修工作由上电人员承担,外来人员主要承担清理、搬运、防护以及各种杂务。例如,由于输煤皮带损坏,赶来救援的几辆吊车来不及输送,最初几日发电所需要的燃料煤都是靠人力从储煤场搬到锅炉间,直到2月20日修好皮带才恢复机械运煤。在此期间,充当搬运煤斤主力的是码头工人,他们出动了300人,在上电日夜轮流扛煤加煤,"每个人站在扶梯上挨次把一箩一箩的煤用人力加到高约数丈的锅炉内,每小时约需24吨,日以继夜一分钟也不中断"。普通人要两人才能抬起的箩筐麻袋,这些专业搬运人员一人扛起就走。2月11日晚,由于发电需要,每小时须加煤40多吨,码头工人在不增加人员的情况下,圆满完成了任务。[3]大部分外厂人员做的是清理破坏现场和装运沙袋的工作。为避免引起混乱,杨树浦电厂工会派专职人员组成机构

[1] 《老怡和纱厂被炸前后》,《文汇报》1950年1月16日,第2版。
[2] 《向上电法电工人致敬,各界昨日冒雨前往慰问》,《解放日报》1950年2月13日,第2版。
[3] 《码头工人出动三百多人,扛煤加煤协助上电抢修》,《解放日报》1950年2月12日,第2版。

负责招待、登记、解释、宣传、带领以及分配工作，把劳动力组织起来并有计划地使用。

在各单位的组织和鼓动之下，聚集在上电抢修现场的各方人员表现出高度的工作热情。上电的突击抢修队从8日成立起，三天三夜没有休息，直到11日才开始分班轮休。[1]车床间和电焊间的二十几位工人，为了抢修某个机件，也是“接连三个通夜没有睡觉，眼睛因失眠而变得通红”。[2]四号锅炉间的服务生张骏升，在每次空袭时从未离开过岗位，始终看护着机器。正值隆冬，轰炸之后几天连续降雨雪，湿冷交加，增援上电的工人、学生虽然多属露天工作，但并未因此而退缩，而是用洪亮的歌声与十足的干劲营造出激烈的工作场景。《解放日报》有如下报道：

> 八点多钟，外面下着瓢泼大雨，可是传来一阵阵的雄壮庄严的歌声，有的唱着“蒋匪帮一团糟……狠心狼！”有的唱着“我们工人有力量”，原来各厂派来的工人兄弟们都赶来了，帮助上电修建防空设备，码头工会来了100多位壮汉，早就在大雨中空运沙袋，这时看到生力军来了，欢呼地大喊口号响应，中纺九厂、恒丰纱厂、老怡和、中华纱带厂、申五、申六、英联船厂等十多个单位，数百名男女工友，各带来了锹、铁耙等，开始灌运沙袋堆建防空设备。雨越下越大了，可是他们一颗热情的心，并没被雨下冷，大家挖沙的挖沙，扛运的扛运，中华沙袋厂的女工黄桂香等挖不动了，丢下锹就用手来搬，熊贵贞等女工，两人拖运不走一袋沙，于是她们三四个合起来拖运，远在军工路底虬江机器厂的百多名工友，在丁恒厂长率领下也进厂了，各厂工友欢唱着迎着他们，大家会师在大雨中。[3]

---

[1]　《各业工友协助上电，不分昼夜突击抢修》，《大公报》（上海）1950年2月12日，第4版。
[2]　《上电工人不眠不休积极进行抢修工作》，《文汇报》1950年2月14日，第2版。
[3]　《上电雨夜抢修记》，《解放日报》1950年2月12日，第1版。

这一高涨的劳动热情也产生了较高的劳动效率。上电铜匠间和电焊间的工人，在6小时内修好了一台锅炉，“这是一个估计需要两天工作来完成的工程”。[1]10日晚，480多名工人和100多名解放军战士冒雨在上电装运沙袋，“创造了抢修工作以来的最高工作热潮”，按照上电一位纠察员的说法：“他们把我估计要做一个星期的工作，在一个晚上做完了。”[2]上电修配厂技工张世宝看到扛煤速度慢，建议搭装煤斜桥，从底层直通4楼煤仓，使运煤效率提高近一倍，发电量从4万千瓦增到7万千瓦。[3]在3月份检修31号锅炉时，他领导锅炉间工人和厂方签订集体合同，把原来规定42天检修任务，提前12天半完成，并一举使三、四、五号锅炉间连成一片。[4]张世宝也因这一系列出色表现，被上电推举为全国劳动模范，9月下旬赴北京参加第一届劳模大会，受到毛泽东、周恩来等中共领导人的接见。

这一工作场面所产生的直接结果就是发电设备的渐次恢复工作，其次序大体如下：

2月8日	锅炉25号，透平发电机10号
9日	锅炉28、29号
10日	锅炉30号，透平发电机16号
11日	锅炉15、26、27号，输煤皮带2、19号
12日	锅炉24号，透平发电机15号
13日	锅炉13号，透平发电机5号，输煤皮带43号
14日	透平发电机4号
15日	输煤皮带41号

[1]《上电工人不眠不休积极进行抢修工作》，《文汇报》1950年2月14日，第2版。
[2]《各厂工人四百余人，竞到上电帮助抢修》，《文汇报》1950年2月12日，第2版。
[3]《中共上海电力公司委员会关于全国劳模张世宝情况的报告》，1953年，中共上海电力公司委员会档案A59-2-3-14，第2页，上档。
[4]《上海电力公司关于全国劳模张世宝近况的报告》，1951年，上海电力公司档案C7-2-35-73，第1页，上档。

16日　透平发电机7号

22日　锅炉9号

23日　锅炉11号

25日　锅炉22号

3月2日　输煤皮带44号

14日　透平发电机14号

16日　锅炉17号

22日　锅炉18号[1]

这样，至3月底，上海电力公司杨树浦电厂已有至少11台锅炉、6台发电机恢复运行，发电总负荷升至8万千瓦以上。[2]恢复电力供应的目标基本完成。

二、确保持续供电

电厂积极抢修之时，国民党飞机依然处于可以自由出入上海市区的状态，而电厂作为当然之袭击目标，其财产设备和工作人员的人身安全，都笼罩于实实在在的威胁之下。如此，对外提供稳定的电力供给，对于当时的电厂来说是不可能的，只能退而求其次，在提高发电负荷的同时，"要保证不可断电"。为实现这一目标，上电从管理、工人心理、安全机制等方面着手，采取了一系列措施：

第一，更改工作时间。在恢复部分发电的前几个星期内，"国民党飞机继续袭沪，几无虚日"，电厂"随时有遭受第二次空袭之可能"。前文所叙述的高涨劳动热情和大无畏精神，更集中地表现在共产党员和积极分子身上，对于

[1] 《上海市市政工会关于"二六"轰炸情况资料》，上海市政工会档案C7-1-1，第58、59页，上档。

[2] 第15号透平发电机在工作43小时后，发电间东侧弹坑左侧循环水排水沟塌陷，致使该机停止运行。在修复排水沟之时，顺便拆换了该机早应更换的第4道低压叶子。排水沟3月13日修复，该发电机于4月2日才恢复工作。第9、25、26号锅炉分别于3月8日、3月3日、3月19日停止运作。《上海市市政工会关于"二六"轰炸情况资料》，第55、56、59页，上海市政工会档案C7-1-1，上档。

大部分普通工人，被炸之后即不敢上工，一有风吹草动就向厂外冲，“普遍开始恐慌，要求做夜工”。所以，被炸第二天，电厂即在获得政府当局核准后，把日班工人的正常工作时间改为自下午4时至午夜12时，在上午8时至下午4时这个容易被轰炸的时段，安排部分职工上白班，将白天的发电负荷限定为2万千瓦，其后随着形势的转变渐次放宽至4.5万千瓦。这样可以保证绝大部分工人在工作时间内情绪稳定。[1]

第二，堆沙袋。按照解放后上海遭受持续轰炸所得出的一般经验：“直接命中的炸弹爆炸力并不大，而弹片杀伤力却很大。敌人现用的炸弹，炸开时的弹片击中处离地面仅二三尺，而不是如过去的炸弹爆炸时是向上再四散开来的。因此，在爆炸时即使躺在离二三丈远的地方也十分危险，最好是进入堆有沙包的防空壕。检视弹片，形状甚小，锐利削薄，因此，附近置着防御的钢板效果不大，仍感阻挡不住。我们所得的经验是沙袋很有效力，从华电及闸电被炸后得到证明，凡是堆置沙袋的地方，虽距着弹点极近，但能避免损失。反之，未堆置沙袋的地方，虽有钢板、钢骨水泥的建筑，也遭穿过，造成损害。”[2]因此，堆置沙袋以及沙袋的替代物煤渣袋或竹排等，被认为是最有效、最当务之急的防护措施。在外厂工人、学生的大力支援下，上电在短时间内在主要机器和厂房周围堆起了厚厚的沙袋，其他电力公司也做了同样的工作。当然，费用是由工会争取资方开支的，最终上电堆置17 000条麻袋，为此花去16亿元（旧币，下同），闸北水电公司堆置13 000条麻袋，花费7亿元，法商电车公司花费了9亿元。[3]

第三，灯火管制和伪装。在当时的情况下，白天遭受空袭应是情理之中的，所以把发电重心放在夜间。为防止夜间目标过于明显而遭受夜袭，上电采取了严格的灯火管制和伪装措施，规定：“① 拆除大型窗玻璃（如办公室靠洞

[1]《上海市市政工会关于“二六”轰炸情况资料》，上海市政工会档案C7-1-1，第59页，上档。
[2]《中共上海市公用事业委员会所属各党组织关于防空反轰炸的通知、情况汇报等记录》，中共上海市公用事业委员会档案A59-1-22，第180页，上档。
[3]《上海市市政工会关于“二六”轰炸情况资料》，上海市政工会档案C7-1-1，第5页，上档。

庭路墙上之玻璃）而保藏之，原处另装三夹板；② 小型窗玻璃（如透平间、炉子间、修理厂等）以黑漆涂黑；③ 必要处所遮以黑幔；④ 设置夜袭时可以关闭全厂不必要灯盏之集中控制。”[1]

第四，拆卸转移重要机器设备。对于一些特殊机器，主要有18号透平发电机（“属于特种设计，换新颇有困难”）、11号透平发电机之未损坏部分（“计有上半部遮板、透平转子及发电机”）、6号透平发电机（“因缺少调速器、励磁机等物，迄未装就”），奉上级指示，采取拆卸转移的方式加以保护。[2]这一工作任务自2月10日决定，但美国资方对此暗中拖延抵制，直到14日才开始实施。当时拆卸机器的困难非常大，如机器上最大的一部分达34吨重，以前安装时，从码头搬进厂花了两个月时间，每天只移动一丈。“现在既不能从水上运走，又不能等待如此之久，加以能负担三十四吨的起重机和载运汽车又没有，即使有也不易搬到门外运输汽车上，因之工友们又感到悲观失望。”上电党总支和工会一面做好工人情绪调动工作，一面撷取各方意见，将突击抢修队改为突击抢拆队，最终克服了起重、运出门口、运输工具及安置的技术困难，仅用7天时间即完成拆卸转移任务，将机器“装箱存放于格兰路场地内”，创造了不小的工作奇迹。[3]与此同时，法商电车电灯公司也在15天内拆迁了6号柴油机，“这些工作在平时都是三倍或四倍的时间才能完成的”。

第五，装置空袭警报系统。解放后虽然屡遭空袭，但上海全市并无有效预警系统，上电亦然。在多数职工惶惶不可终日而无法安心发电的情况下，上电建立了自己的警报系统：“① 装置电气警报器二只，一在报到间（牌子间）顶上，一在总办事处顶上，此项警报器与全市警报器线路接连，仅防空司令部能开动之；② 嚣哗地点警报声，往往不易听得，为照顾此等地点之职工起见，另装电铃数处，值班主管工程师一闻全市空袭警报鸣声，应即鸣钟示警；③ 电

[1]《上海市市政工会关于“二六”轰炸情况资料》，上海市政工会档案C7-1-1，第84页，上档。
[2]《上海市市政工会关于“二六”轰炸情况资料》，上海市政工会档案C7-1-1，第85页，上档。
[3]《上海电力公司二·六反轰炸总结》，中共上海市公共事业委员会档案A59-1-23-1，第19页，上档。

厂中原有警报器亦做此项用途，与电钟同时作声，如此纵使其一发生故障，仍有其他可供应用；④ 怡和啤酒厂及十一号大门处均设有瞭望站，与电厂主管工程师及工会等处用直接电话联系，空袭时，各该处瞭望哨即向留于工作岗位之志愿职工指示敌机踪迹。"[1]由于全市雷达等预警系统的落后，这一系统在起初并没有立刻发挥作用，相反，还因屡屡失误而被广大职工所质疑和诟病。

第六，赶筑防空洞、防空壕。为了使职工在空袭来临时有处容身，上海电力公司在电厂内各重要节点赶筑了20处防空壕。[2]防空壕的式样规格按照不同部门的重要程度和旧有设施情况而设置。总容量为400人，即反轰炸期间安排在厂工作职工数量的一半。因为按照公司掌握的情况，职工都很明确敌机的轰炸目标是电厂，但是很多人不信任防空壕的安全性，空袭警报响起时，会有约半数的职工逃出电厂，所以防空壕只需满足安置另一半留在厂里躲避的人员使用即可。[3]

第七，装设"遥远控制设备"。在恢复发电的最初几天，常有发电工人一听到空袭警报响起就将机械关闭，逃到厂外或防空壕，致使发电中断的现象。最典型的是2月15日，职工群众一听警报即跑光，发电全部停止。飞机走了之后，因无电而无法拉解除警报，群众没有警报又不敢回来，造成"警报等发电，发电等警报"的现象，直到下午2时才开始恢复发电。[4]这次停电再次造成困难，因此，陈毅市长特别提出上海电力公司白天即使在空袭警报拉响的情况下，也必须维持最低6 000千瓦的最低负荷，除非直接受到轰炸才能停电。[5]

[1] 《上海市市政工会关于"二六"轰炸情况资料》，上海市政工会档案C7-1-1，第84—85页，上档。

[2] 共有5种形式：一是"新建钢骨水泥防空壕，连同沙袋防御物"；二是"砖墙连钢骨水泥屋顶，加以沙袋防御物"；三是"加强日人占领时期所筑之水泥及砖墙防空壕"；四是"以煤灰袋及旧锅炉管建造之临时防空壕"；五是"机器或锅炉底脚加以沙袋或煤灰袋防御物"。

[3] 《上海市市政工会关于"二六"轰炸情况资料》，上海市政工会档案C7-1-1，第79—81页，上档。

[4] 《中共上海市公用事业委员会所属各党组织关于防空反轰炸的通知、情况汇报等记录》，中共上海市公用事业委员会档案A59-1-22，第131页，上档。

[5] 上海电力公司党总支又对发电任务进行了更细的规定："白天防空时间内（8时至下午4时）发10 000千瓦左右；下午4时以后增至50 000千瓦以上；紧急警报时间内减至4 000余千瓦。"详见《中共上海市公用事业委员会所属各党组织关于防空反轰炸的通知、情况汇报等记录》，中共上海市公用事业委员会档案A59-1-22，第139页，上档。

在这种情况下，公司采取了在防空壕中装设“遥远控制设备”的办法加以克服，“特于专供当班工作人员使用之第三号防空壕内装置下列各项遥控设备”：

1. 第4、10、14、16各号透平发电机之调速器、磁场及紧急停车之控制设备；

2. 第5、7、15号之透平发电机之紧急停车控制；

3. 第1、2、3、4号磨煤机之紧急停车控制；

4. 乙站交流辅助设备之紧急断流控制；

5. 第28号炉进煤器至遥远速率控制器；

6. 第2、3、4号三锅炉间蒸汽管及给水总管压力表；

7. 第24及26号两炉之水位指示表。

以此保障电厂“于空袭时至少得以保持少透平电机及锅炉之开动，俾于空袭警报解除后，不致有将全部停顿之电厂重行开动之困难”。[1]

第八，招募志愿值班员。为了发电不致因空袭而中断，上海电力公司除了在硬件上进行充实之外，在人事上也进行了调整。首先是精简白天工作人员：原来白天参加生产者有142人，经研究发现有40人即可维持正常发电，也能有效减小因跑警报而造成的惶恐慌乱局面，因此裁减安置了100多人。[2]最主要的措施是招募志愿值班员。按照已有的经验，“一部分奋勇职工，于执勤时愿坚守岗位至最后关头，此即对于加强保证电力之继续供应，厥功甚伟”。因此，上海电力公司党总支一方面派3名党员和3名团员担任紧急任务，另一方面发出征求志愿服务值班员的号召，有40余人报名响应，结果录取31名，分配在锅炉间20名，发电间5名，电力控制间6名。根据双方约定，在听到紧急警

[1]《上海市市政工会关于“二六”轰炸情况资料》，上海市政工会档案C7-1-1，第82页，上档。

[2]《中共上海市公用事业委员会所属各党组织关于防空反轰炸的通知、情况汇报等记录》，中共上海市公用事业委员会档案A59-1-22，第146页，上档。

报时，其他人员按照事先的规定，撤退至指定位置隐蔽，而志愿值班员“仍应紧守岗位直至防空监视人员另发警号，方得躲避”。在当时的情况下，志愿值班员实际上担负着牺牲生命的极大风险。经上电工会和公司资方的沟通，对志愿职工实行“加倍工资”和《反轰炸志愿值班员因空袭伤亡疗恤暂行优异办法》：

凡经公司聘用为“反轰炸志愿值班员”之职工，在工作时间及场所内，因执行职务，遭遇空袭以致死亡、残废、负伤，概得享受下列优异的疗恤条件：

（一）当场死亡或因伤不治而死亡者，一次发给丧葬费折实单位八百份，按发给日牌价折付人民币。

（二）负伤医疗期间一切费用，除依照因空袭负伤医疗办法处理外，并于指定之医院或医师认为可回家疗养时，公司应根据空袭伤亡疗恤委员会之举荐，从优发给疗养费，直至医师证明已能复工或医疗终结确定为残废之时为止。

（三）当场死亡或因伤不治而死亡，或因伤而成残废以致全部失去劳动力，不能继续工作者，其合法继承人或残废者本人得按左列两项择一请领恤金：

（甲）按死者或残废者工龄及原底薪一次付给全部应得之退职金外，再按死亡或受伤日之原底薪逐月依照一般在职职工计薪方法十足发给，直至受其供养之直系亲属能解决自己的生活为止。死者或残废者如工龄不满十年者，其前述一次付给之退职金，不得少于原工资十二个月之总和。其按月支付之恤金规定自死亡或受伤之月起，最少继续发满八年，最多不得逾十八年。

（乙）死者或残废者如有年逾十六岁之子女有请求公司量才录用之优先权（需在公司有记录并经工会审核及介绍），其子女如公司准予录用，则其按月支付部分应减为四年。其一次付给之退职金仍照甲项办理。[1]

在这些临时性政策的激励下，志愿职工尽职工作，在收到空袭临近信号后，不慌乱，不离厂，能够从容躲入防空壕等工事内继续维持生产。经实践证明，该项政策“颇著成效，自采用以来，数星期内虽空袭频仍，电厂仍能在空袭中照常工作焉”。[2]

通过这些措施、机制的有效运作，发电厂基本实现了在可能遭受二度被炸的严重威胁下维持最低发电负荷的目标，像“二六”那样因断电导致的危机再也没有发生过。

三、全市层面的统筹

虽然电厂在恢复和保障持续发电、供电的过程中尽了最大的努力，全市范围内的发电负荷也在稳步提升，但在当时突发因素多、发电量不稳定、供求关系紧张的情况下，仅仅依靠供应方的努力并不能完全消除所有矛盾，还得从更大范围内、更深层次上加以协调。为此，上海市军管、行政当局加强了全市范围内电力的管理与调度。

第一，全市范围内统一调度。在苏联专家的指导下，军管会决定对电力供应实行统一指挥，于2月8日成立了水电管理委员会电力管理处，“将原来公用局综合式的分处组织，改变为专业化的集中管理”。正是在这一体制之下，各电厂之间互相接济，对抢修工程和克服电荒起了很大作用。公用局还临时抽调上电、法电的技术干部，分配到别的电厂去担任公用局的业务联络员，建立配电指挥所，装置各发电厂的对讲电话，昼夜值班监督生产，统一调度发电

[1] 《中共上海市公用事业委员会所属各党组织关于防空反轰炸的通知、情况汇报等记录》，中共上海市公用事业委员会档案A59-1-22，第29页，上档。

[2] 《上海市市政工会关于“二六”轰炸情况资料》，上海市政工会档案C7-1-1，第82—83页，上档。

馈电工作。最典型的是上海电力公司和法商电车电灯公司之间的相互调配，上电断电之后数日内，法电充当了供电的主力。解放后，由于柴油来源断绝，法电由大部分自己发电转而变为大部分向上电购电。而大轰炸期间，当上电供电紧张、馈入不足或系统发生故障时，法电即启动卢家湾柴油机组，起到顶峰及应急的作用。“二六”当日12点58分，上电发电厂被炸，13时07分法电柴油机组投入运行，14点28分起向上海电力公司电网送电，供重要用户急需，当日馈电4.56万度，次日继续馈供电力12.24万度，承担当时上海电力公司系统负荷60%左右。[1]随着杨树浦电厂发电的逐步恢复，法电也随时调整自己的发电量，“当上海电力公司有多余的电力时，法电就少发电或完全不发电，如缺少电力时，就多发些电，把多下来的电送还给上海电力公司去”。[2]法电也成为上电之外，全市另一个关注焦点。2月8日晚，陈毅市长亲赴法电视察慰问。全市各方面在法电的机器防护中倾注了大量的人力、物力。然而，华商电气公司却没有得到太多特别关注，以至于该厂虽然损毁情况并不严重，但“修复工作竟达一月之久”，这被认为是抢修工作一个明显的失误。

第二，限制用电，提高电价。在被炸伊始、电力极度紧张的情况下，2月8日，上海市军管会以正、副主任陈毅、粟裕的名义签发了限制用电的紧急通告，共有5条：“① 现有电力供应以维持公用事业（路灯、交通、邮电、下水道、医院等）与必要之照明及汲水设备为限；② 凡广告灯、橱窗灯及装饰灯一律禁止用电；③ 电热设备一律禁止使用；④ 凡电力可以达到的电灯用户，应减低用电量，以一户一灯或一楼一灯为原则；⑤ 以上规定希一体自觉执行为要。”[3]这些条文只是原则性的规定，基本以市民“自觉执行”为主，并没有成熟的限电机制，由于惯性，群众当然会在电力能够供应的时段竭力多用。因此，通告呼吁的效果并不明显。2月13日，公用事业局又通告呼吁：“省一分电增一分力。”

[1]　上海市电力工业局史志编纂委员会编：《上海电力工业志》，第473页。
[2]　《上海市市政工会关于“二六”轰炸情况资料》，上海市政工会档案C7-1-1，第44页，上档。
[3]　《军管会紧急通告，节省电力限制用电》，《解放日报》1950年2月9日，第1版。

在前次通告的基础上，增加了“大型商店、工厂、公共场所、政府机关等以维持最低灯光为限”“在电灯线路上的小工厂，在下午五时至十时之间不要使用电力”等条文。[1]限电内容进一步细化、具体化，为严格限电做了前期精神动员。

2月16日是新中国第一个除夕，在能预见到的用电量大增的压力下，上海市公用局于前一日，即2月15日，发布了更为详细和明确的《限制用电办法》：

> 查匪机普遍破坏本市电厂，致使电力供应失常，凡电流可达到之用户，应按照下列办法限制使用：
>
> 一、市民日用必须之照明，应减低烛光，根据一室一灯之原则适用之。
>
> 二、广告灯、霓虹灯、橱窗灯及一般电热（如电炉、电灶、电熨斗、电烫发及电吹风等），一律禁止使用；电灯表严禁使用电热，违者予以断电之处分（特许使用者如医疗及工业电热等除外）。
>
> 三、一般住宅用户，以1949年10、11、12三个月平均用电量为标准，其平均用电量每月在75度以上者，限用五分之一；在15度至75度者，限用15度；在15度以下者，可按其平均用电量照旧使用之。
>
> 四、商业用户，亦以1949年10、11、12三个月平均用电量为标准。其平均用电量每月在150度以上者，限用五分之一；在150度至30度者，限用30度；在30度以下者，可按其平均用电量按旧使用之。
>
> 五、如超过第三、四条之限度者，第一次逾限，其超过部分按灯用电价之十倍计费。第二次逾限，其所使用之全部电度按灯用电价之十倍计费。第三次逾限，则予以断电之处分。
>
> 六、五层楼以下之大厦，禁用电梯。
>
> 七、本办法自公布日起施行。[2]

[1]《公用局号召市民节省用电》，《解放日报》1950年2月13日，第2版。

[2]《公用局宣布限制用电办法》，《解放日报》1950年2月15日，第4版。针对这项办法还有一些更为细化的说明，刊登在3月16日的《文汇报》第6版上，其中针对诊疗所用电、“商业与住户合用一表者”“同住各户合用一表，或总表之外另装有分表者”、宿舍用电等数种情况均有明确的阐释。

为保障这项措施的切实执行，公用局组织了专门的检查队，“佩戴臂章经常出动宣传劝导，并检查用户有无浪费用电和违法用电（如在路灯线上接用电流，使用霓虹灯、广告灯、橱窗灯等，使用非工业、非医疗电热器具，工厂在规定时间以外使用电力等等），如查获违法用电，除由检查队当场制止，予以教育外，并由公用局根据情节轻重分别转送有关治安机关或人民法院予以处分”。[1]

道德警示也还在继续，并且更为具体、更为循循善诱：“在你用电以前想一想：广告灯停止使用了吗？电热暂停使用了吗？家里电灯换了小灯泡、加上灯罩、挂低些、擦干净了吗？日光灯加装容电器了吗？工厂的工人和工程师经常检查过线路损失、漏电损失、传动设备、负荷成绩、功率因数吗？如果还没有，请立即执行！为反轰炸节约用电支援前线而斗争！！！”[2]

在限电的同时，公用局宣布提高电价，与之前施行的1949年11月25日调整过的电价相比，又有大幅提升。[3]

有了行政强制、道德说服和价格这三种强有力的保障手段，限电效果终于显现：2月6日前全上海普通用电约9万千瓦，限制办法施行后，降低至3万千瓦以下，仅此一项，即节约6万千瓦之数。[4]但也因此，庚寅年的上海春节异常阴冷暗淡，中苏友好的喜气并没有冲淡这一普遍憋闷。

随着形势的好转，这一限电措施很快导致了新的矛盾，出现了用电与发电容量脱节，“有余电供不出与要电供不上的现象”。于是，3月29日，公用局首次放宽限制，规定：“① 一般住宅用户，以1949年10、11、12三个月平均用电量百分之四十为限度，其限度不足25度者，得用25度；② 商业用户以1949年10、11、12三个月平均用电量百分之五十为限度，其限度不足50度者，得用50度；③ 其余限制办法及逾限处分办法，一律照旧办理。”[5]普通用户的用电限

[1]《公用局组检查队，贯彻限制用电办法》，《解放日报》1950年2月24日，第2版。
[2]《在你用电以前想一想》，《大公报》（上海）1950年2月16日，第3版。
[3] 详见附录一《解放后上海的电价》。
[4]《上海市市政工会关于“二六”轰炸情况资料》，上海市政工会档案C7-1-1，第6页，上档。
[5]《下月用电限度放宽》，《文汇报》1950年3月29日，第2版。

额有了较大幅度的提升。

直到4月中下旬，国民党飞机不能再肆意妄为，发电负荷逐渐恢复正常，限制办法进一步放宽，以致简化为："普通住宅用户、商业用户，除霓虹灯及电炉、电灶继续禁止使用外，其余限制均暂予取消"。[1]电价也平均降低了14%至24%。[2]电炉、电灶、热水器、热铁板仍然被禁止使用，规定如有私自使用者，"除予断电15天外，并按抄见度数，按照现行灯价加倍收费"。[3]但在几天之后的5月上旬，电炉、电灶及热铁板的限制也有步骤地放开，规定："准予在每日上午10时至下午1时，下午5时至7时30分之间用电，其抄见用电度数作乙种电热（即暂照电灯价格）收费。"[4]1950年底，随着情势的继续好转，各种限电措施全部取消，用电秩序终于回归正常。

第三，区别供电。与限制用电相辅相成的，是区别供电制度。2月6日当天断电后，军管会即划定电力的主要用户和非主要用户范围，决定集中现有负荷先行恢复主要用户供电。上海电力公司向法商电车公司借电5 000千瓦，并拆除了共同线路上的非主要用户用电，当夜即恢复供应各大医院、自来水、下水道、电话、电报、公安局、解放日报、人民电台及约三分之一的路灯供电，次日又停供法电区内一部分次要用户的用电，使上电区内的邮局、电车、煤气、电台、冷藏库、监狱及市府大厦等处恢复供电。

春节以后工厂复工，电力需求进一步增多，水电管理委员会按照用户的用电性质和重要性，拟定了较为详细的五级供电办法，排定优先供电的顺序：

第一级是公用事业和重要公共事业——包括自来水、电车、煤气、交通公司（公共汽车）、下水道、医院、火车站、路灯、电信（电报电话）、解放日报、首脑机

---

[1]　《本市电力供应渐趋正常了，后天起用电限制取消》，《文汇报》1950年4月13日，第2版。

[2]　《继交通运价减低之后，水电煤气价格普减》，《解放日报》1950年4月27日，第2版。

[3]　《上海人民又一喜讯，水电煤气相继减价》，《文汇报》1950年4月27日，第2版。

[4]　《电灶、电炉等明起可使用》，《解放日报》1959年5月6日，第2版。所谓"甲种""乙种"，是指电力的收费标准。当时上海电价分得很细，不合理，也难于核算。自4月中旬电价下降之后，公用局又有统一电力定价的举动，先期将所有动力电、电热收费分为甲、乙两种，大体上说，甲种为二马力以上用电户，乙种为二马力以下用电户。

关及治安机关等十二项，估计共需电约1万至2万千瓦；第二级涉及重要的军需及民生工厂——包括军需、军事、造船、汽车修造、印制、造纸、冷藏、面粉（与上粮有关的）、粮食加工及化学工业等十类工业，另有报馆、高层建筑及必需照明之工厂仓库亦属此级，估计共需电约9 000—19 000千瓦；第三级为次要工业——包括钢铁厂、重要机器厂、机制煤球厂、工业原料厂、制药厂及棉纺厂等六种厂家，另有军政机关也属此级，估计共需电47 400千瓦，其中棉纺工业以34 000千瓦计；第四级是一般工厂、商业用电及一部分住户用电；第五级是住户用电。[1]

这项办法自2月19日开始执行，一直到3月25日以后电力基本恢复正常才废止。为配合区别供电政策，上海电力公司将自己可开动的发电设备分为三部分："① 主要供电——由二万三千伏辅助汇流排供应，由十号透平发电机给电；② 非主要供电——由二万三千伏总汇流排供应，由十四、十六号透平发电机供电；③ 厂用电——由四号透平发电机给电。"白天自上午8时至下午5时的易受空袭时段，三者独立运行；晚上起，三者并车发电，全力供电。另外，为保证第一级用户用电，各电力公司就现有路灯线路改装第一级用户专线。"凡属第一级用户，除自来水外，皆接由此专线供给，以与普通用户分开，俾便紧急时单独供应。"这一改装工作，除浦东区因"地区远阔，未做广泛改装外，其余皆先后完成"。以上海电力公司供电区而言，增架线路达5万余米。[2]

第四，发掘自备发电潜力。上海的电源点，除了五大电力公司外，还有很多工商企业拥有自备发电设备，其中在500千瓦以上的有9处。大轰炸之后，中共华东局工业部及工商联排查了上海100千瓦以上的自备发电设备，"以备万一时分散给各区第一级用户"。据统计，55家私营纱厂，自备电厂者至少有12家，共有大小各式发电机18部，发电量近万千瓦，全部发电后，可以运转18%纱锭。[3]对具备动力设备及发电设备的工厂，当局在燃料方面予以全力

---

[1] 《上海空袭后电力困难克服的经过》，1950年，华东军政委员会财政经济委员会计划局档案B0-15-50，第8、9页，上档。

[2] 《上海市市政工会关于"二六"轰炸情况资料》，上海市政工会档案C7-1-1，第86、4页，上档。

[3] 《私营棉纺等业进行自行发电》，《解放日报》1950年2月13日，第2版。

支持，规定其“可向国外贸易管理局石油管理处申请柴油”。[1]经线路改造之后，很多自备发电设备也能够在第一时间迅速接通主网，向五大电力公司电网馈电，如华商电气公司向宏文造纸厂购电转馈，维持其供电区内自来水、电信局及路灯等的用电。在供电紧张期，浦东电气公司和华商电气公司主要依赖恒大纱厂、怡昌纱厂、宏文造纸厂的供电，闸北水电公司主要利用永安纱厂，上电利用中纺八厂的供电。尤其是在空袭时间内，因“各自备发电厂目标不显”，得以维持发电，更对全局产生了举足轻重的作用。[2]

经过紧急抢修、安全保障、统一调度、限制用电、分级供电、发掘电源等各项恢复和保障电力供应措施的综合实施，上海在短时期内克服了电荒。2月15日发电量已恢复到原有发电量的65%，基本可以应付当时主要用户的急需用电，“机器开始运转，电车重新启动，电灯重放光明”。[3]随着时间的推移，发电总量在稳步提升。但由于电力断供所产生的震荡波已经推开，对社会生活的各个方面，尤其是经济领域产生了巨大的影响，其破坏性依然在发酵。因此，虽然破坏的源头在电力断供，但最终的问题却并非恢复和保障电力供应所能全盘解决。

---

[1] 《有发电设备工厂可申请配给柴油》，《文汇报》1950年2月8日，第3版。
[2] 《上海市市政工会关于“二六”轰炸情况资料》，上海市政工会档案C7-1-1，第6—8页，上档。
[3] 中共上海市委党史研究室编：《历史巨变：1949—1956》，第39页。

第五章
应急举措

“二六”轰炸是1950年上海党政工作节奏的分水岭，此前的主要工作中除了公债推销一项相对而言时间紧任务重外，其余均不构成压倒一切的态势。“二六”轰炸后，当局虽然提出“将公债推销运动、清洁卫生运动、春节活动等与当前工作中心反轰炸防空运动相结合”，但同时明确指出“以后者为压倒一切工作的中心任务”。[1]在这一稍有不慎就会立即出现完全无法控制的人员牺牲、财产损失乃至混乱动荡的非常时刻，当局果断打出一系列“组合拳”，以避免灾难来临时的措手不及。

第一，堆置沙袋及其他防护、伪装措施。2月7日，军管会公布了一则紧急通知，内容很零散，主要涉及防护、疏散、防火等4个方面。[2]这是“二六”之后最早的动员全民防空的措施，其中第一条就严令“各工厂机器间周围，应即堆砌厚层沙包，其顶上并予以伪装（涂色或敷网等）”，这也是最方便有效的防护措施。前文已对这一方法的原理和各发电厂的堆沙袋情况进行了介绍，其实在当时这是全上海的一场战役，各个生产单位都在从事此项工作。如电信局工人“以两个下午的时间完成了一千多个沙包和一道沙墙”；[3]上海自来水厂

---

[1] 《上海展开反轰炸斗争，军管会成立防空治安委会》，《文汇报》1950年2月12日，第1版。
[2] 《避免与减少空袭损失，军管会紧急通知》，《解放日报》1950年2月7日，第1版。
[3] 《各区广泛组织群众，积极开展防空工作》，《解放日报》1950年2月22日，第1版。

在三天三夜的时间里堆起了2万多只沙袋；中纺十七厂的工人在停工时期利用职业便利赶缝了1万只麻袋，自己解决了材料来源问题。有的还要求在沙袋外围加上铁板或木板，用来防护设备；为了避免泥土沙粒溅到机器里，有的还要求每天早晚用水浇沙袋，使其冻结，"减少飞扬力"。当时很快出现黄沙和麻袋脱销断货的局面，当局又动员各单位以价格较便宜的草包或"用木板夹二尺左右厚的泥墙"来代替。[1]还有的工厂在重要机器间"以木棒竹竿在屋顶构成尖顶"，或"用钢板铁板构成"尖顶，"使炸弹下降时发生偏差"。[2]

另外，军管会还动员全市居民家庭把自家玻璃窗用布或牛皮纸进行粘贴，在空袭时打开玻璃窗，放下窗帘，可以降低轰炸气浪对玻璃的冲击力，也会减少碎片四处飞溅而对人体产生的杀伤。对于不宜防护的厂房设备，工厂采用各种方式对屋顶进行伪装，如英电的屋顶无法承受大量沙袋的重量，所以将其油漆伪装成一个球场。

做好防护和伪装的结果是显而易见的：闸电就因为一直以来沙袋堆置得较为充实，虽然遭遇十多次轰炸，但人员和财产损失较少；2月23日，黄浦区沿江一带遭炸，在检查时发现窗户玻璃"贴上纸条的要比未贴纸条的破碎少，打开窗门的则破碎更少"。[3]

第二，打井储水。国民党派飞机破坏了电力，马上使人想到"破坏了电还得当心破坏水"。对于当时上海的一般居民而言，电的"影响还不是致命的，屋子里没有电，有洋灯蜡烛可用，生产部分停顿，影响生活也不十分迫切"。而对于一座人口500多万的城市，出现全城停水状况将会带来灭顶之灾，因为当时上海城区的供水大部分靠自来水，"万一自来水公司遭受了破坏，那我们就真的休想过日子了"，影响将是致命的。[4]

防止这一灾难性后果的措施是全市动员打井储水和节约用水。2月7日，

---

[1]《防空麻袋沙包可用草包代替》，《解放日报》1950年2月8日，第1版。
[2]《工厂防空办法》，《解放日报》1950年2月12日，第2版。
[3]《美制匪机昨又袭沪》，《文汇报》1950年2月24日，第1版。
[4]《破坏了电，还得当心破坏水》，《文汇报》1950年2月13日，第6版。

《解放日报》发表社论，号召全市人民"以积极行动来答复敌人的轰炸暴行"，提出4项应急措施，在第一条"加强防空设备"中首先提到的就是"各工厂各学校及里弄，应掘井以保证饮水用水的供给"。[1]此后几天，市府当局不断通过媒体和会议的形式落实与强化，并建立了组织进行具体推动，尤其是人民防护队成立后，防空设备这一组占总人数的1/8，成为各区推动打井、修井的基干力量。

各区的排查井数、井况、打井储水行动相继展开。杨树浦区原有300口水井，但大部分已经淤塞，并有40口被填塞。2月11日即已修复200口，还准备再挖100口新井，达到平均200人一口井的比例。挖掘出来的泥土，用于砌防空墙。居民为打井进行集资，河间路河间里居民集资280万元，按照市价，可开新井两个。[2]北站区原有水井300多口，拟再开掘200口，最后实际新开194口，到3月上旬共形成469口水井的规模。闸北区原有230个水井，准备修复外，并计划挖新井100个，"群众中有挖好新井过春季的意见"。在使用上，所有水井都按组分配，并按照水质情况对用水井和吃水井严格分开，分别进行处理，"吃水井绝对不许洗衣"。[3]当局还要求每家准备一至两个大水缸储水。但是，作为一项防范措施，不能高估这些短期内建立起来的井水的质量和实际作用，因为这些井都比较浅，"五六尺深至多丈把深"，不是真正的地下水，而

---

[1] 《以积极行动来答复敌人的轰炸暴行》，《解放日报》1950年2月7日，第1版。

[2] 为方便全市打井工作，上海市工务局特设计了统一的土井图样，供市民参考：1. 土井深约十余尺，内径4尺至8尺，井圈距地面3尺，逐渐收缩，井口砌2尺高的井栏，上覆木盖，可以加锁；2. 井围用中式瓦叠堆而成，地下水自其缝隙中流入，井底铺4寸厚石片，井栏用小青砖砌成，外涂以水泥砂浆；井围距地面3尺部分，也可用水泥砂浆涂充；地上四周可用水泥混凝土或石灰碎砖捣砌，以免地面污水渗入井中。以2月10日人民币牌价计算，这种标准规格的水井按照内径大小而区别，用料和价格大致如下：内径4尺，用瓦5 000—6 000片，小青砖200块，工料费合计为150万元；内径6尺，用瓦7 500—8 500片，小青砖400块，工料费合计为250万元；内径8尺，用瓦10 000—12 000片，小青砖600块，工料费合计为400万元。以上据《预防匪机滥炸断绝水源，市民亟应开掘土井》，《文汇报》1950年2月11日，第2版。

[3] 《各区防空工作渐趋深入》，《解放日报》1950年2月14日，第1版；《闸北区居民普遍掘井》，《文汇报》1950年2月26日，第2版；《北站区人民防护队已有近三千人参加》，《解放日报》1950年3月4日，第1版；《防空工作进入行动》，《解放日报》1950年2月12日，第1版。

是地面渗透下去的水，“因此是污浊肮脏”“但好在它总是水，当我们没有水用时，它还是好东西，只是想办法给它加以清洁罢了”。当时一般的净化水的办法是在水中加明矾搅动沉淀法和加氯素除菌等。[1]

自来水厂在没有遭到破坏时，正常情况下用水不予限制，但由于紧急情况下井水无法承担大规模远距离消防的作用，因此须将有限的自来水存量用于消防，而市民应尽最大限度节约用水。上海市公用局依此原则发布了紧急时期用水方案，于2月14日向社会公布，严格限制了遭遇空袭时的自来水使用，全力支持消防用水。[2]

其余的措施还有抽水马桶用户准备木制马桶等，但由于最终未发生自来水厂遭炸的情况，因此大部分水井从未承担过主要供水作用，消防、生产和生活用水也未因国民党飞机空袭而发生实质性困难。

第三，设置防空警报。长久以来，上海市有空袭而无警报。1942年8月29日下午，汪伪政府在上海两租界试放空袭警报，时长10分钟，这应是上海第一次有空袭警报响起。1947年11月13日，第八届防空节，国民党上海市政府在全市试放空袭警报、紧急警报、解除警报，各工厂鸣放汽笛。[3]解放后虽然经历了数十次空袭，但直到“二六”轰炸以后，上海市仍无统一公布的空袭警报信号。

“二六”轰炸以后，淞沪警备司令部防空处根据过去的空袭警报制订了新的空袭警报信号，并于2月12日下午5时试放，信号依旧分为三种：

> 预备警报：“喔…………喔……喔……”拉响廿秒长音后，连拉两响短音（共三秒钟）即停止两秒钟，同样共拉六次。
>
> 紧急警报：“喔…………喔……喔……喔……”拉响30秒长音后，连

[1]　《破坏了电，还得当心破坏水》，《文汇报》1950年2月13日，第6版。
[2]　《公用局公告市民，省用自来水》，《解放日报》1950年2月14日，第2版。
[3]　《上海民防志》编纂委员会编：《上海民防志》，第143页。

拉短音多次约一分钟。

解除警报:"喔………………"连续拉二分钟长音一次。[1]

第一次正式拉响警报是2月15日上午10时5分,"敌机曾在浦东一带上空窥伺",预备警报、紧急警报相继响起,"所有已成立防空机构的各机关团体工厂学校里弄,其参加防空工作人员,均纷纷出动,各就岗位,全市人民镇静如常,秩序井然"。一小时以后,解除警报拉响,一切又行恢复正常。[2]

在运行了几天之后,防空治安委员会发现,所规定的"警报信号有与工厂、船只、车站相似之处,易使市民辨别不清",因此对空袭警报信号进行了调整,将预备警报调整为"拉一长音两短音,每一长音拉20秒钟,两短音共拉3秒钟,连拉3次后即停止",紧急警报调整为"拉4短音续拉一长音,数次约1分钟",解除警报不变。[3]调整之后,上海市人民政府发布《上海市防空警报讯号及发放办法》,规定:防空警报由市人民防空指挥部统一发放,其他任何单位或个人,不得擅自鸣放防空警报;各机关、工厂、企业、学校,为使所属全体人员及时听到防空警报,可以酌情设置传达警报的设备,其音响由本单位自行规定,但不得鸣放类似全市警报的声音,其范围以传达给本单位人员为原则,并应在市的防空警报发放后发出。[4]

从2月15日至3月31日,上海市共释放防空警报25次,跑警报成为当时上海市民常态化的生活内容。自上海的防空警报系统创建之后,它作为最主要、最初始的指挥命令,在城市防空中发挥着无可替代的作用,随后在全国推广,几经修改沿用至今。

第四,灯火管制。虽然白天的空袭暂时无法抵制,但夜晚则可以通过灯火管制的方式来达到使敌人无法识别袭击目标的目的。为此,军管会除了针对

[1] 《警备司令部防空处规定警报信号》,《解放日报》1950年2月13日,第1版。
[2] 《昨日首次发出空袭警报》,《解放日报》1950年2月16日,第5版。
[3] 《请注意警报信号》,《解放日报》1950年2月20日,第1版。
[4] 《上海民防志》编纂委员会编:《上海民防志》,第143页。

特务分子颁布了“七项禁令”，规定其“不准以各种信号指示匪机轰炸目标”，否则处以极刑，还出台了要求全体民众都要严格遵守的《灯火管制办法》，规定在夜间空袭警报发出后，实行灯火管制，将全市范围内“各种暴露目标的灯光和生产发出的强烈光线”区分为“必须禁止的灯火”和“准予保留的灯火”加以管控。“必须禁止的灯火”包括：一切楼顶灯火及户外广告灯、霓虹灯、彩色标语灯；室外露天灯火，包括公园、广场、外滩、旱桥等处宫灯式灯火；居民住宅灯火；生产发出之强烈光线，包括电焊、气焊，有强烈火光的烟囱、炉灶等；一切流动灯火，包括行驶中的火车，应即关闭前灯，遮蔽客车车窗，船舶除航向灯、桅灯外，其余灯火应即熄灭，执行防空勤务的汽车，应将大灯关闭。“准予保留的灯火”包括：机关、工厂、企业、医院确因工作、生产需要，需要保留的内部灯火；经过伪装的交通指挥灯、车船信号灯、水上航行标灯以及航空标志灯；必要的街头路灯；执行防空勤务的车、船流动灯火，各种防空队伍的照明灯火，经过伪装后准予使用。为保证这一办法的落实，在各单位团体里弄都指派了专人负责本单位的灯火管制工作。对于寻常百姓家，则以换小瓦数灯泡、给电灯加罩、每天只能开灯半小时等方式，配合限制用电办法而落实灯火管制办法。当时遇到夜袭的情况不多，当与这一办法的有效实施不无关系。[1]

第五，交通管制。“二六”轰炸后的断电，一方面使各种电车停驶，公交车辆抛锚，运力严重不足，公交公司在当天下午4点半加派40余辆车以维持交通。[2]另一方面断电使交通信号灯熄灭，交通秩序一度陷入混乱，更有群众在慌乱中与救火车、救护车抢道，严重影响救灾秩序，如“二六”轰炸当天下午就有提篮桥区群众在虹口区的救火车途径该区长治路时抢过马路，“还有一辆货车迎面来时，不但不让路反而强走路中，也有些三轮车工人看到救火车来时，用手指挥我们要慢一些，让他先走过”。[3]因此，要防止造成大量人员伤亡和

---

[1]　《关于公布上海市防空警报讯号及发放办法（草案）上海空袭警报期间交通管制办法（草案）及警报处的任务及编制（草案）》，1950年，上海市人民防空办公室档案B120-1-6，第3、4页，上档。

[2]　《公交增派大批车辆，维持市区各线交通》，《文汇报》1950年2月7日，第1版。

[3]　《救火车来了要让开》，《解放日报》1950年2月13日，第6版。

保障救灾工作顺利进行，必须实行紧急时刻交通管制办法。

首先规范的是夜间交通，上海市公安局于2月8日发布“夜间交通临时守则三项”，主要内容包括机动车与非机动车夜间行驶须开灯、减速，车辆驾驶员应绝对遵守交通警察手势，行人应谨慎穿过人行道等，大体属日常规则的再强调，未见有特别之处。[1]

2月14日，防空治安指挥部发布了《空袭警报期间交通管制办法》，包括交通管制的责任方、管制方式、警报期间和解除警报之后车、船、行人所应遵守的规定等内容。[2]这是很系统的交通管制办法。实施之初，由于受闹市区声音嘈杂的影响，警报声不易辨认，同时也考虑到断电后交通灯无法使用的情况，防空治安委员会又于2月19日发布了《空袭标识及指挥交通旗帜办法》，规定：空袭警报发出后，在各主要路口由交通警察以“二尺见方、红白二色斜角分开、上白下红”的空袭标识旗示警；紧急警报发出后，由“各岗警换用紧急警报旗帜”，旗帜为“方形布质，白地红色‘×’形线条，中有红色圆圈，圈内有红色‘警’字”；[3]在红绿灯不能使用时，由交通警察手持“一尺半宽、一尺三寸长之长方形、红绿色各一种之布旗”代替红绿灯指挥交通。[4]

这项办法也产生了稳定效力，从2月15日直到4月初的20多次空袭警报响起后，全市的水陆交通即按照这一模式运作，未再出现过于混乱的场面。4月9日，随着防空形势好转，军管会发出通告，将《空袭警报期间交通管制办法》的一些条款进行修订，适度放宽对公共车辆的交通管制，提出，在空袭警报响起后，“全市一切车辆应即疏散，停止行驶，惟电车公共汽车可在不妨碍防空工作原则下机动行驶”。[5]到5月中旬，反轰炸斗争取得阶段性胜利，管制办

---

[1]　《公安局为避免车祸订出交通临时守则》，《文汇报》1950年2月8日，第2版。

[2]　全文见附录二。

[3]　《防空治安委员会公布令》，《解放日报》1950年3月2日，第4版。

[4]　《防空治安委会公布使用空袭标识及指挥交通旗帜办法与人民防空须知》，《解放日报》1950年2月20日，第1版。

[5]　《军管会发出通告，本市防空工作布置粗定，空袭时电车等可行驶》，《文汇报》1950年4月9日，第2版。

法在实际中不再实施。

第六，消防措施。国民党飞机轰炸上海时，投下的炸弹很多都是燃烧弹，引起大面积火灾，最典型的是吴淞、卢湾这些区域的居民，在遭受轰炸时，很多被活活烧死，房屋财产更是在轰炸中损失惨重。所以，消防是应对轰炸的必备手段。

2月7日，中共上海市委办公室发布了《关于本市遭受匪机空袭时防火及维持治安之一般注意事项》，其中包括4项基本防火办法。[1]为了尽快将易燃物转移至安全地点，军管会放松了对油料的运输管制，简化了石油和危险物品的搬运手续。

2月10日，为进一步加强和细化消防工作，军管会颁布《房屋住宅防空防火办法》，这是最详细系统的消防规则，其中规定“所有公私房屋均为防御单位”，应指定防火负责人和代理人在平时搞好宣传，在危机时刻组织消防，同时也包括很多消防工作的细节问题。[2]这项命令被一级级传导，在里弄街巷间扎实执行，特别是硬件的不断充实和防火意识的普遍提升，为此后的消防工作奠定了基础。

第七，创建组织。任何周密的计划都需要强有力的组织来具体操作。在反轰炸运动中，上海通过特定方式，在原有组织框架中延伸出民防系统，使其担当起防空、救灾等工作的中坚领导角色。

解放后，上海市级层面的防空工作统一领导机构一直都处于调整与完善当中。1949年7月，中国人民解放军淞沪警备司令部民防处成立；同年11月，该组织由军队转归地方，是为上海市人民防空委员会。1950年2月10日，中共上海市委决定将人民防空委员会改为人民防空治安委员会。11日，由军管会主任陈毅、副主任粟裕签发命令：“任命郭化若、杨帆、曹漫之、周林、吴仲超、王

[1]《中共上海市委办公厅关于上海市遭受匪机空袭时防火及维持治安的注意事项材料》，1950年，上海市民政局档案B168-1-752-8，第1页，上档。

[2]《上海市军事管制委员会公布令》，《解放日报》1950年2月10日，第1版。

范、骆耕漠、崔义田、孙明、章蕴、张本、谭光廷、马万杰为本市防空治安委员会委员，组成防空治安委员会，并以郭化若为主任委员，杨帆、曹漫之为副主任委员；防空治安委员会下设指挥部，以主任委员郭化若兼总指挥，副主任委员杨帆、曹漫之为副总指挥。”[1]“凡全市范围内之党、政、民、机关、部队、团体，在防空治安问题上，一律服从该委员会的领导”。

区级层面成立相应的反轰炸组织，则是从1950年1月25日轰炸事件开始的。当时邑庙区受灾最重，为办理善后，该区接管委员会于第二日会同“中共区委、警备部队、公安机关、六业防空救护委员会、协茂、茂昌两职工团体，六业同业公会、临救会、家庭妇联等机关团体”，联合组织邑庙区各机关各团体联合防空救灾委员会，承担“奋力整理灾区、抢救物资、挖掘被炸难胞及宣传慰问等项具体工作”。[2]

“二六”轰炸以后，各个层面的反轰炸组织普遍建立。一种是市直各单位的反轰炸组织。军管会于6日下午紧急通知各机关及全体人民动员起来布置防空，组建消防小组。[3]市政府各局处于7日开会成立了防空指挥所，各单位成立防空指挥小组。各局处划分防空区域，严格执行值班制度，防止受空袭时遭特务及宵小之徒趁机捣乱。[4]如：公安局于8日下午成立防空委员会，下设警卫、消防、救护、抢救、宣传5个中队，由张文炳、张克生任正副主任委员；[5]工务局在局机关成立救护、消防、纠察3个小组，[6]此后该局又组织抢修大队，下设道路、桥梁、沟渠等三个机动队，配备了较为先进的装备，以备“在匪机轰炸市区后所有道路沟渠的清除及恢复，桥梁抢修、危险房屋的拆除清理”，还在卢家湾、闸北、杨树浦等重要节点区设立了三个联络站，日夜值班，随时准备出动

[1] 《军管会成立防空治安委会》，《文汇报》1950年2月12日，第1版。
[2] 《邑庙区各界成立防空救护委会》，《解放日报》1950年1月27日，第2版。
[3] 《匪帮又一灭绝人性的罪行，美制机群昨日滥炸上海》，《文汇报》1950年2月7日，第1版。
[4] 《克服太平观念提高警惕，防空工作全面展开》，《解放日报》1950年2月10日，第1版。
[5] 《沪市加紧防空工作》，《文汇报》1950年2月10日，第1版。
[6] 《各工会纷纷协助政府，组织巡逻队巡逻街头》，《文汇报》1950年2月11日，第2版。

抢修。[1]另一种是各区的反轰炸组织。邑庙区将原有的各团体联合防空救灾委员会“扩大、充实”，增加了“教联、南货业工会、烟纸业店员、卫生事务所、救火会及协大祥等”单位和团体，使“防空工作的进行步调一致，力量集中”。[2]北站区从6日起连续动员两天，自下而上地组织起防空机构，区级层面成立防空治安委员会，下面按照4个办事处，分别设立一个防空治安大队，一个直属机动中队，加上人民防护队的力量，至2月底，该区共有3 971人可在灾情发生后出动救援。[3]

区级及以下的反轰炸组织做很细腻的工作，是防空治安任务最直接的承担者。以黄浦区为例，里弄内“公私水井，均由防护队加以管理，旧损者修理，填塞者起掘，均限期完成”，“公私消防设备一律登记征用”，[4]还有宣传动员、防止特务隐匿等任务。

第八，变更工作时间。在军事上无计可施的情况下，当时各城市一般考虑用变更工作时间的办法来躲避轰炸。如，在上海之前惨遭轮番轰炸的宁波早于1949年9月下旬即施行“工厂夜间开工，商店晚上营业，内河航船也改为深宵通行”。[5]

上海最早实行夜间上班制度的是上电，于2月7日开始，其大部分清理抢修工作也在夜间完成。此后敌机更为频繁地骚扰，轰炸的阴影始终萦绕，容易遭受轰炸的区域内很多单位、工厂先后将上班时间改为夜间，如闸电自21日起将工作时间改为下午3—11时，白天由防空治安委员会负责值班。

公共机构此前虽然没有明确更改工作时间，但实际上已经陆续推行晚上办公制度了，一些重要会议均放在下午6时以后召开。2月14日，军管会发出

[1]《为完成反轰炸任务，工务局抢修队配备必要用具》，《文汇报》1950年3月14日，第2版。
[2]《各区进行防空部署》，《解放日报》1950年2月12日，第1版。
[3]《各区防空工作渐趋深入》，《解放日报》1950年2月14日，第1版；《北站区人民防护队已有近三千人参加》，《解放日报》1950年3月4日，第1版。
[4]《各区响应政府号召纷纷成立防空组织》，《文汇报》1950年2月14日，第2版。
[5]《飞机滥施轰炸下，宁波怎样从事建设》，《文汇报》1949年9月24日，第6版。

通知，为应付敌机轰炸的特殊任务，所属的市政府及财经机关取消春节假期，将原假期内（17—19日）办公时间规定为下午4时至晚上8时。[1]

2月22日，军管会正式发出更改办公时间的通知，将市政府办公厅办公时间自即日起改为下午4时至晚上9时，但“警备司令部、公安局、民政局、人民法院、公用局所属公用事业部分，卫生局所属医院卫生事务所等仍一体照常工作”。[2]此后各机关、社团、企业和学校也以此为基准，将工作时间进行变更，以减少空袭危险。公交公司为解决晚上工作人员出行问题，也特地将3路、9路、10路三条公交线路的末班车时间延迟至晚上9时30分自外滩开出。[3]这一时期甚至连倾倒粪便的时间也改为晚上6时半至11时。

第九，疏散内迁。解放之初，动员非生产性市民群体疏散内迁，以缓解城市供应压力并增加农村生产力量，是反封锁的“六项任务”之一，为此中共中央华东局于1949年7月24日发布了《关于上海市疏散难民回乡生产的指示》，对党、政、军各方在难民疏散中的工作任务予以详细规定，是指导这一工作的纲领性文件。[4]疏散难民还乡生产委员会、临时救济会和冬令救济会等组织机构相应产生，在对难民的疏散、救济工作中发挥核心作用。然而，在华东区大部遭受罕见灾害的情况下，疏散工作的成效被持续涌入的难民倒流潮所抵消，工作节奏也时紧时松。

“二六”轰炸后，当局起初并没有将疏散内迁作为最紧迫的任务。2月7日《解放日报》社论《以积极行动来答复敌人的轰炸暴行》向民众提出的4项号召中，没有涉及疏散的内容。但2月10日的社论《以行动答复敌机轰炸》中，发出5项号召，前4项原封未变，增加了第5项“凡在上海无业居民，与维持恢复生产无直接关系者，应做有计划的疏散，以减少轰炸中不必要的损失”。民政局召集疏散难民还乡生产委员会、临救会、冬令救济会等机构的联席会议，

[1] 《上海市军事管制委员会通令》,《文汇报》1950年1月15日，第1版。
[2] 《本市军管会更改办公时间的通知》,《解放日报》1950年2月22日，第1版。
[3] 《为配合反轰炸任务，公共汽车延迟收班》,《解放日报》1950年2月25日，第2版。
[4] 《中共中央华东局关于上海市疏散难民回乡生产的指示》,《解放日报》1949年8月5日，第1版。

图5-1　疏散回乡

资料来源:《文汇报》1950年2月16日,第6版。

对这一工作做了研究部署,由疏委会动员难民还乡参加春耕生产,"酌情发给路粮代金,解决车票",铁路也被要求为此预留列车席位。疏散作为顺应时事的反轰炸主要手段之一,取得了很大进展。2月25日一天,即有"杨树浦区200多名、提篮桥区150多名回乡,连以前蓬莱等区回乡的共515名难民回乡生产去了"。[1]东北和西北的招聘团也在此时到上海来招募技术工人、工作者,原本不愿离沪的,有很多人加入这一行列,到内地工作。当时也有很多民众受特务谣言和轰炸威胁的恐吓而迁离上海,仅办理过迁离手续的就多达36万多人,尤其是敏感地区,有2/3的群众迁往农村,对于上海在短时期内抑制物价过快上涨、缓解社会紧张情绪、减轻救济压力、减少人员伤亡起了很大作用。

[1]《杨树浦提篮桥区难民,三百余名回乡生产》,《解放日报》1950年3月1日,第2版。

在组织非生产性群众疏散的同时，工厂的内迁又一次被提上日程。此时面临的情况与反封锁时不同——反封锁时只是原料供应紧张，生产面临困难，但通过集中调度还可部分地勉强维持，而且工厂资产不至于损失。遭敌机轰炸时则不然，一方面断电使生产彻底停顿，即使原料充足也无计可施，另一方面工厂本身时刻面临着轰炸威胁，如果遭受不测，工业资产会受到灭顶之灾；在当时的情况下，只能躲避，躲避的形式就是内迁。上海开展了广泛的内迁动员，通过各主要媒体释放信号。当时组织了造纸、纺织、纱管、电木、灯泡、卷烟、木材、电机等行业的一些小厂的部分或全部，向苏州、哈尔滨、郑州、开封、天津、西安、张家口等地迁移。很多企业原本不愿内迁，而在"二六"之后受轰炸威胁后被迫迁徙的，如晶华玻璃厂、信和纱厂等，之前下不定决心，此时才决定下来。但是这些内迁的工厂大多是不足百人的私营小企业，而上海的大型支柱企业，如造船、电力、钢铁等，当然不是说走就走的。随着3月下旬防空"盾牌"建立，安全得到保障，迁厂之议又一次被搁起，但它的袅袅余音却依旧显现在若干年后的"小三线"建设之中。

其他的紧急措施和禁令还有挖防空洞、举行防空演习、宣传教育，甚至禁止放风筝等。总之，为了应对可以预见到的轰炸，军管当局先后推出了一系列紧急和临时措施，虽然属于被动应对，但在当时所具备的条件下，充分调动了各方资源参与其中，所提出的举措也能切中轰炸所造成破坏的要害，有效制止了事态的恶化。

第六章
救护救济与善后抚恤

轰炸事件发生后，对于受灾人员的抢救护理、救济扶助、慰伤悼死、善后抚恤等应属常规性工作范畴。在当时特殊的情况下，中共政权通过一定的体制机制，于短时间内成功调动起全市力量，通过无条件收治、互助式救济、导向性慰问追悼和切实的善后抚恤等手段，高效处理各项急务，尽最大可能将轰炸对社会个体的身体、心理、财产，以及受害者家庭所造成的伤害进行挽回和弥补，是反轰炸运动中的一大亮点。

一、无条件收治

解放后上海第一个反轰炸救护组织早在1949年6月即告成立，它由上海市人民政府卫生局医药管理处领导，包括3个流动救护队（卫生局流动救护队、红十字会流动救护队、中国红十字会上海分会流动救护队）、19个空袭救护站和24个固定救护队。[1]通过这一小范围、小规模的、流动和固定相结合的救护网格，基本可以应付小范围内遭受空袭后的救护工作。

---

[1] 《预防匪机盲目轰炸，加强救护工作》，《文汇报》1949年10月22日，第2版。

表6-1　解放初上海市卫生局所属空袭救护站

站　名	负　责　人	站　　址
第 一 站	曾耀仲	南市市立第二医院　多稼路1号
第 二 站	傅积仁	浦东市立第三医院
第 三 站	王鹏万	四川北路市立第四医院
第 四 站	梁树芳	靶子路市立第五医院
第 五 站	项经方	中正西路市立第六医院
第 六 站	黄致一	高桥杜祠市立第八医院
第 七 站	李仲麟	漕河泾市立第八医院
第 八 站	顾毓琦	同德医院　同孚路67弄1号
第 九 站	薛兆坚	公济医院　苏州河路
第 十 站	杨元吉	大德医院　江宁路293号
第十一站	欧阳静戈	肺病第一医院　淮阴路20号
第十二站	盛清诚	沪东医院　眉州路34号
第十三站	石成志	伯特利医院　南市制造局路639号
第十四站	李光汉	中西疗养院　长乐路536号
第十五站	施汝新	惠旅医院　北京西路130号
第十六站	吴涵秋	四明医院　桃源路163号
第十七站	顾恺时	南洋医院　金陵西路55号
第十八站	陈邦典	仁济医院　山东中路145号
第十九站	邝翠娥	西门妇孺医院　方斜路419号

表6-2　解放初上海市卫生局所属固定空袭救护队

队　　别	地　　区	负　责　人	地　　址
第 一 队	不限地区	本局急症调度站	汉口路卫生局
第 二 队	提篮桥区	朱秋林	舟山路133号
第 三 队	普陀区	曾光叔	长寿路435号
第 四 队	闸北区	刘德健	闸北青云路210号
第 五 队	虹口区	徐诵光	四川北路1260号

续 表

队 别	地 区	负 责 人	地 址
第 六 队	徐家汇区	俞慎修	番禺路642号
第 七 队	杨树浦区	朱华谷	扬州路311号
第 八 队	邑庙区	姜 璿	南市王医马巷42弄1号
第 九 队	蓬莱区	都康平	民国路1584号
第 十 队	高桥区	王吉诚	高桥西街
第十一队	吴淞区	赵坚白	吴淞泰兴路119号
第十二队	洋泾区	徐剑青	浦东金家桥陆行中学
第十三队	法曹区	楼道中	愚园路1360号
第十四队	江湾区	唐光福	江湾奎照路惠安坊3号
第十五队	老闸区	刘绥亘	汉口路340号
第十六队	龙华区	唐世济	龙华路2544号
第十七队	斯盛区	高宇一	杨思镇南街庆德坊1号
第十八队	卢家湾区	唐士恒	中正南路169号
第十九队	大场区	梁英俊	大场龙鳞塔禅院内
第二十队	新泾区	滕绍英	北新泾镇
第廿一队	真如区	顾保罗	真如镇
第廿二队	嵩山区	郁 维	合肥路360号
第廿三队	不限地区	刘绥亘	汉口路本局防疫总队
第廿四队	浦东区	傅积仁	浦东警局路市立第三医院

1950年初，国民党将空袭行动升级后，特别是“二六”轰炸后，由于灾区的广泛、受灾人员的增多，以及对于遭受更大袭击可能性的预判，使得上海市不得不调整救护救援组织方式，以动员更多力量投入救护工作。这项任务主要由上海市卫生局承担。

灾难发生之初，上海市卫生局继续依靠救护站、救护队等原有组织施救，并出台了“临时应急救助办法”，呼吁各医院尽量收容受伤市民，住院者“一律按三等病房计算，医药费可按个别情况处理”，还向社会公布了

“14325”“14124”救护热线，疏通救护渠道。2月10日下午，卫生局召集下属各单位负责人200多人在山东路圣保罗堂召开反轰炸动员大会，提出凡有50张以上病床的医院，均加强组织，并督促各医院和区卫生事务所积极做好准备工作。[1]很多群众团体也加入了救护队伍，如同德医学院学生会和文工团的一些假期留校学生组织了急救队，[2]上海市女医师联合会也召开第一次会议，议定“会员除参加人民电台广播防空救护等常识，唤起人民注意沉着应付，避免不必要的牺牲外，遇空袭时，全体会员应在其诊所或工作地区，一律参加当地救护工作”，并成立7处义务诊疗站，每天在特定时段免费坐诊，为受灾群众提供服务。[3]

2月10日，上海市人民防空治安委员会成立。该委员会下设防空、消防、救护等处，其中救护处成立于2月15日，由市卫生局副局长担任救护处处长，其办公室设在市卫生局。救护处的工作范围是要“对被炸所有轻重伤员负起急救、运送、收容、医疗的责任”，工作要点是“迅速组织全市医疗救护的力量加以适当配备于救护处”。救护处下设指挥、急救、医疗、训练、供应、总务6个组，作为全市范围内的分头协调组织；救护处下就各行政区设立29个救护科，“负责发动区内医疗卫生人员和工厂工友、学校同学以及里弄居民参加救护工作”。[4]

除此之外，根据人民防空治安委员会的有关规定，自2月起，在各区防空治安指挥部组建人民防护队，以各区接管会办事处作为人民防护队大队部，办事处主任兼任大队长。一般按5个旧保成立1个大队，大队下设中队及小队，小队下设7个防空专业组，分别为：防空设备组、消防组、救护组、自卫组、疏散组、善后救济组、水电管理组。到1950年3月，全市24个区防空治安指挥部

---

[1] 《上海人民化愤怒为力量，一致为反轰炸坚决斗争》，《文汇报》1950年2月11日，第1版。
[2] 《卫生局联合各公立医院组织空袭救护站》，《文汇报》1950年2月8日，第2版。
[3] 《女医师参加救护工作，成立七个义务诊疗站》，《文汇报》1950年2月14日，第2版。
[4] 《上海市人民政府卫生局在二六飞机大轰炸时期救护工作简报》，1951年，上海市人民政府卫生局档案B242-1-322-25，第2—3页，上档。

都组建了人民防护队，共计118个大队、425个中队、1 479个小队，队员64 028人，其中救护人员总计达10 699人，占了队员总人数的六分之一。[1]在防护队中，包含大量社会团体和民众的救护力量。如："同仁辅元堂组织了一百多人的救护大队，包括五个中队，每队配备有救护车和担架，工作范围遍及全市和黄浦江上；普善山庄和德本善堂，组织救护队，各备有设备完全的救护车一辆；红十字会恢复了南市和闸北的工作站，并改装二辆救护车。"[2]

正是通过这些组织形式，人民防空治安委员会整合了政府、社会组织、群众等各种资源，建立起了覆盖全市的救护网络，不仅将国民党飞机已经造成的伤亡减小到最低，而且为能预见到的潜在危险准备了充足的救护力量。据统计，"二六"之后的反轰炸时期，全上海为应对轰炸造成的人员伤亡，"共组成四百二十二个救护队，一百六十八个救护站，六百五十五副担架，两百零九个包扎队，四十九辆救护卡车；在医疗方面有八十一个公私立医院组织了一百一十一个手术组，经常准备着二千三百多张病床担任收容治疗任务"。[3]

救护处指定北站、杨树浦、普陀、卢家湾、浦东5个区为重点救护区，组织临近重点区的医院负责重点区的救护工作；[4]此外，并指定公济、仁济、中山、中西疗养院、广慈等医院做重点收容医院，直接由救护处统一调度。[5]同时，更为系统详尽的《医院救治空袭伤员临时办法》也及时颁布。该办法以无条件收治为原则，详细规定了救护工作中床位、医疗队和医疗设备的设置筹备与动用，医疗费用的结算与报销，救护信息的共享与传递等多方面内容。[6]在这

[1] 《上海民防志》编纂委员会编：《上海民防志》，第132—133页，详见附录三《1950年上海市各区组织人民防护队统计表》。

[2] 《关于反轰炸中善后救济工作的材料》，1950年，上海市防空治安委员会档案B168-1-753-56，第4—5页，上档。

[3] 《上海市人民政府卫生局在二六飞机大轰炸时期救护工作简报》，上海市人民政府卫生局档案B242-1-322-25，第3页，上档。流动救护任务的基本单位是救护队，每一救护队配备医生1至2人、护士2至3人、担架2副。民群团体的救护组织，经过临时训练后，均编为包扎队。详见《防委会救护处统一指挥，各区分工也已就绪》，《解放日报》1950年2月14日，第2版。

[4] 《各区救护组织完成》，《解放日报》1950年2月22日，第2版。

[5] 《防委会救护处统一指挥，各区分工也已就绪》，《解放日报》1950年2月14日，第2版。

[6] 详见附录四。

一办法和原则的指导下，反轰炸救护工作有条不紊地展开，截至1950年5月，防空形势好转，各医院收治负伤人员共1 474人，重伤不治死亡88人。对于无力承担住院费用的伤员，经当地区政府证明后全部费用由政府负担，约占全部伤员数的80%以上。[1]

救护工作布置得“灵活确实”，救护组织在统一领导下也能够快速反应，这些无条件收治举措很快显现出它的效力。2月21日，闸北水电厂被炸，救护处的指挥组在“一分钟内”即获得情报，派出救护车辆赴灾区救护。“人民医学院附属医院在匪机投下第一个炸弹时即出动救护，其他如北四川路、江湾等卫生事务所，亦均迅速赶到被炸地区，而且在进行救护工作中均表现了勇敢的服务精神。人民医学院附属医院的工作人员，一到被炸地后，立即进入闸北水电厂内寻找受伤者，甚至第二、三次匪机再次投弹时，有几个炸弹距离救护人员仅五十米远，泥土掀覆满身，但均无所恐惧地继续工作。”[2]3月14日中午，龙华机场被炸，由于“救护处指挥站与龙华区联络周密，情况掌握准确”，当即派中山医院及上海医学院附属医院前往救护，出动救护车二辆，在该区救护科指挥下，迅速将4名重伤员急救送入中山医院，轻伤10余人及时包扎，“在警报解除时即处理完毕”“过去掌握情况不够，出动单位过多的现象，已经在这一次空袭中克服。”[3]3月20日，龙华被袭，该区救护人员立即将3名重伤员用救护车送入中山医院救治，另有1人送第八医院，其余均予以包扎；浦东杨思桥垃圾滩一带被炸伤的市民，由斯盛区救护科紧急救护；古北路轻伤1人由市立第五医院救护。[4]“二六”之后，国民党飞机的袭沪事件主要有6次，尤以以上所列3次最为严重，“因各单位对反轰炸工作已有布置，伤亡较前大为减少，三次总计死十四人，伤三十九人，炸弹数目和二月六日一次轰炸相仿，而伤亡数

[1]《上海市人民政府卫生局在二六飞机大轰炸时期救护工作简报》，上海市人民政府卫生局档案B242-1-322-25，第3页，上档。

[2]《各区防空救护科昨举行工作汇报》，《解放日报》1950年2月23日，第2版。

[3]《匪机昨袭龙华》，《文汇报》1950年3月15日，第1版。

[4]《匪机昨两地袭沪》，《文汇报》1950年3月21日，第1版。

只有二月六日的百分之四，一方面固然由于郊区和闹市的不同，但是群众有组织、有准备的反轰炸布置，也是原因之一”。[1]

二、互助式救济

被轰炸之后，对于毁屋折财、失却衣食来源者的救济也是一项重要善后工作，这并不是什么新问题。如在1949年6月29日第一次遭受大规模轰炸之后，就有淞沪警备司令部等机关在宝源路小菜场设立临时收容所进行救济；[2]8月6日，杨树浦区25保23甲居民程欣安一家4口遭难，造成一死三伤，“房产什物，悉毁无余”，该区接管委员会除对死者迅速安葬外，该会“苏专员亲自携款五万元，随同程欣安前往劳工第二医院慰问受难者，对受难家属由救济米中拨六十斤，解决其目前生活困难”；[3]10月15日，南市被炸，受灾者经蓬莱区接管会、联合救济委员会及沪南区中心工作站等机构在潮惠会馆收容191人。[4]

然而，相对于1月25日及“二六”轰炸之后全市数万民众瞬间失去生活依凭而言，之前的轰炸事件所造成的救济压力几乎可以忽略。在全面梳理“二六”后救济工作情况之前，需先明确一点：1950年初上海所面临的大规模救济问题绝非仅由轰炸所致，与此交织的至少有因1949年7月下旬遭罕见台风袭击、华东地区遭水旱灾害灾民大量涌入上海、国民党特务破坏、国民党封锁所造成工人失业等数方面的问题，均导致此一时段新政权的救灾压力非常大，在各区接管委员会以及新组建的临时救济委员会、冬令救济委员会等组织的主导下，救济工作在非常艰难的情况下进行。“二六”轰炸的猝然暴发使救济工作雪上加霜，而紧随其后的工厂停工、工人失业又使救灾、救济工作失

[1]《关于反轰炸中善后救济工作的材料》，上海市防空治安委员会档案B168-1-753-56，第5页，上档。
[2]《国民党反动派又添一笔血债》，《解放日报》1949年6月30日，第1版。
[3]《匪机轰炸杨树浦，程欣安一家四人受伤》，《解放日报》1949年8月9日，第1版。
[4]《援助被炸受害难胞》，《解放日报》1949年10月20日，第4版。

去了经济发展的驱动,变得更为困难和无措,工人本身也沦为被救济的重点对象。本节就“二六”轰炸后上海民政系统所推动的救济工作予以概述。至于之前的灾害救济,和此后由工厂停工、工人失业所导致的工人救济问题,因不属本书讨论范畴,暂不涉及。

被炸当天,嵩山、卢湾两个重灾区由接管会主持,都进行了一定程度的自救。嵩山区将60多名无家可归者收容在绍兴会馆,其余归置在避寒所。卢湾区受灾136户、679人,第一办事处在卢家湾市立学校一处收容46人,此后增加到76人,第二办事处在鲁班路30弄28号陈姓客堂收容38人,又在永锡堂收容了54人,将所有受灾民众全部收容。[1]

2月7日,市民政局和临时联合救济会商订了“空袭紧急救济办法”,发动各区居民组织起来,互助互济。办法规定:将市区20区划成6个互助区,“如互助区中之一区发生空袭受灾,另外各区应协助救灾,主动联络、抢救伤者”。这6个互助区分别是:“北站、闸北为一互助区,邑庙、蓬莱、嵩山为一区,北四川、虹口、黄浦、老闸为一区,提篮桥、杨树浦、榆林为一区,静安、新成、长宁、江宁、普陀为一区,常熟、徐汇、卢湾为一区。”[2]由各区接管委员会和临时联合救济会准备可以临时收容和救济500人的场所、铺草和10天的给养。很多区都超额完成了任务,如闸北区在很短时间内即洽妥5处房屋作为临时收容所,分别为:① 新民路776号华东制造局,可容100人;② 广肇路417号浦东玻璃厂,可容400人;③ 中兴路锡金公所,可容300人;④ 普善路扬州公所,可容200人;⑤ 中华新路大洋桥平江公所,可容200人。5处合计可收容1 200人。[3]收容日期暂定为10天,有特殊需要的经认定后可延长。每个收容灾民每天酌发救济粮1斤、稻草5斤,并供应开水。食米、面粉和稻草等救济物资最初主要由联救会各区工作站预先向总会申领,此后随着广泛宣传的开展,捐赠

[1] 《编者的话》,《文汇报》1950年2月8日,第2版;《卢家湾区设临时救济所》,《大公报》(上海)1950年2月10日,第4版。

[2] 《民政局联救会拟定空袭急救办法》,《文汇报》1950年2月9日,第3版。

[3] 《着手准备防空紧急救济工作,沪北区防空分队成立》,《文汇报》1950年2月24日,第2版。

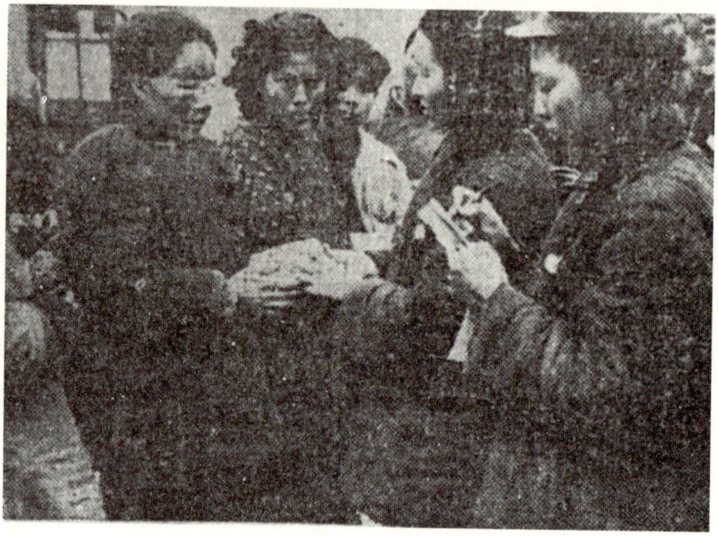

图6-1　临救会向嵩山区被炸难胞发面包

资料来源:《大公报》(上海)1950年2月10日,第1版。

所得成为救济物资的主要来源。“连日前往收容所和医院慰问难胞的极多,并赠送食品衣物,难胞这几天吃的都是捐赠品”。

在1949年11月成立的人民防空委员会和1950年2月10日成立的人民防空治安委员会中,民政局长曹漫之都被任命为副主任委员和副总指挥,救济工作也作为该机构的一项重要职能,通过委员会内设的善后救济科来实现统一调度。委员会“指定工作同志十二人,于轰炸发生后,负责深入灾区,了解灾情,和指示各团体办理临时救济、救护、掩埋事宜;如果同时有几处被炸,我们就分组出发,二人负责收集情报,并做临时急救和掩埋的调度工作;每夜轮流值班,处理突发事件”。[1]该委员会的救济工作依据也是“空袭紧急救济办法”。由于此后再没有发生大规模的灾害,对于“二六”受灾民众的救济在更为紧张而有条不紊的秩序中完成,受救济的民众一部分还乡生产,一部分恢复工作,防空治安委员会都给予了适当的帮助。

[1]　《关于反轰炸中善后救济工作的材料》,上海市防空治安委员会档案B168-1-753-56,第2页,上档。

救济物资的来源，除部分由财政列支外，大部分靠社会各界的捐助，这已经成为现代危机应对的主要特色，特别是在新中国成立后的举国体制之下。1949年10月15日国民党飞机轰炸南市区，保安路60号乙丰染织厂的职工集体捐出人民币10万元、食米270斤，沪南区学生联合会募集布衫棉袄共77件、裤28件、套鞋布鞋各两双，该区居民叶椿如捐款1万元，这些物资由该区接管会统一转发受灾民众。[1]同时被炸的邑庙区也收到“职青联职友团捐募八万九千多元，黄浦区接管会送大米八十五斤十四两，交大汉祥民众夜校自治会二万六千元”。[2]

“二六”之后，在政府的宣传下，社会各界的捐款捐物更为踊跃，捐助钱款物资的类别也更为多样，数目更为庞大。2月6日当天，永新雨衣厂工会正借法电礼堂召开成立大会，电厂周围被炸后，把会议预备的2 000个面包全部捐献，大来染织厂也捐赠了1 000个面包。[3]教联沪中区寒假学习班全体学员召开反轰炸大会，当场发起捐款活动，并推派代表慰问受难家属，共捐得现金4 895 400元，大小衣裤鞋袜43件。[4]沪西区中小学教师学习会捐送人民币3 034 350元、皮鞋7双、棉鞋2双、肥皂2条、香皂1块、牙膏1支、毛巾1条、袜子9双、白米3斗3升、面粉1袋又2斤、衣裤14件、人丹1匣，“这些东西都是该校教师等省吃俭用所节约下来的”。民本中学捐送了人民币27 500元。[5]2月15日下午，静安和常熟区的家庭妇女在富民路古柏小学召开反轰炸大会，在多方动员下，当场捐得10美元、60万元人民币，“危晓勤没有钱，捐出一条被子、三包约棉，宋雯也捐出一瓶红汞粉和消炎粉、绷带以备急救之用”。[6]最高效的是上海人民广播电台，该台自轰炸之后联合剧艺界推出“救济被炸难胞特别节目”，播送的内容包括四明宣卷、甬剧、四明南词、通俗话剧、故事、滑稽戏、沪

[1]　《援助被炸受害难胞》，《解放日报》1949年10月20日，第4版。
[2]　《被炸受害难胞感激政府救济慰问》，《解放日报》1949年10月21日，第2版。
[3]　《编者的话》，《文汇报》1950年2月8日，第2版。
[4]　《支援解放台湾，为死难同胞报仇》，《解放日报》1950年2月10日，第6版。
[5]　《向上电法电工人致敬，各界昨日冒雨前往慰问》，《解放日报》1950年2月13日，第2版。
[6]　《反对轰炸的动员会上》，《文汇报》1950年2月22日，第5版。

剧、越剧、粤曲、常锡戏、江淮戏、维扬戏、京戏、弹词等，从除夕起，在“大陆大中华”“亚美麟记”“中华自由”“建成”“大同”5个站点用5个波段播放。播音者包括14种剧艺团体，人数在400人以上。“有的人（如粤剧界的胡章钊），在过去（指解放后）不敢参加带政治性的广播宣传活动，这次却动员出来了。”广播的方式，是“唱到一段，即报告一段话，说明此次广播特别节目的意义，提出反轰炸、防空、救济、劝购公债等任务，并联系宣传中苏友好同盟互助条约”。捐钱的人可向电台提出自己喜欢听的戏目，“一般的可以满足其愿望，钱多少，点唱什么，并报告出某地某人捐，这亦是一种联系群众的办法，点唱的人很多，并有许多人带着捐款到电台去看播音的情形”。办事人员包括全市23家公私营电台的工作人员及联合救济会的人员。在此期间，认捐很踊跃，截至2月22日，已收到各界捐款合计63 879 605元，银圆99枚，金戒1只。播音人员和工作人员自愿延长播音及工作时间，比如："建成"的京剧节目本应凌晨2时结束，延长至2时45分；“中华自由”的粤曲节目，原定在凌晨零点停止，更延长至3时才停。有一部分工作人员为结账及办清手续，在除夕整日通宵在外工作，直至次晨七时。[1]外埠也有社会团体捐来钱款，如南京五金工会无线电厂分会专门发来慰问信，并捐赠1 588 938元。[2]捐赠所得巨额钱款物资，除满足了轰炸受灾民众救济之外，还有余款，后“邀请捐款人代表参加，在该区灾民救济处理完竣后，将剩余款物，通过捐款人会议，移捐皖北救灾团”。[3]

三、导向性慰悼

2月6日遭遇轰炸之后，大半上海猝然断电。虽然有法电、闸电和很多工厂的备用发电机可提供部分电力，但要实现电荒局面的根本扭转，则完全系于

[1] 《上海人民广播电台1950年关于反轰炸、参朝、劝购公债、政治宣传等专题总结》，上海人民广播电台档案B92-1-49，1950年，第1—2页，上档。

[2] 《南京及赣省工人弟兄函慰本市职工》，《解放日报》1950年2月24日，第2版。

[3] 《关于反轰炸中善后救济工作的材料》，上海市防空治安委员会档案B168-1-753-56，第3页，上档。

上电这一主体电厂的抢修工作能否快速顺利推进。然而，上电是美方控股企业，其资方和大部分高管都是美国人，前文已述及，在抢修和恢复发电的过程中，资方表现出明显的不配合乃至消极抵制的姿态。因此，要实现尽早发电的目的，主要靠激发基层工人的战斗力，而全市范围内轮番的慰问是实现这一目的的重要一环。

轰炸之后几天，始终天阴雨湿，但到上电去慰问的团体"从清早到夜晚，络绎不绝"，以2月12日当天为例，上午有"中纺六厂、市立职工补习学校、中纺第一纺织厂、市立工业专科学校、军管会文艺处、染织工会双鹿染织厂、泰新染织工会、上海市明昌集染织厂工会、源和振记染织厂工人会、金星染织厂、三丰染织厂、益丰染织厂、万贵染织厂、永余染织厂、鸿翔染织厂、茂盛染织厂、泰山染织厂、公安总局、北站工会、上海印刷工会铅印分会"，下午又是"沪北区五个学校（市北中学、南洋女中、吴淞水产学校、约旦中学、肇和中学）、圣约翰

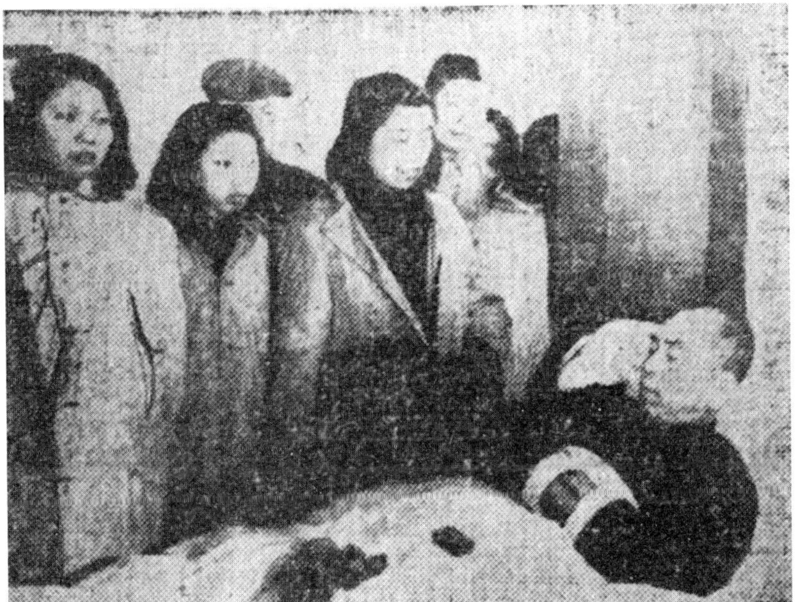

图6-2　鸿章工人到医院慰问上电受伤工人

资料来源：《大公报》（上海）1950年2月13日，第4版。

大学及复旦大学等团体”。[1]三野26军全体指战员及全体英雄模范代表，也到上电慰问，他们带去了“两封热情洋溢的慰问信”，贴在工人餐厅里，并且向上电的弟兄们说：“你们努力恢复供电，我们保证解放台湾，为死难者复仇！”往来者不仅口头表示慰问，而且踊跃参加到上电清理抢修、装沙袋、搬运物资的队伍当中，还有很多人带去了礼物、慰劳金，截至2月13日，已达2 000万元人民币之多。[2]各界民众和单位社团还涌入沪东和第二劳工医院，探望慰问住院治疗的上电受伤职工。

在上电恢复正常供电之前，法电充当了发电主力，也成为各方竞相“打气”的对象。2月8日晚，陈毅市长亲自到法电慰问，对其坚持发电进行勖勉。仅2月11日，前往法电慰问的就有中国针厂、苏中一厂、中华铁工厂等数十单位。同样的慰问金和慰问品也源源不断，“纱厂工会新裕厂分会送慰藉金十万元，教联徐常区办事处学习班送大米三担、大衣一件、衣服四十件、鞋十三双、袜五双、帽子一顶、干饼一磅、人民币三千元，上海自来水公司工会送干饼一包，橘子二篮，肇新纱厂分会送人民币八十一万三千元及衣服一套”。[3]

2月21日闸电被炸后，社会各界也同样对其发起了广泛的慰问。但实际上，此时慰问的重点对象转向了解放军，因为在恢复了发电之后，反轰炸重心转移到空中防御方面，只有取得了军事斗争的胜利，才能保证安定局面的永续留存。2月24日，上海市文艺界工作者慰问了警备部队高射炮团指战员。春节期间，文学界、剧影界、美术界、音乐界各单位团体工作者，组织了12个春节慰问人民解放军小组，自21日起，连续慰问警备部队指战员。显然，慰问这一常规工作是具有一定导向性和目的性的。

对于罹难人员的收殓、哀悼与纪念的工作也在周密安排下进行。除上电、法电之外，历次轰炸中大部分遇难者的挖掘掩埋主要由同仁辅元堂和普善山

[1]《机关团体职工学生，慰问被轰炸的上电》，《文汇报》1950年2月13日，第2版。
[2]《上电工人不眠不休积极进行抢修工作》，《文汇报》1950年2月14日，第2版。
[3]《法电工人控诉美蒋暴行，各界赓续慰问捐助被难工友》，《解放日报》1950年2月12日，第1版。

庄承担，棺木也由他们提供。如1949年10月13日的轰炸，由普善山庄和同仁辅元堂收殓的尸体就有38具。[1]“二六”轰炸中，死亡达500多人，把同仁辅元堂和普善山庄所存的棺材用完还不够，人民防空治安委员会救济科发动其他私立团体捐献棺材50具，才全部装殓完毕。此后，为准备以后的被炸所需，由联合救济会拨款赶造棺材1 300具（每具12折实单位，原定2 000具，后估计实际情况，先做1 300具），最后也再没有发生大的轰炸事件。[2]

2月7日，上电成立了“上电罹难工友治丧委员会”，在公平路国华殡仪馆收殓罹难者尸体。中华全国总工会副主席刘宁一、上海总工会沈涵等20余人代表上海工人代表大会到殡仪馆致吊，并慰问死者家属。[3]2月8日大殓部分遇难者并举行公祭，中纺十二厂、申九等50多个单位代表前往吊唁。12日午后3时，又有6位死难者在国华殡仪馆入殓，上海市总工会、市青委、劳动局等56个单位都派代表前往吊唁。

2月12日晚6时，“上海市各界人民反对美帝蒋匪轰炸暴行追悼死难同胞大会”在市政府大礼堂举行，到会者有总工会、青年团、民主青联、学联、民主妇联、工商联筹备会、各民主党派、文教界、郊区农民、受难烈士家属及党政军等各界代表2 000余人。会场布置庄严肃穆，“四周陈设花圈、挽联及黑边红底之追悼旗十二面，中设死难烈士灵位，充满了同仇敌忾的气氛”。大会由副市长潘汉年主持，他“首先报告二月六日美蒋轰炸上海所造成损害情形和追悼会的意义，并指出美帝国主义和蒋匪帮破坏上海生产，造成混乱，是企图陷全上海市民于极其困难的境地，我们必须从这次轰炸中获得教育，有准备地对付美蒋轰炸暴行，坚决贯彻六大任务，特别是加紧支援前线，为最后消灭蒋匪帮、建设新上海而奋斗”。潘汉年致辞毕，全场起立静默三分钟后，在哀乐声中，由华东局代表吴仲超、华东军政委员会代表吴克坚、市委代表黎玉、市政府代表

[1]　《匪机滥炸和平居民》，《解放日报》1949年10月14日，第1版。
[2]　《关于反轰炸中善后救济工作的材料》，上海市防空治安委员会档案B168-1-753-56，第4页，上档。
[3]　《上电死难者安殓》，《解放日报》1950年2月8日，第1版。

盛丕华、总工会代表刘长胜、青年团代表李昌、民主妇联代表章蕴、工商联代表陈巳生、文协代表冯雪峰、军队代表欧阳平等，向死难烈士灵位献花圈。随后华东军政委员会主席饶漱石简短致辞，内容只涉及大的原则，并非主旨讲话。接下来是陈毅市长的致辞，这篇讲话涵盖了反轰炸任务的各个方面，也成为反轰炸斗争中上海各界学习贯彻的重要篇章之一。其后是部分死者家属代表发言，表达了对于"美帝蒋匪"的无限痛恨，并号召全市各界全力投入反轰炸斗争。大会的最后通过了《向全世界人士控诉美蒋暴行通电》和《向全国人民控诉美蒋暴行通电》等两则通电，寻求更大范围内的同情与支持。[1]同样地，这次大会反轰炸动员的目的性要高于追悼纪念本身。

在"二六"轰炸一周年之际，卢湾区以"各界人民追悼'二六'轰炸被难同胞大会"的名义镌刻了纪念罹难人员的石碑，但"由于公用交通管理机关不许在落弹附近显明人行道旁建立"，直到1952年才经黄元庆、陆阿根两代表提议，经上海市第二届第三次各界人民代表大会审议通过，"在徐家汇路458号至468号竹篱笆内树立"。[2]由于刻碑时时局主题已经变为抗美援朝，因此，纪念碑的正面主体是"抗美援朝保家卫国"几个大字，右上角小字才写明"纪念二六轰炸秧难同胞"。碑后有近300字的铭文，写明了树碑的用意。可惜此后这块纪念碑饱经沧桑，甚至在"文化大革命"中被砸断推倒，"文化大革命"后经过拼接而重新竖起。如今，它静静地"藏"在斑驳的草丛中，也许"卢家湾"如织的行人每天都能看到它，但很少有人了解它所承载的历史讯息。

四、差异化善后

前文已述及，解放初期上海遭受历次轰炸，共计死伤4 549人（其中死

[1] 《反对美帝蒋匪滥炸暴行，上海人民追悼死难同胞》，《文汇报》1950年2月13日，第1版。

[2] 《黄元庆、陆阿根关于建立二六轰炸罹难同胞各界人民追悼纪念碑的提案》，1952年，中国人民政治协商会议上海市委员会档案L1-1-26-163，第3页，上档。

图6-3 纪念碑正面

图6-4 纪念碑背面

笔者拍摄于2015年7月13日。

1 826人、伤2 723人)。据笔者所收集到的资料来看,政府除了对受灾民众承担基本救济责任、部分免费治疗义务之外,未见有对死伤人员的抚恤。这一责任主要由罹难人员各自所属单位和组织承担。如1950年1月11日老怡和纱厂被炸后,经善后会与厂方协商议定,向死难家属每人发放18个月工资作为抚恤金,同时工会在福利基金项下每人拨发150个折实单位,作为材柩运输费。[1]

“二六”轰炸,全市死伤1 464人,其中大部分属无业平民,抚恤无着,而工薪人员及其家属则得到了符合各自所在社会组织实际情形的抚恤,所见上电的资料最为完整。上电用于抚恤的资金全部由资方承担,工会作为工人的代言人,负责与资方协商争取。上电死难者停灵于国华殡仪馆,公司给每一个遇难家庭发放300万元人民币(旧币,下同)作为葬殓费。受伤者31人,其中仅受轻伤而没有住院者3人,其余被送入沪东、第二、圣心等医院,经过一个半月

[1] 《老怡和纱厂被炸前后》,《文汇报》1950年1月16日,第2版。

的治疗，出院的有17位，另外11位重症患者中有两位成为残废。截至3月20日左右，公司已支付医药费8 000万元人民币。[1]

关于遇难家属的抚恤，上电工会于2月19日派人至各被难家属处拜年慰问及通知会议时间，23日晚6时半在工会总会召开遇难家属座谈会，由杨根余、张仲之征求各蒙难家属对于抚恤的意见。3月1日，"上电空袭伤亡疗恤委员会"成立，成员包括"由公司托派的沈潼、董芝眉、康德、汪毓源四人和工会推选的沈金善、徐步章、陈鸿军三人"，负责办理具体的善后事宜。同时，疗恤委员会公布初步的抚恤方案，主要有三条办法：① 工资照生前薪给按月拿取10—15年，退职金15年后再照原有工龄拿取（可以照顾工龄较短工友）；② 退职金一次拿取，另按月拿取工资两年（可以照顾工龄较长工友）；③ 退职金一次拿取，子女可以量才至公司服务（可以照顾职工的子女年龄较长者）。被难家属可以根据自己的实际情况在以上三种办法中任择一种。经过疗恤委员会与遇难家属间的多次沟通，疗恤办法进一步细化，并制定了38条实施细则。由于此疗恤办法一方面用于处理"二六"轰炸善后事宜，另一方面主要是为以后可能遭遇的轰炸伤亡疗恤提供遵循，因此对各方面都有比较详尽的交代，诸如伤亡疗恤所需款项（由公司按月拨出相当于工资总额的3%，用疗恤委员会名义以折实存款形式存入人民银行，作为基金）、丧葬费（一次性发给相当于死者月工资的丧葬费，未足500折实单位者予以补足）、医疗费（所有费用由公司承担）等具体办法。[2]

3月11日（星期六）整天、12日（星期日）上午和13日整天，疗恤委员会与28家死难者家属协商认领抚恤办法，"结果挑选第一种抚恤办法的有六家，挑选第二种抚恤办法的有三家，其余都挑选第三种抚恤办法"。"在这三天中间，有许多家属领着一大群孤儿前来边讲边哭，使人不忍卒听，有的家属情愿放弃

---

[1]　《"二六"轰炸档案史料选》，《档案与史学》1995年第1期。

[2]　《上海电力公司关于应付空袭紧急措施及疗恤伤亡暂行办法》，1950年，中共上海市公用事业委员会档案A59-1-22-29，第4、5页，上档。

（对他们来讲看上去比较优异的）第一种办法，而采取第三种，唯一的理由是这样一来，家中到了时候有人出去到公司去工作，到了时候有人从公司回来，好像死去的人仍旧存在的样子。为着同一的理由，有许多遗属因为年纪轻，无法采取第三种抚恤的办法，要求委员会考虑将来长大后，他们可以被公司优先录用。”虽然是由于“天灾”所致的祸事，但公司方面较为充分地考虑了死难者家属的实际困难，抚恤工作完成得相当圆满。[1]相形之下，法电的资方更为消极，虽然未遭遇严重损失，死伤职工也较少，但法电的善后费用主要由工人“每人拿出一月工资和向公司紧急贷款”构成，公司资金投入有限。[2]

此后所遭遇的轰炸中，死伤人员的抚恤同样由当事组织承担，如3月14日龙华机场被炸，死亡小工2名和司机徐国宰1名，由“机场负责给付死亡工友每人一百八十五万元丧葬费，另给徐国宰家属抚恤三百斤米”。[3]

1950年初，上海民众惨遭国民党飞机轰炸之后的救护救济和善后抚恤工作，受当时信息传递手段单一低效、经济状况不佳、社会秩序动荡等因素影响，不可能做到尽善尽美。然而，当局本着自身宗旨和阶级立场，借助有利的舆情支持和行政工具，充分调动了各方资源，较为圆满地实施了救护、救济、善后抚恤的各项方案，保护和保障了人民群众的生命财产安全和合法权益。同时，这场轰轰烈烈的善后工作也成为民众参与社会事务、社会活动的载体，对寻求群众对新政权的认同与支持起了一定作用。

---

[1]《“二六”轰炸档案史料选》，《档案与史学》1995年第1期。
[2]《法电工人控诉美蒋暴行，各界赓续慰问捐助被难工友》，《解放日报》1950年2月12日，第1版。
[3]《上海市市政工会关于“二六”轰炸情况资料》，上海市政工会档案C7-1-1，第117页，上档。

第七章
严打特务与维护稳定

国民党逃离上海时，留下了大批人员，其中很多就地隐蔽，转化为特务。此后，又从台湾、舟山等地源源不断地派特务潜入上海，从事情报、抢劫、暗杀、造谣等破坏活动，给上海社会秩序的转好构成重大破坏与隐患。国民党飞机频繁出入上海进行骚扰轰炸，给市民制造出浓重的恐怖阴影，也给潜伏特务和旧社会遗留下来的不法分子提供了可乘之机，他们纷纷出动，趁火打劫，相互呼应，尤其是“二六”轰炸以后，社会治安问题最多，局势极其严峻。

一、特务破坏活动种种

轰炸期间，国民党特务进行的各种破坏活动主要表现在以下方面：

一是配合飞机轰炸、指示轰炸目标。1950年2月25日晚，国民党飞机正在市空盘旋时，《大公报》报馆附近及人民路都发现有人暗放信号枪。2月19日、20日、22日、24日，3月2日飞机侵袭轰炸时，淮海中路及普陀区长寿坊附近多次发现有红色气球悬升天空，有的以白手巾或带有颜色的旗帜向天空挥舞。3月2日空袭时，华东军政委员会办公所对面，发现有三张红白颜色的大纸张，悬挂在屋顶飘扬。

二是放冷枪、纵火、偷割军用电线。2月6日轰炸发生时，有人从外面向华东新闻出版委员会打了一枪，子弹穿过玻璃窗。2月16日晨，防空治安委员会巡逻组经过黄河路凤阳路7号时，从四楼掉下一把刀，差点击中战士脑袋。同日晚8时20分，巡逻组战士冯炳根、陈锡根两人，途经新闸路卡德路284号时，忽然从楼上打下一枪，着弹点离人仅差5寸。2月21日正值飞机侵袭时，南市区四牌楼114弄28号及119弄12号两处同时着火，现场内弃有一只洋漆桶。据反映：有人看见纵火犯在黑暗中逃逸。当时邑庙分局在几天前也发现其他地区有类似火警，迹象明显属特务破坏行为。2月17日，警备部队100师300团发现防区梅龙东路附近电线被割断。2月23日夜，南桥电话线被人割断。24日上午又发现军用电话线被割，所幸得以及时发现并修复。

三是散发反动传单，张贴反动标语，投递恐吓信件，造谣破坏，企图扰乱民心。“二六”轰炸前后，国民党大施“心理战术”，除了利用他们控制的媒体向外界宣扬“铁幕”、“红色恐怖”等概念外，潜伏在上海的特务大量散发反动传单，内容大多是污蔑中共领导人、中苏关系和发行公债，以及鼓吹“国民党反攻大陆”等消息的。杨浦区发现有人将传单塞进居民门缝内，上面写着：“……如有几十架飞机来轰炸时，老百姓赶快避开，但如有几百架时，老百姓都应该准备剪刀，协助大批伞兵剪断伞绳，以便作战。”3月初中纺第一印染厂和江宁路被服厂都收到油印的印有“上海各界人民反共救国宣言”的传单，污蔑中共有“七大罪状”。当时反动传单新署代号计有“上海市剿匪大会”“中国民主青年救国团上海支团”“江南反共队驻沪第一支队”“上海市各界人民反共救国会”“D. R. P.”“P. H. S.”等十数种国民党特务组织名称，有油印的，有毛笔书写的。黄浦区委、虹口区接管会、纺织厂、民主妇联、邮局等单位都收到过恐吓信、反动传单和标语。

制造谣言是国民党特务进行破坏活动的另一个重要手段，也是将社会心理引向消极的最主要因素之一。自解放以后，国民党特务不遗余力地编造散布谣言：1949年7、8月份，就有“蒋介石要来上海过八月半（中秋节）”“日本人要出兵一百万来帮蒋介石打仗”等谣言流传，而“解放军打死、打伤80多名申新九厂工友”的谣言是造成影响最为严重的一例。[1]“二六”轰炸后，特务利用民众惧怕持续遭受轰炸的恐惧心理加紧造谣，当时流行的谣言主要有三个方面：一是有关飞机轰炸方面的，“最近有120架飞机来炸上海，南京与青岛已被炸，天津被炸达五小时”“沿黄浦江200公尺、上电周围三里内都要被炸”“杭州东站及铁桥已被炸，宁波附近已有国民党正规军”“国民党是先轰炸后登陆，吴淞口已停泊有国民党的军舰，解放军已从上海撤退疏散到乡下去了”“美国帮助蒋介石使用新发明的氢弹，威力可达300里”等。二是关于“第三次世界大战”方面的，散发“三次世界大战就要爆发了，全国解放军将集中去东北沈阳，迎击日、美、蒋的进攻”“美蒋在第三次世界大战中，将中国划分为四个战区，东北为原子区，华北为战斗区，华中为登陆区，上海为毒气区”。三是污蔑中苏关系和中共政策，诬称“苏联要在中国抽壮丁五百万”“毛主席和周总理被苏联扣留”“四月份上海工厂均被迫疏散，青年团员派去当兵，女团员充当慰劳队”。机关单位和企业内部的一些旧的留用人员中流行着“减薪”谣言，坏分子趁机发动增薪运动。

四是武装袭扰、抢劫破坏。1950年初淞沪警备司令部破获的若干抢劫案中，大部分属“反共救国军前进指挥部上海联络组”所为。这一特务组织与舟山国民党军队建立了联系，在上海组成十余个小组，吸收国民党溃散官兵、失掉联系的特务分子以及惯盗流氓等参加，以公安局查户口或假冒侦察人员搜查违禁品的名义进行抢劫。有的特务与强盗勾结，自立名目，企图抢劫后投往舟山。上海市公安局洋泾分局1949年12月和1950年1月破获的“江苏下游挺进军第三纵队第八支队”和“方治干部第四支队”，两起抢劫案都系国民党特务张阿六、方治旧部，准备抢劫后扩充力量去舟山投敌。郊区海边龙王庙、张家宅一带，经常有一批武装土匪活动，约七八十人，有轻重武器装备，时常混

[1] 中国人民解放军上海警备区政治部、中共上海市委党史研究室编：《警备大上海》，第181页。

入黄浦江西段抢劫骚扰。

撤离前夕，国民党有意识地从监牢放出3 000多名惯盗，再加上潜藏的散兵游勇、惯盗惯匪，社会上有很庞大的犯罪势力存在。所以，除了国民党特务组织的刻意破坏，还有土匪惯盗的趁机作案，尤其是在轰炸期间，抢劫猖獗，刑事犯罪骤升。2月6日当天发生强抢明夺6起。6日晚7时，老闸公安分局抓获抢劫犯萧蓝郁等3人，"该犯竟敢冒充公安人员持枪趁机抢劫中正东路摊贩王张氏金戒指两个，人民币451万元等物"。[1]当时歹徒在市区、近郊三四人一伙，以冒称送礼、访友，或冒充解放军、公安局等名义软进硬出，持枪抢劫；也有只身一人在银行及大公司的门口蹲点守候，跟踪持款人到小弄无人地带，抢劫钱款；也有抢劫粮油店的，2月14日发生过2起。邑庙区仁安里发生了流氓分子趁隙自行组织30余人，任意向群众筹款的现象。[2]还有一些外来逃荒灾民及无业人员，也借着轰炸的烟幕进行抢劫活动。

此外，劫匪夺取民警枪支的事件也有发生。1949年12月至1950年4月共发生4起。如1950年1月27日下午6时40分，原新市街分局民警刘怀蔚在其美路夹道桥北堍警亭值班时，有三人伪装问路，趁其不备夺枪，并将民警推入河内而逃逸。4月16日深夜12时许，交通民警杨万才在福建路老闸桥西面，也遇到三人伪装问路，趁其不备用绳索勒住交通民警头颈，丢入苏州河，夺取枪支而去。

这段时间内，盗窃活动也一度飙升。据统计，解放初一年内共发生盗窃案21 302件，反轰炸期间，3月份发案达2 152件，比解放初6月份的1 223件增加76%。作案人员大部分是职业惯盗、无业游民、散兵游勇，以及一部分乞丐、吸毒者、难民和失业无业人员。当时盗窃的特点是案件数量大，合伙偷窃的多，尤其是惯犯和带有一定技术的犯罪案件更为突出。盗窃活动大多趁国民党飞

[1] 《防止匪徒夜间破坏，公安局加强巡逻》，《解放日报》1950年2月9日，第1版。
[2] 《部分地区不深入动员，防空工作流于形式》，《解放日报》1950年3月9日，第2版。

机轰炸,“晚上电流中断黑暗之际,浑水摸鱼地见机偷盗”。[1]

二、严防死打,安抚人心

这些消极的社会乱象,造成一时人心惶惶。由于当时正值《中苏友好同盟互助条约》谈判和签署当口,就有人表示担心和恐惧:“美国帮国民党,苏联帮共产党,这个仗打不完,发生世界大战上海最倒霉。”相比之下,留用人员表现得更为软弱,甚至有严重失职表现。有些人对上班极为恐惧,有很多“请假和诿托有病不来办公”,财政局南市区征稽处处长顾徹平(留用人员)于1950年1月25日声称腿伤不能来办公,实际上是腿上擦了红药水伪装的,他说:“我实在害怕飞机,听到飞机声音,心也要从口里跳出来。”法院的一名留用人员在审理案件时,听到空袭声音后,吓得连忙逃跑,结果只有当事人坐在审理庭上。人民银行第五办事处共有40名职员,听到警报声音后,有20个人丢下文件不管,擅自跑到城隍庙避难去了。

靠近铁路、工厂、发电厂、机场等军事和重要基础设施周围的一些市民群众,当时也极为恐惧,有的把家搬到市中心区,有的白天带着一家老小,到市中心亲戚朋友处避难,晚上回家或露宿在里弄街巷。据统计,1950年2—5月,市民移住市区并进行户口登记的有100 538人,未进行户口登记的更为数不少。

同时,市区的市民也存在浓烈的害怕心理,不少人回乡或迁离上海避难,市内人口数显著减少。据统计,1949年9月、11月及1950年2—5月,遭受轰炸威胁最严重的这6个月内,有1 145 500多人申报户口迁离上海,其中:1949年9月一个月内,由于国民党飞机侵扰12次以上,迁离的有722 307人;“二六”轰炸后至5月份,由于情势危急,大部分迁离者并未办理户口登记,办理者仅有362 198人,实际数目估计远超此数。据当时调查,在轰炸地区周围有将近

[1] 《关于“二·六”轰炸前后本市人防工作情况资料》,上海市人民防空办公室档案B120-1-69,第117—121页,上档。

一半的群众迁离上海。如杨思区周家渡、蓬莱区董家渡、南码头等地一带，当卢家湾法商电厂被炸后，人们目睹残缺的尸体和浓烟滚滚的废墟极度恐惧，有2/3的群众迁往农村，大多未办理户口迁离手续。杨树浦发电厂被炸后，附近的第二、三及二十五保居民中，也有三分之二的户数迁离本区。据2月17日对该区第三保的调查，原本的1 292户、5 911人中，轰炸以后剩下446户、2 720人，户数减少65.5%、人数减少54%。[1]

轰炸所造成的恐怖与失落气氛比轰炸本身的威胁更恐怖，如果不打破这一沉闷的局面，其他反轰炸举措的落实更无从谈起。因此，上海当局采取了强有力措施来稳定局面、安抚人心。

第一，增加治安力量。上海的军警执勤力量本来就不足，一个士兵要持续站岗12个小时，极度疲惫，但是，"二六" 轰炸瞬间断电，街灯失明，驻沪部队还是想方设法，抽调兵力，增加了治安力量。当晚，全市军警共出动6万人组成巡逻队维持治安，淞沪警备司令部增设岗哨437处，并组织有800多人参加的流动巡逻组203个，分布在大街小巷巡视，加强戒备。

工厂、学校、里弄居民组成自卫队、纠察队协助军警担负巡查保卫工作，尤其是工人群体，表现出强大的动员能力。2月6日当天，正值首届工代会召开期间，得到轰炸情形后，大会立即向各产业工会发出《关于进行反轰炸斗争的紧急通知》，要求各级工会"在目前应该迅速发动工人尽早普遍组织纠察队，协助厂方加强一切防空设备，配合政府做好防空治安工作，在空袭时着手进行消防抢修、救护、护厂和坚持必要与可能的生产，防止或减轻一切因轰炸而造成的破坏和混乱"。百货业工会原本有240人的纠察队组织，2月6日以后增至500余人。新新公司有纠察队员85人，占全公司职工四分之一，6日晚，他们出动45人在深夜武装巡逻，并增加巡逻时间4小时，从每晚6点开始，至次晨6时，长达12小时，分3班，每4小时换班一次，其中从晚6时到10时巡逻的那一

[1]《关于"二 · 六" 轰炸前后本市人民防空工作的情况资料》，上海市人民防空办公室档案B120-1-69，第124—125页，上档。

班，第二天照常工作，晚10时到次晨6时的两班，第二天也仅休息3小时，队员年纪最小的18岁，最老的60岁，并有3位女工人参加。“二六”轰炸后仅半个月时间，全市工人组织起机动纠察队4 600余人，留守厂内的纠察队16 000余人，成为厂内防空、护厂和协助各自区域维持治安的一支重要力量，其中机动纠察队先后出动387次，参加者达63 832人（次）。为了防空护厂的需要，纠察队员普遍要求发枪，经市领导机关批准，最初借给大厂一批枪支弹药，随后拨给全市工人纠察队2 000支步枪和一批子弹，由基层纠察队根据企业的实际需要，报区委审批后向上总纠察部申领，上电、法电、造船厂、钢铁厂、自来水厂、煤气厂等重要企业都组织了武装纠察队，持枪与解放军一起保卫工厂。为了提高纠察队员的军事素质，市军管会抽调40余名解放军干部，负责指导纠察队的军事训练；警备部队有些单位还积极主动帮助驻地工厂组织51个工人纠察队，教会他们站岗执勤，保卫工厂的安全。到当年五一前夕，机动纠察队员发展到7 500余人，留守厂内的纠察队员2万余人，广大纠察队员在反轰炸斗争中发挥了重要作用。当年五一节，陈毅、刘长胜等在人民广场检阅了全副武装的工人纠察队，鼓舞了士气，增强了斗志。同年7月，上海工人纠察总队成立，到1951年5月，全市工人纠察队员已有4.5万人，成为保卫大上海的一支重要工人武装。[1]

第二，严惩特务分子，形成震慑。2月7日下午5时，亦即大轰炸的后一天，曾为台湾提供大量轰炸目标情报的国民党保密局上海独立台台长罗炳乾，在江湾机场被执行枪决，此案是对国民党轰炸的公开惩戒，也是对潜伏特务和破坏分子的极大震慑。[2]

关于此案的侦察工作可以追溯到4个月前。

1949年10月，一份来自中共中央军委、公安部的通报送到了上海市公安

---

[1] 中国人民解放军上海警备区政治部、中共上海市委党史研究室编：《警备大上海》，第23、182—184页。

[2] 《危害人民生命财产者难逃法网》，《文汇报》1950年2月8日，第2版。

局副局长扬帆的办公桌上，内容简明扼要，全文只有32个字："保密局吴思源于8月25日由定海潜沪后，已于9月27日与台湾总台通报。"

于是，侦察人员开始侦察吴思源。但经过两个月的努力，查遍上海的户籍资料，甚至查了与"吴思源"三字谐音者的户籍，都没有找到吴思源这个人。侦察陷入困境。

1950年1月上旬，公安部又给上海市公安局发来一份通报："匪保密局吴思源之经费，人民币775万元，以汪洋名义，由金城银行汇沪林森中路施家瑞收。"

这份通报使山穷水尽的侦察工作接续了线索。从1月10日起，侦察人员从银行汇兑着手开展工作。当时，上海与香港之间的汇兑业务因战争而停顿，所以从香港拨汇上海的款项，都由香港银行委托上海一些私营贸易公司代转。据此，侦察人员又逐一对经营这类汇款业务的公司进行了调查，终于发现吴思源的经费是由北京东路41号合众兴业股份有限公司代转的。这家公司的原始记录显示：取款时间是1949年11月5日，收款人叫施家瑞，地址是林森中路567弄14号，汇款775万元。

经查户籍得知，施家瑞，男，1921年生，湖南平江人。家有父、母、妻、子及胞妹等7人，其父施肖莲，在光复路56号开了一爿"振记"瓷器店。查施氏父子的历史，未发现同国民党特务机关有什么瓜葛，也查不出其与港澳台有何牵扯。可是，施氏一家如果清白无辜，特务经费的汇单又作何解释呢？侦察人员又深入调查了"振记"瓷器店职员的名单：店主施肖莲，账房许重庆，职员施家瑞、张光隆，跑街罗炳乾，学徒赵骥良。

这些人中，究竟谁是吴思源呢？

1950年1月11日晚，扬帆召集办案人员开会，部署下一步工作。扬帆指出：发现了特务经费的收款人，案件取得重大进展，但吴思源是谁的化名？是施家瑞还是另有其人？电台隐藏何处？这些都必须查清。他特别强调，对有特务嫌疑的人员和可能从事特务活动的地点，都要进行严密监控；行动中应严防打草惊蛇；迅速查明吴思源其人，稳、准、狠地打击敌人。

振记瓷器店位于造币厂桥墩附近棚户区，北靠苏州河，面前是马路，路对面是造币厂的围墙，视野开阔，不便隐藏，为了完成监视任务，侦察科长钱明派人化装成小贩、三轮车夫在振记瓷器店门口兜生意，在凛冽的寒风中蹲守。经过6天的侦察，终于发现这家瓷器店的许多疑点：首先，这家瓷器店是1949年12月1日开张的，正是施家瑞领取特务经费之后，可怀疑该店是用这笔活动经费开设的，应是特务活动的掩护据点；其次，这家小店生意冷清，却雇了四五个帮工，这样少的营业额难以维持日常生计；其三，该店户籍上登记6人，平日只见5人，唯独跑街罗炳乾从不露面，毫无踪影。通过调查得知，罗炳乾就是老板的女婿，他不住在店里，而住在福佑路362号自己的家里。更为可疑的是，跑街罗炳乾从来不跑，反而是施家瑞常到福佑路去找他。侦察人员对施家瑞进行跟踪，但每次都跟丢，只有对罗炳乾的住地进行昼夜监控。这是一间老式石库门房子，两扇大厚木门一关，难以看清里面的动静，晚上也不开灯，几天下来毫无收获。为避免打草惊蛇，侦察人员决定暂时不采取行动。

侦察期间，国民党飞机空袭的频次又加大了，给民众生命财产造成极大损失。这时办案组又收到一份密电，其内容是：命令吴思源报告飞机轰炸上海的“战果”；发给活动经费黄金20两。这就证实了吴思源就是指示轰炸目标的黑手，也证实了吴思源的潜伏电台仍在频繁活动。

办案人员决定对可疑地点进行电台测向侦查，并请来起义过来的原国民党保密局电台台长黎明协助侦查，他既精通电台测向侦查业务，又熟悉军统中电讯人员的情况，是个最合适不过的人选。

黎明听到振记瓷器店跑街罗炳乾的名字时，似有所悟道：“据我了解，国民党保密局也有个报务员叫罗炳乾，他是湖南华容县人，1937年春考入军统的技术干部训练班，毕业后在军统局郑州站等部门当过报务员，曾在国防部二厅技术研究室效劳。此人报务技术娴熟，是个干练的特务。不知此罗炳乾是不是彼罗炳乾?”

于是,黎明先以瓷器店为目标日夜测向、监听,但一无所获。后调整部署,在福佑路362号进行监听,为更好地隐蔽,侦察人员将探针藏在竹竿里进行伪装。终于在三天之后的晚上8时接收到清晰的发报讯号,讯号来源的指针指向罗宅。

目标终于确定,但实施抓捕却还差着火候,因为罗炳乾始终不曾露面,万一扑空,必定会使其隐遁,何况幕后可能还会有更大的人物。因此,办案人员在抓与不抓之间犹疑未定。

正在此时,1月25日的大轰炸猝然爆发,这也就意味着迟破案一天,就有可能遭到更大的损失。上海市公安局局长李士英、副局长扬帆当即决定实施抓捕。1月27日上午7时,整个上海还沉浸在睡梦之中,在钱明的率领下,侦察人员冲进罗宅,将戴着耳机正在专心发报的罗炳乾捉拿归案。同时,搜获收发报机一部,密码一套,发报底稿和收报记录19份。在罗的抽屉里搜到一张纸,上面记录着江南造船厂的详细方位——这是他为国民党飞机指引轰炸目标的重要证据。

当日中午,办案人员又将施家瑞密捕;1月31日,将施肖莲等人逮捕。

经审讯,案件的来龙去脉终于搞清:1948年下半年,通过一个姓王的小姐介绍,罗炳乾认识了施家瑞的妹妹施丽华。施丽华不识字,没文化,这对以特务为职业的罗炳乾很适合。征得父兄同意后,施丽华于1949年3月与罗炳乾订婚。此后,罗随部队撤至广州,又于7月转至台湾,即被国民党保密局四处处长杨震裔委任为上海独立台组长兼台长,化名“吴思源”,单独行动,不与保密局在上海的任何人产生联系。上级的任命正中他的下怀,因为他朝思暮

图7-1　特务罗炳乾

资料来源:《解放日报》1950年2月8日,第4版。

想的未婚妻施丽华就在上海，他趁此次到上海执行特殊任务之机可以“假公济私”地与恋人相聚。1949年8月19日，罗炳乾携带活动经费和美式发报机，从台北启程，辗转定海，于25日乘渔船潜入上海，在岳父家落脚，后又租了福佑路的住所。9月12日与施丽华结婚。9月23日架设电台与台湾通报，次日成功取得联系。振记瓷器店正是他向台湾索取的经费开的秘密据点，4个小伙计都是他收拢来的散兵游勇。罗炳乾怕暴露身份，整日躲在楼内深居简出。施家父子和几个“雇员”则频繁外出活动，他们通过各种关系到机关、工厂、街道等处搜集情报，对黄浦江附近特别感兴趣。他们来到浦江边到处乱窜，将人口密集的居民住地和码头记下来，又来到发电厂、造船厂、自来水厂等周边踩点，将厂址的方位标了出来，为台湾的轰炸机精确投弹确定了目标。这些情报通过罗炳乾及时发往台湾，台湾方面根据其提供的目标，不断地进行定点轰炸。轰炸机呼啸而去后，施家父子立刻赶到被炸现场，望着惨不忍睹的废墟和尸体，大呼得手，以此为生财之道，回来向罗炳乾汇报；罗炳乾又及时地向台湾电告轰炸的成果，邀功领赏。

正当侦察员在审讯罗炳乾和施家父子之时，“二六”大轰炸爆发，这正是罗炳乾被抓获前所提供的情报。于是，将其绳之以法，并以此警示潜伏特务，成为当然之举。2月7日，即大轰炸后第二天下午5时，罗炳乾被作为“二六”轰炸主犯，在江湾机场遭枪决。嗣后，施家瑞、施肖莲两犯也以“共同窝藏匪首、供给情报、掩护并协助进行反革命活动”的罪名分别被处死刑和10年有期徒刑。[1]

第三，成立机构，颁布禁令，加速破案。前文已述及，“二六”轰炸后的2月10日，中共上海市委将此前成立的人民防空委员会改为人民防空治安委员会，虽然依旧由淞沪警备部队司令员兼政委郭化若任主任、公安局副局长扬帆任副主任，但从更名就可以看出，新成立的人防委更加突出治安职能。

---

[1]　萧宏林：《上海“二六”轰炸案特务落网记》，《龙门阵》2005年第6期；李动：《建国初期沪上的一场谍战》，《解放日报》2012年12月4日，第12版。

图7–2　抓特务

资料来源:《解放日报》1950年2月14日,第6版。

2月15日,上海市军事管制委员会针对轰炸以来出现的各种治安问题,以主任陈毅和副主任粟裕名义发布军秘字第0390号禁令:

(1) 不准以各种信号指示匪机轰炸目标;(2) 不准以各种通讯方法向匪方供给情报;(3) 不准聚众骚动,扰乱治安;(4) 不准散布谣言,淆惑人心;(5) 不准纵火、爆破、劫盗或毁损国家财物;(6) 不准乘机伤害人民生命或抢劫人民财物;(7) 不准破坏交通及通讯设备。

凡有违反上列各条之一者,当按情节轻重,处以徒刑或死刑。知情不报者罚,检举属实者奖。[1]

---

[1] 《上海市军事管制委员会布告》,《大公报》(上海)1950年2月15日,第4版。

这是给国民党特务和犯罪分子套上的一道“紧箍咒”。此后，军、警两方面利用“二六”轰炸后特务露头破坏留下的踪迹，迅速出击，连续侦破了几个大案要案。

上海解放后，淞沪警备司令部军法处侦察员通过社会关系，发现了一份由“反共救国军第一纵队司令江涛”委任陈献杰为该纵队第四支队长的委任状。但该案一直没有侦破。“二六”轰炸后，军法处决定侦破这一特务组织。侦察人员通过社会关系，“约请”陈献杰在一家小饭馆吃饭，陈果然应约，当即被密捕。在对陈的审讯中，得知第二天陈要和该纵队副司令兼参谋长、总联络官余松年会面。为彻底弄清情况，军法处决定由治安科副科长海萍以对方上峰派来的上海行动总队长的身份，由陈献杰引荐，准备顺藤摸瓜。在一小茶馆等了很久，才来了两个人坐到海萍同一桌上。海萍正在猜测两人的身份时，陈献杰突然拿起一把茶馆劈柴用的斧头砍在海萍胸膛上，所幸距离近，斧头不锋利，并未砍伤。陈献杰见未得手，便冲出茶馆逃跑，海萍持枪紧追。陈见无法逃脱，便向水泥墙上撞去，顿时鲜血直流，昏倒在地。在邑庙公安分局的协助下，将陈献杰送往医院抢救。海萍又率领侦缉员捕获了正准备逃跑的余松年。经审讯，余交代了该特务组织司令江涛的住处，随即抓获了江涛，同时抓获了“反共救国军第一纵队直属爆破组组长”和组员两人，他们是来江涛处领取炸药、雷管等物品，准备炸毁常州段铁路列车和戚墅堰发电厂以及机车修理厂的。此案先后逮捕14名罪犯，后移交上海市人民法院，判处江涛、余松年、陈献杰等8名罪犯死刑，4名罪犯分别被判处有期徒刑，两名从犯教育释放。在南京、芜湖、洪泽湖的3个支队均由当地公安机关作了处理。

“二六”轰炸后，上海的潜伏特务与舟山等沿海岛屿上的国民党特务机关来往频繁，他们打出旗号，扩充势力，妄图外逃入伙，并寻机造成破坏，给上海当时的防空工作造成很大困扰。为确保浦东地区防空体系的安全，淞沪警备司令部军法处情报科在东沟、东昌路、大团、南桥、周浦设立了情报站，开展情报、侦缉工作。据情报关系郑子超报告，榆林区卫生局留用人员陈连科(曾任国民党少尉报务员、中尉军需、三青团区队副)知道郑子超是国民党中央军校第十五期毕业生、中校军衔,想介绍郑子超参加一反动组织。军法处决定派侦察员刘效能化名李国强和郑子超打入该组织。郑子超对陈连科讲李国强也是中央军校第十五期毕业生,愿意入伙。后约定与该组织的司令宰时见面。宰时公开身份是平凉路正丰酱园店的老板,是黄埔军校第五期毕业生,曾在军统息烽训练班受过训,历任国民党第一战区上校督察,34师政治部主任等职,解放后由东北潜入上海。李国强等人取得了宰时的信任,在举行了宣誓之后,宰时委任李国强为反共救国军江苏挺进纵队司令部联络参谋兼第三支队司令,郑子超为第四支队司令。二人成功打入该组织,后与之多方周旋,顺藤摸瓜,最终于1950年6月将该组织一网打尽,使这一号称11个支队、涉及200多人的特务武装全部覆灭。[1]

此外,反轰炸期间,上海市军、警当局还侦破了"反共救国军前进指挥部""反共救国军淞沪挺进军独立支队"等武装特务案件几十起。通过这些有力行动,打击了国民党特务的肆意妄为,抚平了被轰炸激起的社会环境和公众心理动荡,对局势的稳定起了非常关键的作用,并开启了当年底镇压反革命运动的先声。

[1] 中国人民解放军上海警备区政治部、中共上海市委党史研究室编:《警备大上海》,第127—129页。

第八章
舆论宣传与主动出击

舆论宣传是中共克敌制胜的法宝，也是每一次运动中被放在最前、着力最多的工具之一。经过1949年6月借“长江口布雷事件”打击了《字林西报》《大美晚报》等外媒之后，上海媒体的声音从此基本趋于一致，在党媒的带领下，完全服务于政府的工作大局，成为强大的工具。上海迭遭轰炸，在军事上暂时无法予以抵挡，只能利用有限资源，发挥长项，主动出击，力图有所作为。通过强大而有效的媒体宣传，将民众对新政权的认同和对施暴者的憎恨凝聚于轰炸所造成的切肤伤痛之中，统一思想，凝聚力量，克服悲观情绪，增强胜利信心，从而寻求突破的机会。

一、全社会参与舆论宣传

“二六”轰炸之后，宣传部门属于优先供电的单位，工作节奏受断电影响不大。比如上海人民广播电台在大西路7号和长乐路774弄20号的两个站台，前者由上电供电，因而断电，由后者坚持播放节目，至晚上7时半，之后两个站台都接上法电电源，正常工作[1]。《解放日报》等纸质媒体的供电也得到充

[1] 《上海人民广播电台呈报华东局宣传部广播事业局的报告》，1950年，上海人民广播电台档案B92-1-54-1，第1—2页，上档。

分保障。轰炸与反轰炸的各项信息正是通过报纸和电台持续向全市播报。

2月10日，中共上海市委宣传部发布《关于反轰炸破坏的宣传要点》（简称《要点》），共有6条：

> 一、宣传美制匪机集中滥炸我上海的水电及交通生产建设，乃是蒋匪于惨败之后的绝望挣扎。
>
> 二、宣传蒋匪这种灭绝人性的暴行，乃是美帝国主义直接指使的。
>
> 三、宣传美蒋这种灭绝人性的暴行，决不能阻止我人民胜利的扩大与巩固，更不能挽救蒋匪帮必然灭亡的命运。
>
> 四、上海人民要化悲愤为力量，大家团结起来，在中国共产党与人民政府领导下，为克服一切困难而奋斗。
>
> 五、宣传工人学生应立即组织纠察队，协助政府，维持治安，防止破坏。
>
> 六、宣传反对太平观念与麻痹思想。上海全体人民动员起来，为反对敌人垂死挣扎，更加积极的协助政府克服困难，支援人民解放军解放台湾，以完成解放全中国的任务而奋斗。[1]

《要点》依然沿袭"战略上藐视敌人、战术上重视敌人"的基本思路，为全市反轰炸时期宣传工作定了基调、画了范畴，随后宣传工作在全市里弄街巷如火如荼地铺开，除了党管媒体的宣传之外，工会、青年团、妇联、教联、学生会等各群众团体组成工作队、宣传队、慰问队，文艺界组成反空袭宣传的文艺大军，科技界举办防空讲座，医疗卫生部门举办救护训练班，防空机关派出干部讲解防空知识，各机关、各部门都开展了宣传活动。工人、学生、教师构成现场宣传的主力军。

---

[1] 《上海市委宣传部关于反轰炸破坏的宣传要点》，《解放日报》1950年2月10日，第1版。

2月11日，同济大学学生组织宣传队出动宣传，以工学院为例，共成立了5个中队、15个小队、40余个小组，参加的同学达400多人，几乎所有寒假留校学生均参加了这一队伍。此后几天，在北虹区"进行街头和里弄的深入宣传"。当天上海杂志界举行座谈会，包括《世界知识》《新中华》《进步青年》《展望》《群众文艺》等杂志的负责人，以及冯定、夏衍、姚溱、郑森禹等上海党政方面宣传工作的负责人也出席，拟以反轰炸为中心进行宣传。[1]

2月12日上午8时半，复旦大学学生代表在登辉堂集会，报告轰炸灾情并进行宣传动员。"在愤怒的情绪下，同学们都感到应当以行动来回答轰炸……午后三时，各系组成了小组，在武进路以北作反轰炸的宣传，虽然细雨绵绵，但淋湿不了同学们的热忱。"当天，复旦、同济、东吴、上商、光华、复兴等20多所大中学校及郊区、北虹区教联等单位出动4 000余师生员工，在风雨中深入虹口区街头里弄住户宣传轰炸暴行，讲解防空常识，唤起市民警觉加强预防。复旦大学经济系主任朱伯康和教授吴国隽、统计系教授薛仲三、历史系教授胡厚宣，同济大学理学院化学系主任曾石虞和物理系主任郑一善等，都和学生一起参加宣传工作。各单位的"宣传地段都经分割，并有很多地段与区接管会取得联系，在户政人员协助下挨户访问，深入宣传"。[2]

春节期间，家庭妇联南市区分会组织陶佩鹤等8人，在除夕夜和过年当中，"均摆脱了家庭妇女忙过春节的习惯，全力深入各大、小组的宣传动员工作"。"八个工作人员去发动十五个大组长及地区较远的小组姐妹们，大组长则发动附近小组长，小组长发动附近会员。"就这样，从14日到21日（农历廿八日到年初五）的8天中，"在奔走相告下，即将反轰炸的意义与家庭妇女在反轰炸中的任务贯彻到一千三百余个会员中间去，并先后成立了防空的组织"。[3]

[1]　《防空工作进入行动》，《解放日报》1950年2月12日，第1版。
[2]　《从群众切身问题谈起，虹口师生宣传反轰炸》，《解放日报》1950年2月13日，第2版。
[3]　《群起进行反轰炸，南市妇女积极空防》，《解放日报》1950年2月27日，第2版。

20日，沪西江宁、普陀两区的防空治安委员会动员了工人、学生和教师700多人（其中大多是青年团员），分为64个宣传小队，配合科技工作者协会、业余无线电协会和英电工会三团体所组成的宣传队以及普陀区卫生事务所，在两区主要街道并深入里弄进行反轰炸宣传。“江宁路祖德里的市民热烈欢迎宣传队，替队员搬凳子，大家围着听讲，并有一位年老市民把宣传员请到家里去讲给他的家属听”。[1]

开展宣传的形式也是多种多样，运用了报纸、诗歌、漫画、戏剧等各种宣传载体，特别是通过控诉大会、追悼大会、游行示威、学习教育等形式，对群众进行深刻的阶级教育。市文工团到上电慰问并详细了解情况，将收集到的资料提供给文化界、戏剧界、音乐界作为创作材料，同时，文工团也编排节目进行公演。美术界举办新年画展览会，“除口头宣传外，采用漫画、招贴画等”形式宣传反轰炸题材。

二、反轰炸宣传的基本内容

第一，清除麻痹大意思想，提高警惕。前文已述及，虽然“二六”之前已经经历数十次轰炸，但并未引起全市上下的足够重视，“历次敌机临空，每个人都在走他要走的路，做他应做的工作，镇定安详，若无其事。有时还轻蔑地说：你还发什么凶呢！”[2]最典型的是上海电力公司，几乎所有管理层和工人都抱“上电是反动派干老子的企业”，不会被炸的态度。“二六”之前一个月，上级曾指示上电加强防空，上电党支部并请淞沪警备司令部负责防空人员察看杨树浦电厂各重要机器间，帮助指导沙袋堆置方法及紧急措施，但由于要增加成本，资方未予支持，工会干部也认为无此必要，防空工程毫无进展，“鉴于一般思想上很麻木，且当时情况估计亦未如此严重，恐向群众提出后，反为神经过

[1]　《消除太平麻痹观念》，《解放日报》1950年2月21日，第2版。
[2]　《请注意防空》，《大公报》（上海）1950年2月7日，第4版。

敏引起恐惧混乱影响生产，因之被炸前未向群众谈起防空问题”，直到被炸后措手不及。[1]一些老解放区来的人员认为飞机投炸弹是司空见惯的事，没啥了不起。华东局农林水利部的一些老解放区来的人员嘲笑本地干部挖防空壕的行动，说：“解放战争中有那么多飞机在我头上转，有那么多炸弹掷下来，我也没出什么事，难道现在就会炸到我们头上来吗？”不重视挖防空壕，当空袭发生时，“照常办公或打球游玩”，直至闸北水电公司被炸，弹片飞进办公室内，思想上才警惕起来。郊区的一些农民认为飞机是轰炸市区，不会炸到农村，空袭发生时，“有的不仅不躲避，相反还带着孩子看热闹”。棚户区的一些群众认为飞机是要炸工厂、飞机场，不会炸棚户。如“二六”轰炸中遭到巨大损失的卢湾区斜徐路532弄，全是贫苦居民，轰炸前普遍觉得不会被炸，认为“棚户能值多少钱，抵不上一个炸弹的费用”。因此，空袭发生时“不仅不躲避，相反照常吃饭、睡觉和游玩”，结果有两枚炸弹落到该弄，80个居民中死61人、伤13人，仅6人逃出。[2]针对这一消极现象，各工作队展开深入细致的警示宣传，尤其是对特定人群进行重点宣传，如上电在被炸后由党支部主持，将工人群众按照思想倾向不同，分为4组，分别开展针对性的教育引导，力图克服麻痹思想，将所有力量充实到反轰炸实践中去。[3]

第二，克服畏惧惶恐思想，增强对敌斗争信心。被炸之后，事发区域的社会情绪从麻痹大意这一极端，马上变为惊惶失措、不可终日另一极端。“两个月以前，飞机虽然也常在附近黄浦江或荒郊投下几颗炸弹，但洋泾区大部人民都漠不关心，认为绝不会炸到自己头上，匪机来时不仅毫无准备，有的甚至还群集街上指手画脚观望。”1月25日，杨家渡草棚遭炸，死伤100多居民以后，只要再有飞机声音响起，群众“就把什么工作都放下，人像潮水一样四散奔

[1]《上海电力公司二·六反轰炸总结》，中共上海市公共事业委员会档案A59-1-23-1，第16页，上档。
[2]《关于“二·六”轰炸前后本市人防工作情况资料》，上海市人民防空办公室档案B120-1-69，第126页，上档。
[3]《上海市市政工会关于“二六”轰炸情况资料》，上海市政工会档案C7-1-1，第20—22页，上档。

跑，有的店铺连门也不关，有个别特别胆小居民，听到隆隆的马达声，有时也会当做匪机而惊慌”。[1]2月7日，飞机来3次，闸电工人逃跑7次。轮渡工人发现飞机后船上都跑空了，只留下军管会人员看管船只。上电工人一听警报就狂奔，而且因为知道轰炸目标是电厂，又不信任防空壕、防空洞，所以不敢留在厂内，都向外跑。2月19日，电话局江西路站“02”接线间因设在楼房顶层，建筑单薄，且无防空设备，警报响起后，所有人员下楼躲避，通话一时中断，影响极其严重。军管会予以督促改正，但资方传达意见时语气强硬，命令所有人员不得擅离，引起工人不满，认为“人民政府不如东洋人（日寇当时遇空袭则主动令员工撤离）”。[2]在这种情况下，特务趁机造谣渲染，前文述及的人口大量迁离应是顺理成章的事情。如此危局，正常秩序尚难维持，遑论反轰炸各项具体行动的开展。

因此，《宣传要点》的核心意象之一就是向上海民众传递信心，其中说道：“美蒋的轰炸破坏，虽然使我增加某些暂时而严重的困难，但是绝对无法改变我们胜利的局势，人民解放军的胜利正在迅速扩大与巩固，在全国人民革命大团结与世界和平民主阵营对我援助的情况下，敌人所加于我的一切困难，是完全可以战胜与克服的。而蒋匪帮的灭亡命运，则是完全不可避免的。不管在军事上、政治上、经济上、国际上，他都已陷入最后失败的泥淖。其困守沿海孤岛是绝无出路的，是必被人民解放军消灭的。”按照1950年2月的形势，以上表述确是事实。因此，在实际的宣传工作中，宣传队伍用很多具体的战斗事例来渲染胜利气氛，打消人民群众心中的阴郁，增强打破封锁与轰炸沉闷局面的信心。

第三，进一步激发全市上下对国民党、蒋介石的反感与憎恨，从而广泛动员民众参与反轰炸运动。蒋介石国民党惨无人道的轰炸暴行为舆论宣传引导提供了最典型的素材。宣传队伍以“垂死的挣扎”“最后的疯狂”“无耻的暴

[1] 《浦东洋泾区，纠正了反轰炸工作中的偏向》，《解放日报》1950年3月12日，第2版。
[2] 《中共上海市公用事业委员会所属各党组织关于防空反轰炸的通知、情况汇报等记录》，中共上海市公用事业委员会档案A59-1-22，第156、175页，上档。

图8-1　漫画：化悲愤为力量

资料来源：《解放日报》1950年2月10日，第1版。

行”等字眼，和遇难者残缺的尸体，以及幸存者愤怒的控诉，来激发人民群众对蒋介石国民党的仇恨，并使之燃起报仇的烈火。1950年1月25日轰炸后，《解放日报》社论有言：“这一血腥罪行，除告诉我们匪帮在最后覆亡前更加灭绝人性以外，同时对艾奇逊等最近一再宣布的‘对中国人民友好’做了最好的解释。它再一次教育了中国人民认清了帝国主义及其走狗的原形，从而更加清楚地认识：台湾、定海必须解放，残匪必须消灭，斩草必须除根，并以实际行动，出力出钱，购买公债，支援解放台湾、定海的大军，跨海东征，犁庭扫穴，讨还血债！”[1]“二六”当天，上电工会在杨树浦电厂门口贴出这样的“钢铁誓言”：“上电的弟兄们，永远地记着，蒋该死不死，咱们永远得不到安宁，血债要

[1]　《血债必须讨还》，《解放日报》1950年1月26日，第1版。

用血来还，不要哭只要恨，不要怨只要记，永远记着蒋该死，我们要支援前线，打到台湾去，任老贼逃到天涯海角，必须追捕归案”。[1]居民马王氏当三轮车夫的儿子被炸死了，“从已经没有了牙齿的嘴说出这样的话：‘等我们解放军抓住蒋介石，我要用马桶刷抽他！’”[2]这些仇恨与鼓动的字眼很快被各种媒体传播开去，民众也以捐款、声讨、买公债等方式积极响应。

第四，普及防空常识，落实紧急措施。当时很多群众缺乏防空基本知识，比如“二六”斜徐路棚户区被炸时，有的群众不知所措之下躲到被子里，被活活闷死或烧死。[3]诸如此类的问题很多。当局通过媒体和宣传队细致的工作，将跑警报、躲防空壕、打井、堆沙袋、防火、储水净水等各种防空常识进行全面普及，使人民群众受到一次系统的防灾减灾教育。另外，前文梳理的反轰炸各项紧急措施，将其落实到行动，一方面靠组织领导工作，但主要靠舆论引导。

三、舆论导向的核心目标

很明显，以上这些所有的宣传目的、手段，以及前文述及的反轰炸措施都属于见招拆招的被动应对、消极防御。实际上，根据笔者对《解放日报》《大公报》《文汇报》等当时最主要信息源的翻检梳理，明显能感受到在反轰炸运动中，新政权始终倾向于借助轰炸造成的血肉模糊，将社会舆论导向两个和当时国内政治经济局面的稳定有着根本联系的核心目标，而这两个核心目标直接抵制轰炸的作用并不明显。这属于主次矛盾合理转化思路导引下的主动出击行为。

第一个核心目标，在表象上是对“美制匪机”概念的大力宣传，实质上是冷战初期，在以美国为首的西方国家对新中国进行敌视、封锁政策下，在新中

[1] 《上电工人发表钢铁的誓言》，《文汇报》1950年2月7日，第1版。

[2] 《血号召英雄们前进》，《解放日报》1950年2月13日，第1版。

[3] 《关于“二·六”轰炸前后本市人民防空工作的情况资料》，上海人民防空治安委员会档案B120-1-69，第8页，上档。

国实行“一边倒”的外交格局及中苏联盟的大背景下，中共欲将民众心目中原本崇拜美国、亲近美国、畏惧美国的意念驱赶出去，代之以仇视美国、鄙视美国、蔑视美国，从而实现在更宽广的群众基础面上和更有利的民众心态下和以美国为代表的资本主义国家阵营对抗的目的，进而一方面巩固中苏联盟，为随之而来的经济建设和统一战争创造条件；另一方面统一国人思想，建立起人民群众对于新中国和新意识形态的普遍信仰。

自太平洋战争爆发后起，中共和美国逐渐发生了关系。此后尽管在某些阶段两者互有好感，或有一些求取相互认同的努力动作，但从总体上来看，两者大体上始终处于相互警惕与对抗的境地，尤其是在国共内战中美国通过军事援助形式支持国民党一方，给中共造成了难以抹去的灰暗记忆。除了在外交策略上以“中立美国”为原则进行灵活主动的努力之外，中共也始终试图通过自己有限的宣传渠道来影响广大民众心目中的美国形象，使之符合自身的利益倾向。“美国向国民党反动派提供各种武器，尤其是飞机，对和平居民进行轰炸扫射造成死亡、饥饿、失业、流离失所、夫离妻散、田园俱毁”这些题材是中共一贯重视并采用的。早在1945年11月，《新华日报》就发表了朱德的声明，“抗议美国飞机在河北省扫射共产党部队和投撒传单”。几天之后，该报又指责“美国飞机在国民党军队进攻共产党期间向其提供给养”。[1]1946年上半年，国共争夺东北的战争打得难分难解。6月1日，《人民日报》转载《东北日报》刊发的社论《反对美国帝国主义分子帮蒋介石屠杀东北人民》一文，其中写道：

> 东北人民始终记得：屠杀东北人民生命、轰炸东北人民家园的一切武器，没有一件不是美国制造的。东北人民已经受了日本人制造的武器的屠杀，现在又经受美国人制造的武器的屠杀……今天在东北的国民党军，实际上是美国人豢养的中国兵，因为它除了赤裸裸的肉体是中国的以

[1]［美］米歇尔·乔治著，杨常修编译：《1937—1949国民党政府空军建设的局限性》，《航空史研究》2001年第6期。

> 外，其他一切都是美国的；他们使用从美国借来的钱，穿着美国制的制服、鞋、袜、和衬衣，背着美国的枪，使用着美国的炮，发射出的是美国的弹药，向和平城市实行轰炸的飞机是美国制造的，向东北人民疯狂冲击的坦克也是美国供应的，他们由美国水兵操纵的美国军舰运到东北，再由美国的登陆艇送上岸，而海港设备也是美国技术指导完成的，并由美国车辆把他们运到火线。[1]

这些宣传词的内容虽然基本属于事实，但解放战争中国民党轰炸的目标多属军事性质，杀伤军队居多，未曾大范围殃及平民，因此，中共对"美制匪机"宣传批判的效力有限。但宣传本身仍在继续。

解放初国民党多次轰炸上海，中共沿袭以往的宣传思路。1949年6月29日轰炸后，《大公报》有言：对于"这笔新添的血债，我们是要算的——不仅要向国民党匪帮算，还要向美帝国主义算。飞在上海天空的匪机，投在上海土地上的炸弹，都是美帝送给反动派，用以屠杀中国人民的。华尔街的美国独占资本家、战争贩子们，身上涂满了中国人民的血迹，他们与他们的走狗——中国反动派，同样是杀人凶手，我们不能放过！"[2]10月30日，江南造船厂1 500余名职工借天蟾舞台为在空袭中殉难的倪根生、施西安、史定富三人开追悼大会，华东后勤部海军部陈部长首先致辞："我们要明了敌人不仅是蒋匪，借刀杀人的还有美帝。"[3]

应当看到，中华人民共和国刚成立不久，1950年6月又发生朝鲜战争，国人对于美国的感情颇为复杂。杜华撰写的文章[4]详述了1950年10月底抗美

[1] 《东北日报发表社论：反对美国帝国主义分子帮蒋介石屠杀东北人民》，《人民日报》1946年6月1日，第1版。
[2] 《斥匪机》，《大公报》(上海)1949年7月5日，第2版。
[3] 《江南造船所追悼三工友》，《文汇报》1949年11月1日，第2版。
[4] 杜华：《仇视美国！鄙视美国！蔑视美国！》，《看历史》2012年第8期。本段引文皆出自该文。

援朝战争爆发之后中国民众对美国的态度：当时民众中普遍存在“畏战求安、漠然无谓、恐美、崇美、亲美”心态，“到美国在仁川登陆占领汉城，进入‘三八线’以北，直逼鸭绿江时，这种心态发展到顶峰”。作为世界上最发达的工业国，美国有足够多让国人羡慕的地方：美国富有，“每人都有汽车，能吃白面”；美国民主，“每个人都有一张选举票”；美国科技发达；美国文化繁荣，好莱坞的电影好看，[1]流行音乐好听；美国货也深受欢迎。有不少群众表示对美国“恨不起来”，尽管“理论上知道可恨，感情上不觉得什么恨”。因为“美国过去也是日本的死对头”，还“在中国办学校开医院和慈善事业”，提供了很多救济物资，“日本来的时候，他办了难民区，明明是救了我们，怎么说他是仇人？”而且“美国很富，怎么会到别的国家抢东西？”最普遍是对美国的恐惧心态，使得谣言四起。当中美开战之后，有个别党员甚至要求退党，有些新被批准入党的，又要求不入了。著名词学家夏承焘在1950年10月30日的日记中真实反映了当时谣言传播的情况：“日来以朝鲜美军大胜，上海谣言甚盛，机关中旧穿列宁装者，多改穿西装。”1950年初的美国形象应当也是这种状况，对相当多民众而言，不说“恨不起来”，至少是“漠然无谓”的。也就是说，中共对美国的态度，和中共希望民众对美国的态度，以及民众对美国的实际态度，三者之间依然存在着相当大差距。

同时也应看到，在毛泽东亲赴苏联寻求同盟互助之时，坚定地批判美国以表明“心迹”成为合作成功的必要条件。“二六”大轰炸造成的危局为此提供了绝佳机会。2月8日，国务院副总理董必武代表中央人民政府向上海全体人民发出慰问信，其中直接指出这次“血腥暴行”是“台湾国民党残匪”在“美国帝国主义与日本侵略分子直接参与之下所制造的”。2月9日，《人民日报》刊发社论《上海的同胞们，记着这笔血海深仇》，和四年前《东北日报》的笔调

[1] “1949年全城200万电影爱好者中有75%至少会去上海50多个电影院中的一家看好莱坞的电影。上海的报纸也许登载了巨大的苏联电影广告，如《誓约》或《人民的女儿》之类的，票价也减半。但观众仍然爱看好莱坞电影。”详见［美］魏斐德：《红星照耀上海城——共产党对市政警察的改造》，第174页。

颇为相似：

> 上海的和全国的同胞们永远记着：美国帝国主义是这次轰炸的首要罪魁。第一、轰炸的飞机和炸弹都是美国供给的。美国直到最近还在以“拨款”的名义、商业的名义或菲律宾的名义供给台湾残匪以军火，这是任何杜鲁门声明、艾奇逊声明、耶塞普声明所不能掩盖的。第二、驾驶轰炸机和实行轰炸的匪方空军人员包括美国和日本人的所谓“志愿军”。如果不经美国政府和麦克阿瑟总部的同意，这样的事实是不可能发生的。而国民党残余的空军如果没有日本人和美国人驾驶，就不能举行这样的轰炸。第三、尤其值得注意的是，二月六日的轰炸准确地炸毁了美商杨树浦上海电力公司。毫无疑问，只有得到了华盛顿的命令，效忠于美国的台湾空军才敢于这样做。

慰问信和社论是中共中央、政务院对“二六”轰炸的最早也是最主要的公开态度，将批判美国作为首要目标。这篇社论为全国的反轰炸宣传定了基调。

翌日，上海发布《宣传要点》，内容涵盖面更广，但6条中有3条涉及“美制匪机”：

> 蒋匪的一举一动，都是遵循美帝国主义意志的。此次以美制飞机、美制炸弹、美制投弹瞄准器轰炸我上海各电力公司及破坏我上海水电交通生产建设，显然是在美帝国主义协助支持之下实行的。这是因为美帝国主义外强中干，梦想与残匪勾结，以轰炸破坏我社会混乱，以便迫我就范，继续遂行其侵略中国的阴谋。我全国同胞，必须从美制匪机轰炸暴行中，获得必要的教训，灭绝对美帝国主义的任何幻想，提高自己的政治觉悟，认识到中国人民与美帝国主义及其卵翼下的蒋匪反动势力之势不两立，在人民政府的领导之下团结一致，为彻底粉碎敌人的阴谋诡计而斗争。

图8-2　宣传“美制匪机”的漫画(1)

图8-3　宣传“美制匪机”的漫画(2)

资料来源:《解放日报》1950年2月14日。

在此前后,上海各大报均以“美制匪机”尤其强调“美制”这一模式来进行反轰炸宣传。《大公报》说:“飞机是美制的,炸弹是美制的,上海电力公司大部是美商的财产,以美机美弹来炸美商财产的上电,这无疑义的,是由美帝所指使,甚至是由美帝所参加的。”[1]《文汇报》说:“美帝国主义者也显然对于中国人民胜利的事实没有办法了,他们彻底明白他们已经在中国完蛋了,所以连他们自己的财产也不惜加以破坏了,这就是上海话说的‘横竖横拆牛棚’的绝望心理的表现。”[2]“事实上轰炸的内幕是这样:计划——是美国的;飞机——是美国的;炸弹——是美国的;驾驶员和轰炸人员——一部分是美国的,一部分是日本的,而且日本是在美国的控制之下;国民党只担任名义,飞机上的标志,以及一部分听命令行事的人员。”[3]上电遇难工人张来发临死前对儿子的遗言:“你要认清我们的敌人,是美帝国主义和蒋匪帮,我是害在他们手中的。”陈毅在上海各界人民反轰炸动员大会上讲道:上海人民打破了封锁,“因此美帝国主义就在二月六日开始采取了第二个步骤——轰炸”;“二月六日蒋匪对上海的轰炸是美国帝国主义批准的,企图用轰炸来摧毁上海。从封锁到轰炸

[1]　《反轰炸是上海当前任务》,《大公报》(上海)1950年2月9日,第2版。

[2]　《编者的话》,《文汇报》1950年2月9日,第2版。

[3]　《美帝指挥轰炸我各城市》,《文汇报》1950年3月3日,第1版。

是美国帝国主义对上海人民的具体政策。”[1]

这一宣传还旁及其他资本主义国家，如英国，《文汇报》援引路透社报道：“英国商船正在向台湾开，运送铁丝网、航空汽油等等的军需物品，还有大批的粮食秣料，用来资助蒋帮残匪。”同时评论道：“帝国主义终究是帝国主义。帝国主义和中国打交道，是不得已；而他们和中国人民作对，倒是必然的。”[2]

日本是除美国之外的另一靶心。《文汇报》报道：“最近国民党残匪对长江下游上海等地的轰炸是在美帝国主义及其扶持下的日本侵略分子直接参与下进行的。可靠的消息表明，由美帝国主义远东侵略政策执行者麦克阿瑟招募的日本空军人员、日本海军人员和日本技术人员已被陆续派往台湾，参加国民党残匪帮对中国人民的作战，特别是在执行轰炸和封锁的任务方面。日本海空军人员助匪作战的事实曾为美国通讯社所证实。合众社去年12月2日东京电即称：‘一位占领当局高级官员说：前日本驻台湾的高级陆军军官正进行组织日本人的外国空军大队以为国民党作战的消息是真实的。’”[3]不同于其他的宣传文章中将日本放在从属地位去批评，此文将日本作为主要控诉对象。

总之，“二六”之后，在各项反轰炸措施陆续推出的同时，这种对“美制匪机”概念以及对某些“敌对国”的强烈批判和斥责的报道、漫画、讲话、控诉会铺天盖地，比以往任何时候都成气候、成系统。

然而，稍一留心这些批判控诉性文字，就能体会到其中是带有明显政治意图的，舆论机关在激烈批判的同时，也总在试图找证据，主要有以下两条：

此间新近收到的2月7日的《纽约时报》所刊载的关于2月6日国

[1] 中共上海市委党史研究室编：《陈毅在上海》，第93页。
[2] 《编者的话》，《文汇报》1950年2月8日，第2版。
[3] 《美帝日寇蒋匪共同行凶》，《文汇报》1950年2月10日，第1版。

民党匪帮轰炸上海的一则消息，表明了美帝国主义与国民党轰炸的关系。该消息称，美国《时代》杂志特派员威尔逊·斐尔德曾随机观察轰炸。斐尔德说："轰炸时是环绕着市郊进行的"，"有十四枚五百磅的炸弹投在一个很大闸北发电厂中。"按照惯例，美国记者是伴随着美国空军人员的。[1]

14日纽约《先驱论坛报》巴黎版发表合众社13日自台湾嘉义拍发的电讯，证实美国帝国主义者是国民党匪帮飞机最近轰炸上海和平居民的幕后指使人。退休的美国海军上将、西太平洋舰队司令柯克应宋美龄之请在台湾国民党某空军基地讲话时称赞这些人员的"士气"，并且盛赞他们炸死成千上海市民的疯狂兽性将"垂诸史册"，柯克说："现在是最紧急的时候。你们的工作将在今后数百年垂诸史册。"[2]

"按照惯例，美国记者是伴随着美国空军人员的"，所以这是美国人实施的空袭。很显然，这些证据有些牵强。就笔者所归集到的资料来看，没有迹象表明"二六"轰炸及其前后的轰炸行动和美国人、日本人有直接关系，也找不出美国人、日本人参与轰炸的直接证据。[3]

相反，就魏斐德《红星照耀上海城》中展示的资料表明，不仅"上海的英美商业社团对国民党的轰炸感到震惊"，而且"外交人士开始惊恐"。2月11日那天，所有全体领事人员聚集通过了一个两天前发给联合国要求干涉的照会，"而美国人则对蒋介石使用向他们租借的飞机进行轰炸感到忧虑"：

[1] 《美帝是炸沪的元凶》，《文汇报》1950年3月7日，第1版。
[2] 《杀人凶手的真面目》，《解放日报》1950年2月20日，第2版。
[3] 沈志华在《苏联专家在中国》中述及苏联驻上海总领事弗拉基米罗夫于轰炸后向莫斯科汇报情况，指出："是美国人实施的这次轰炸。"其理由是美国人的电厂，除非美国人自己炸，否则国民党不敢炸。详见该书第96页。

由于对中国老百姓的轰炸使用的是美制航空设备，我们必须从我们在中国的立场已经遭受损害的角度来看待轰炸。共产党迅速对此加以发挥，在中国舆论比“国民党”中国政府更加严厉的攻势之前我们已经在遭受谴责。轰炸立刻产生的后果用总领事的形容是近乎一片混乱，并蓄意对在上海的美国人造成危险。假如无政府占了上风，要是发生反美的暴动，那我们可以肯定，虽然他们是共产党煽动的，但中国人民会把这些现象看作是我们与失信的国民党政府联合的结果，而后者正沉溺于一个基本上无法有效抵抗共产党的斗争……要是我们不采取比已经采取的更加强硬的步骤的话就更加失信：我们必须明确向“国民党”政府声明，假如他们继续以这种性质轰炸，我们将停止所有援助或者起码停止从这个国家向他们海运军事物资。[1]

因此，2月10日，“包括17种国籍（美、英、苏、瑞士、加、澳、新西兰、丹、德、伊、印度、义、法、瑞典、挪威、巴基斯坦、比等国的居民协会、商会和俱乐部）和4种宗教信仰的上海居民，已向联合国呼吁，请采取步骤，制止轰炸该城”。同一天，美国国务院“对加诸于上海美国财产的空袭，已提出抗议”，说：这项袭击“曾招致损害并危及美国人的生命”。“抗议书说：空袭有意和不顾易认的标识，而加诸于美国财产。”[2]

这些举动应能证明美国人没有参与对沪的空袭行动。

台湾国民党方面对美国抗议的回应显得很暧昧。首先，大多数国民党人员，尤其是空军，表现为一种隐隐的“亢奋”：“空军今天似乎要使美国政府对中国飞行员所作的藐视性批评感觉很抱歉”；“白皮书内讥我空军无效用，现在又说炸损他们利益了”；“美国今日所抗议的中国空军，也就是他从前轻蔑的中

[1] Memo from Sprouse to Merchant, 16/2/50, 1—2, in CSDCF 1945—1949，转引自［美］魏斐德：《红星照耀上海城——共产党对市政警察的改造》，第175—176页。

[2] 《上海外侨呼吁，图阻我轰炸，美亦抗议损害财产》，《中央日报》（台北）1950年2月11日，第1版。

国空军”。[1]而同日同一份报纸中代表当局声音的社论则表达出明显的审慎态度和辩解意图：

首先我们要指出的一点，就是这一个关系中国命运的反共抗俄战争，无比地艰苦；要求得这一战争的胜利，必须摧毁匪伪的军事设备，必须打击匪伪控制下的工业和交通，削弱它的作战供应，以利我军反攻。我政府为爱惜工业及交通的从业人员，早已不止一次发出警告，表示我机群对于那些被匪伪侵据利用的事业，均将成为轰炸目标，要他们赶快离开，切勿冒生命危险继续工作。我政府均不愿伤及无辜，但亦决不任匪伪作战的军事设备强固与经济供应力滋长。“易地则皆然”，任何国家的政府假若设身处地地想一想，必将认为这是无法避免的行动。

我政府对于外人在华财产及一切事业，向极尊重，保护唯恐不周，这是无可否认的事实。为尊重外人财产，国军撤退上海时，包括美商电力厂在内，所有外人经营事业，无不保持完整，未予爆炸，这也是不可否认的事实。匪伪占据上海后，利用各电力厂的发电，制造作战供应的物资，实使反共抗俄大业感受甚大的不利。我空军轰炸上海各电力厂，目的原在打击匪伪作战的能力，绝无因某一电厂是美国人的财产，特意加以破坏的用心。

匪伪对于电力厂，采行绝对支配，以应其作战的需要。目前美国电力厂名义上是美国人的财产，实际已无自由经营之权，更正确地说，已不能享受所有权。十个月以来，经营该厂的美商，不仅无利润可言，并且徒然赔钱养活员工，供匪伪以其所需要的电力。同时，匪伪原是苏俄帝国主义支配中国的工具，排斥各国在华商业，无微不至，而反美尤甚。美国政府对于匪伪占区的美人财产，显已无法保护，更无法阻止匪伪利用美商电力

[1]《空军轰炸上海收获大战果》，《中央日报》(台北)1950年2月12日，第1版。

> 厂制造作战物资。假如过去美国对德日作战时，德日境内有美商电力厂或其他重要工厂，供德日的作战利用，美国空军必亦不惜予以轰炸，绝不会因其名义上为美国人财产，任其资敌。我空军轰炸上海而及于美商电力厂，正因其实际上已是匪伪制造作战物资之动力供应源泉之一。美国政府若因该电厂名义上为美国人财产，遂以我空军轰炸为不当，徒令匪伪称快而已。[1]

国民党认领了轰炸美商电厂的责任，并强调如果美国也处于它的境地，同样会做出这样的举动；同时也“劝解”美国不要太过计较，因为在上海的美国资产早已成为中共的“口中之食”，美国的追究，只能导致“亲者痛而仇者快”的后果。

这两种不同态度，其实也是国民党在当时尴尬境地下不得已的选择。事实上，除此次轰炸之外，国民党空袭大陆中波及美国财产的事件还有5次，分别为：1949年10月18日宁波华美医院被炸，1949年12月23日宁波美孚煤油公司被炸，1949年12月27日上海南浦美孚煤油公司油站被扫射，1950年1月25日上海外滩格兰大厦美国总领事馆被波及，1950年2月27日停泊于青岛港的美轮“飞剪”号和“德尔”号被袭击。美国政府每次都提出“严正抗议”。国民党方面则始终存在有关部门之间的互相推诿。以叶公超为“代部长”的“外交部”在日趋恶化的外部环境下已倍感艰难，空军的冒进无异于火上浇油。美国政府要求“立即获得中国空军不再攻击美国财产之绝对保证”。对此，“外交部”每每应之以：“尽量避免波及”；但“国防部”和空军则坚决表示，如果美孚公司和上电等企业的资源“仍供匪作军事上之利用”，则“空军似未能放弃其职责而保证不予攻击”。这种撕扯，已属“外交部”能力范畴之外。最终还是美国占了上风，他们采取“初步行动延搁我军用品出口

[1] 《论空军轰炸上海》，《中央日报》（台北）1950年2月12日，第2版。

证”,并表示将会对台湾颁布军用品和石油禁运令,以及“冻结国府官员在美资产十亿元”等进一步措施。在这种压力下,国民党方面就不得不做出让步。[1]因此,虽然没有公开表示屈服,但有一个事实不容忽略:原本有时间、有空间、有能力进行更大规模对上电乃至其余大型公用设施进行轰炸的行为再也没有发生过。

至此,可以认定,“二六”轰炸就是国民党单方面的一次军事和政治冒险。掌握一个基本逻辑即可:用飞机来袭击上海,在当时的技术水平和社会状况下,既想要不大量杀伤贫民又要产生足够的影响效果,必须袭击电厂,而轰炸闸电十次不如轰炸上电一次,但上电是美国财产,轰炸行为必然会给台湾带来政治风险。林江彩论文认为此举是1950年初美国政府弃蒋弃台政策出笼后,台湾国民党当局对美国的一种报复。[2]作者只有推断,并未提出证据,不足为信。

如此说来,反轰炸运动中,中共利用舆论阵地对美国的控诉、批判,可以看成是1950年10月底抗美援朝战争爆发后,人民政府在全国范围内所发起的对美“三视”(仇视、鄙视、蔑视)教育在上海区域内的预演。当时的另一个舆论宣传重点是中苏友好同盟,在反轰炸宣传中也进行了恰如其分的穿插,但两者重叠之处并不多,在此不予详述。由于此时正处于中苏谈判的关键时期,中共亮明对美国的立场,可以在某种程度上消解斯大林对毛泽东亲美的疑虑。

至于把矛头指向日本,则是当时国、共双方互相攻讦的惯用套路。如苏联防空集团援华之后,国民党断定:“中共空军的战斗技术,充分证明共军的飞机是由苏联或日本的空军人员驾驶。”[3]日本是中国人心目中最凶猛最罪恶的敌人,所以国、共双方均试图让民众相信对方与日本蛇鼠一窝,而在中共方面,还有为向苏联借兵找依据的意图,国民党方面也很清楚这

[1] 《我空军袭匪区波及美国财产》,1950年,11-07-02-14-02-030,第4—7、37、76页,中国台湾“中研院”近史所档案馆。

[2] 林江彩:《1950年上海“二六”轰炸研究》,硕士学位论文,2013年。

[3] 《匪机必为俄日人员驾驶》,《中央日报》(台北)1950年4月12日,第1版。

一点。[1]

第二个核心目标是劝购公债。由于解放战争的继续，军费开支浩繁，国民经济建设也需要大笔资金，但财政收入无法相应增长，因此，解放后数月间，财政一直处于大笔赤字状态。无奈之下，人民政府开始大发纸币。据统计，人民币于1948年12月1日开始发行，到1950年2月底，发行量已猛增至50 300亿元。[2]1949年7月，在上海召开的中央财经会议预计8—12月是国家财政最困难的时期，提出弥补财政困难和亏空的办法之一是发行公债，认为唯有此法才能有效地回笼货币，抑制飙升的通货，解困救厄，逐步理顺经济关系。但国民党统治时期滥发债券而无法兑现的经历依然如噩梦般萦绕在广大民众心中，“新中国刚刚成立，共产党就发行公债，能得到人民的理解吗？”最后由毛泽东亲自拍板，决定发行，并经12月2日中央人民政府委员会第四次会议表决通过。[3]

共和国首次公债定名为：人民胜利折实公债。

12月16日，政务院颁布《关于发行一九五〇年第一期人民胜利折实公债的指示》和《一九五〇年第一期胜利折实公债条例》，规定：这批公债及还本付息都以实物为计算标准；[4]公债的单位定名为“分”，首期票面额分为1分、10分、100分、500分四种，每分所含的实物为：大米6市斤（天津为小米）、面粉1.5市斤、白细布4市尺、煤炭16市斤；公债总额为2亿分，在1950年内分期发行，首期发行1亿分，自1950年1月5日起发行；偿还分5年，年息为

[1] 《中央日报》（台北）1950年4月4日第2版社论《俄机袭击我空军》中，明确指出：“最近共党匪徒竭力宣传我军内有日本人参加，而尤以宣传我空军有日本人驾驶飞机为不遗余力。匪徒这一宣传的用意”……“实是为了俄军直接协助共党匪徒作张本与辩护。”

[2] 《共和国历程》编委会编：《共和国历程》，北京：光明日报出版社，1997年，第103页。

[3] 庄志龄：《新中国第一公债在上海发行》，徐福生主编：《共和国风云》，上海：上海古籍出版社，2004年，第24页。

[4] 折实，是当时物价波动幅度较大的情况下政府为保证职工工资保值而采取的基本措施。当时工资的计算标准是“折实单位”，每一个折实单位包括4项日用必需品，即粳米1升、白细布1尺、生油1两、普通煤球1斤的价格，其牌价依据当地市场这4种实物前一天的批发价而定。

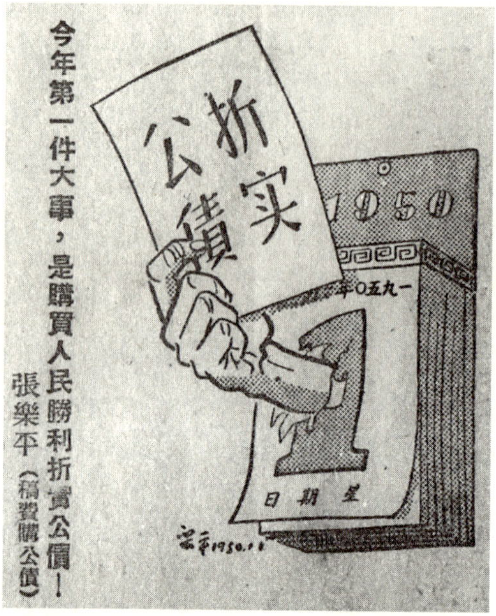

图8-4　1月5日起“人民胜利折实公债”发行
资料来源：《大公报》(上海)，1950年1月5日，第1版。

5厘。[1]

首期1亿分公债，按照经济区块分配，华东区承担45%；华东区内各地区又进行分配，上海承担3 000万分，上海的配额占华东区总配额的2/3，占全国的30%。[2]占比之所以如此之高，主要有三点根据：一是按照1月上旬牌价，每分14 055元，3 000万分约合人民币4 216亿元，虽然不是小数目，但经过摸底，上海行庄存款已达4 000亿元以上，“统计全部游资的数目当然远在此数之上”，“所以要上海负担起这份公债配额，固然相当沉重，但能够负担得起，是没有问题的”；二是和国民党时期上海80%的配额相比，新中国的30%“可以说已相当照顾到上海在被敌人封锁中的困难”了；三是吸收游资，稳定物价，也主要着眼于上海。[3]

然而，即使再怎么强调3 000万分配额的合理性，这对于1950年初的上海来说依然是一个巨大的挑战。按照1月上旬牌价，当时一般工作人员每月收入约人民币9万元(约折合银圆45元)，除去日常的生活开支，结余有限。考虑到这些人的生活困难和实际购买能力，所以从中央到地方均没有对其分配推销数字，只是在提倡自愿的原则下，欢迎认购。公债的主要瞄准对象，中央确定为“大中城市的工商业者，城乡殷实富户和富有的退职文武官员”。上海在

[1]　《共和国历程》编委会编：《共和国历程》，北京：光明日报出版社，1997年，第159页。
[2]　《上海市推销人民胜利折实公债史料》，《档案与史学》1999年第3期。
[3]　《人民胜利折实公债今天发行》，《大公报》(上海)1950年1月5日，第1版。

图8-5 漫画：不买玩具买公债

资料来源：《大公报》(上海)1950年2月2日，第1版。

分配推销数字时，亦按照这一原则，预定工商界为2 700万分，殷实富户等300万分。为完成这一任务，上海市委、市政府将其列为全市1950年的六大任务之一，并确定为"今后三个月的核心工作"。

购债运动主要由宣传工作推动，为此，中共上海市委制订并颁布了《推销公债宣传要点》，对公债推销舆论引导工作定了基调。[1]按照这些指导思想，推销宣传工作迅速推开。由于事先未作准备，因此1月上半月的大部分时间都放在布置准备方面。在推销委员会总会设立宣传处和宣传委员会，主持新闻、广播、漫画和剧影的设计，此外还成立了一个演讲队，罗致了许多经济专家和财经工作者，向群众讲解发行公债的意义和作用。各大报刊每天都有大量内容涉及公债推销的喜报、先进典型、紧迫任务、漫画、推销歌曲的歌词和曲谱。上海人民广播电台推出推销公债的系列广播节目。诸如新闻报道、漫谈、问题解释、俄语老师在讲授时呼吁、唱歌教歌、主题戏剧、邀请

[1] 主要内容为：1. 宣传发行人民胜利折实公债是战胜财政困难、争取物价稳定的有效方法。2. 宣传人民胜利折实公债是争取人民解放战争最后胜利的重要保证，是从根本上解决国家与人民困难的最好办法。3. 宣传积极购买人民胜利折实公债是人民的光荣义务，是爱国的具体表现。4. 宣传钱多者多购，钱少者少购。工商业家、殷实富户应尽早多购人民胜利折实公债，表现爱国精神。工人、学生与全体劳动群众应广泛宣传积极推销人民胜利折实公债。5. 宣传上海市推销胜利折实公债的任务可能按期完成。全体党员与全体人民应为完成推销人民胜利折实公债而努力！ 6. 宣传我们的情况是有困难、有办法、有希望的。全体党员与全体人民应为克服困难、争取光明的前途而奋斗。详见《中共上海市委秘书处关于上海市推销公债工作的几个问题决定的通知》，1950年，上海市人民政府档案B1-2-51-1，第4—8页，上档。

名人演讲等，伴随购债运动的始终而循环播报。[1]这一系列宣传活动烘托出公债热销的壮阔场面。

效果是显而易见的——认购公债的浪潮迅速传遍全市。早在还未正式发行前，听到消息的吴蕴初、刘鸿生、荣毅仁等人就主动认购十几万至几十万分不等。工商界表现积极，很多行业都展开购债挑战，你认购10万，他认购数10万，金融业甚至一次认购206万分，逼得作为沪上行业龙头的棉纺织业将认购额增加到212万分。[2]

至1月底，各方面总共认购700多万分，这是一个不小的成绩。然而，潜藏在这个数字背后的一些现象却并不令人满意：一是认购是一方面，是口头上的，但最根本的应体现在实际缴款上，因为只有实际缴款才能发挥真正的效力，而1月底这一数字只有285万分，仅占认购额的1/3强；二是实际缴款者大多是职工、部队机关、公教人员这些原本不作为重点对象的群体，而"殷实富户"这些重点对象却表现出"百般推诿、一毛难拔"的态度，最终的结果是：原定对这一群体300万分的认购数字，只完成了27%，即81万余分，而最后实际缴款的尚不足15%；三是在公债开售的10日内即出现了"在某些城市和个别企业的行政与工会组织，在工人中推行购买公债的工作时，发生了变相的强迫摊派现象"，虽然中央对这一苗头进行了制止，但肯定是难以杜绝的。[3]这些消极现象说明公债推销实际上并不顺畅。

"二六"轰炸猝然爆发，上海的工作重心立即转到反轰炸，但这并不意味着公债推销进度可以放缓、任务可以搁置；相反，这一任务更加紧迫，因为随之而来的就是物价的再次上涨。利用轰炸造成的人员死伤、财产破坏、生活困顿等最为具体和生动的素材，来激发人们对国民党、蒋介石的仇恨，继而告诉

[1]《上海人民广播电台1950年关于反轰炸、参朝、劝购公债、政治宣传等专题总结》，上海人民广播电台档案B92-1-49，第44—47页，上档。

[2] 庄志龄：《新中国第一公债在上海发行》，徐福生主编：《共和国风云》，第28—29页。

[3]《中共中央关于在工人中推销公债必须坚持自愿原则的指示》，中央档案馆、中共中央文献研究室编：《中共中央文件选集（1949年10月—1966年6月）》，第40页。

人们：要打破轰炸，报仇雪恨，就要全力支持人民解放军解放台湾，而支持的唯一方式就是拿出钱来买公债。在这一基本逻辑下，上海当局迅速实现了反轰炸和推销公债工作的结合。

2月7日，上海各大报的显眼位置刊登了大幅标语："反对敌人轰炸破坏的最有效的根本办法就是：赶快购买人民胜利折实公债，支援前线，解放台湾！"[1]

接下来类似的宣传材料铺天盖地：

每一个上海人，记住这困难是谁给我们的，这仇恨是谁种下的！咬定牙关，集中目标，集中力量，在目前更要以最大的努力，来完成认购三千万分折实公债的重大任务。我们要竭尽智力，跟政府来一起解决财政上的困难，好让我们的人民解放军一鼓作气，解放台湾。这是我们每一个人的责任。[2]

（上电工人张来发）临死前清醒了一阵，对儿子和妻子说："我这次是被美帝和蒋匪帮害杀的，你们要认清敌人，努力支援前线，解放台湾为我报仇！"他还表示要家人在死后不要铺张，要节约，省了钱好买公债。[3]

老怡和纱厂死难烈士家属徐金山沉痛地说：前次老怡和被匪机轰炸，我的母亲被炸牺牲了，使我变成一个孤儿。但是悲伤是没有用的，我们只有尽力购买胜利折实公债，支援人民解放军，解放台湾，彻底消灭国民党反动派。自从老怡和被炸后，我每天把吃早饭的钱省下来，购买了二分公债，希望大家都跟我一样，钱多者多购，钱少者少购，共同努力，为解放全中国、消灭反动派而奋斗！[4]

……

公债推销也随着反轰炸宣传的全面开展而更加深入到里弄街巷，深入到

[1]　《文汇报》头版头条，《解放日报》第2版头条。

[2]　《编者的话》，《文汇报》1950年2月8日，第2版。

[3]　《血仇必报！记劳动模范张来发的死》，《解放日报》1950年2月10日，第1版。

[4]　《反对美帝蒋匪滥炸暴行，上海人民追悼死难同胞》，《文汇报》1950年2月13日，第1版。

民众心中。“由于动员宣传，一般居民逐渐认识到要完成反轰炸任务，根本办法是解放台湾，要有效地支前，购买公债就是回答美蒋匪帮轰炸暴行的具体行动。”购债运动的真正热潮被掀起了：江苏路同德酱园店主黄象列，接受该店店员购债150分的热烈挑战，宣布同德酱园劳资双方共同购买650分；贫民区振德坊居民节省日常开支共购债60分；西静区三轮车工友共购28分；绿扬别墅周太太购买61分，邻居陈中孚在第二支会成立会上宣布向她看齐，也认购了61分；百乐新村共有20户，在10日晚推销小组成立后，当场认购300分，后又加码到400分，并提出向其他里弄挑战与保证推销的口号。[1]徐家汇广元路快醒实业社20名工人响应家庭妇联委员的推销，将年夜饭的钱节省下来，购债25分。[2]中华第一纺织厂于2月6日晚召开紧急员工大会，会上宣传购债、复仇，“当场有九位同志抹干了泪，由主席朱启耀带领，都站起来加认公债。朱启耀加认十分，职员沈梓若已买了四十分，加买四十分，工友赵富妹已买了全部年奖，外加五分，这时又加了十分，工友张金弟才病好，还欠了许多债，也站起来加买四分，其他的人也都站起来加认，共一百三十分”。[3]2月15日下午2时，静常区家庭妇女在富民路古柏小学大礼堂集会，会员翁含章跑到台上去说：只要我们留下了生命，应该拿出所有的力量支援前线，救济被难的同胞，当场捐出了10美金。“会员顾静君拿出一根金链子重两许，赵富华拿出二两金子，徐植琬拿出一两金子来应战购买公债”。台下纷纷响应，捐款共达人民币60万元。[4]2月21日闸电被炸，天利淡气厂送去200万元慰问金，闸电工会婉拒，但天利坚决不收回，“最后还是由闸电建议用来买公债，才得到两方的满意”。工商界更是纷纷加码：棉纱商业先期认购30万分，2月6日后又加码5万多分；皮件商业的反轰炸动员会上预定的35 000分目标不到一小时即售完。公债的交易场所也在反轰炸后更加热闹：2月9日、10日两天，“中国

---

[1] 《里弄购债初步展开》，《解放日报》1950年2月14日，第2版。
[2] 《发起加码购债运动》，《解放日报》1950年2月12日，第2版。
[3] 《中华第一纺织厂工友以加购公债支援前线》，《大公报》（上海）1950年2月8日，第4版。
[4] 《反对轰炸的动员会上》，《文汇报》1950年2月22日，第5版。

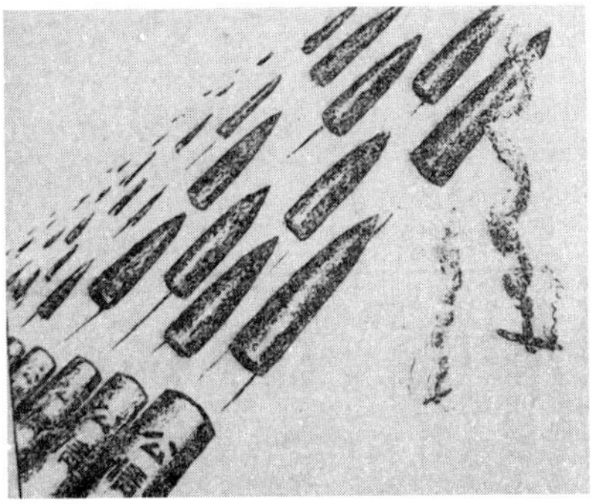

图8-6　反轰炸运动与购债运动的结合(1)　　图8-7　反轰炸运动与购债运动的结合(2)

资料来源:《文汇报》1950年2月16日,第6版;2月12日,第1版。

银行经办折实公债部分,整天的拥挤折实公债的,两天来所售的笔数和分数,就超过了以前售出总数的二分之一。应付柜台的二位同事,为了赶办认购人的支票交换,午饭也不吃,都要做到午夜才能将当天的工作结束”。[1]

总的认购数和实际交易数可以说明媒体的报道并非夸张:轰炸前后比照,从1月5日至2月6日,累计认购1 500多万分,平均每天认购的数目不足60万分。自2月6日至14日,8天时间增加了700多万分,平均每天认购90多万分。[2]截至3月底的公债原定推销期限,认购数字为3 068多万分,超过任务2.3%。但由于轰炸造成上海工商企业的运营困难加大,工厂、商店停工停业者达数千家,缴款难度加大,至3月底,实际缴款数目累计为2 221万分,约为认购额的75%左右。此后这项工作一直持续到10月底,实际缴款累计达2 542多万分,完成任务的84.76%。[3]虽然没有完成任务,但此举回笼货币达6 800余亿元,有效地帮助国家遏制了通货膨胀的恶性发展,使人民币币值和商品价格渐趋稳定,国家财政收支接近平衡,推销公债的基本目标实现了,第二期公债也未再发行。

[1]　《中行职工日夜工作,公债经销分数剧增》,《解放日报》1950年2月12日,第2版。
[2]　《本市购债逾二千万分》,《解放日报》1950年2月16日,第5版。
[3]　《上海市推销人民胜利折实公债史料》,《档案与史学》1999年第3期。

台湾国民党当局当然不愿看到大陆经济稳定、政治升平，对于中共推出的公债政策，他们感到惶恐与不安，于是采取措施加以阻止破坏。2月25日，南市区大东门中华路大来糖行老板姜志贤接到恐吓信，内容是："先生买了二千分公债，很好，现本部向先生借款三千万元，折合黄金20两"，署名"东南人民反共救国军第五纵队司令胡加权"。这是利用特务进行恐吓。[1]5月，国民党从舟山撤兵，蒋介石发表广播词，声明"我还会回来的"，至多一年时间，希望盼其归来的大陆同胞"百般忍耐"，同时他"对同胞有一个要求"，就要希望大家"不要买他的公债、不纳粮、不参军"。[2]蒋介石的"殷殷期望"，传递出他对于中共建政初期建立的各项奇迹的震撼与无奈。

在被轰炸之后主动出击的余地已经非常有限的情况下，党和政府通过对局势的深刻洞察，精心部署，在完成反轰炸各项宣传目标的同时，利用矛盾、解决矛盾，将对关乎国家政局稳定和经济好转的两个最主要举措的宣传嵌入反轰炸宣传之中，实现了主动出击，无疑是一项明智的决策。

---

[1] 《关于"二·六"轰炸前后本市人民防空工作的情况资料》，上海市人民防空办公室档案B120-1-69，第119页，上档。

[2] 《为舟山海南撤军事对全国同胞之广播词》，档案号132/52，中国国民党文化传播委员会党史馆藏。

第九章
“解放领空”

国共内战中，国民党陆军一溃千里，海军舰船也多有损失，但空军却始终在对解放军的袭扰中占尽优势和先机，使对方毫无招架还手之力，并且作为内战中保留最完整的兵种，成为其败退东南沿海后实施报复、威胁的主要本钱。当时国民党飞机在解放区上空飞行和执行任务的姿态是很从容和轻松的，不用担心受到什么损失。1949年2月25日，国民党主力巡洋舰“重庆”号起义，蒋介石在惊恐懊恼之余派空军持续追踪轰炸达半月之久，终于在3月20日将其炸毁，迫使其自沉于葫芦岛港内。6个月之后的“南昌”号驱逐舰也同遭此厄运。据杨树浦电厂目击者描述：“二六”轰炸发生时，“气候及视线极佳，来攻击之飞机由地上可用人目清楚见到。杨树浦发电厂有15具高烟囱集中在一较小地区上，其中一具高达350尺。此外电厂之西贴邻有3座能容11万桶燃油之油箱，可以作为无可错误之轰炸目标”。[1]这说明国民党完全是蓄意轰炸，也说明他们投弹很从容，并未受到地面防空火力的阻击。

---

[1] 《上海市公用局有关上海电力公司1950年“二六”轰炸杨树浦发电厂之报告》，上海市人民政府档案B1-2-390，第10页，上档。

一、解放初上海的防空困境

中国人民解放军之所以在国民党空袭面前表现出这样的劣势，主要源于解放军武器装备太过落后。1949年8月15日正式组建的防空飞行部队，拥有的多是缴获并经过七拼八凑修复的日、美旧飞机，也有一些起义过来的，总数不超过80架，其中仅30多架可参战，其中P-51歼击机19架、P-47型歼击机1架、蚊式战斗轰炸机3架、B-25型中型轰炸机1架、B-24型重型轰炸1架、C-47运输机2架、C-46运输机3架、小北美教练机1架、PT-19教练机2架、L-5通讯机1架，其余的只能用于平日的飞行训练。而有限的作战飞机均用以拱卫首都空防，无法顾及其余要害城市。高射炮部队共有13个团，其中有10个团是新成立的，战斗力甚弱。[1]1949年10月25日，中央军委正式任命了空军领导机构成员：司令员——刘亚楼；政治委员兼政治部主任——肖华；参谋长——王秉璋。11月11日，中国人民解放军空军司令部宣告成立。然而直到此时，解放军依然没有一支作战航空兵部队。

上海的军事防空体系在空袭面前几近于无。1949年7月，淞沪警备司令部成立了防空处，负责筹划上海的城市防空，并与上海市公安局等部门联合成立了上海市人民防空委员会。为了侦察和掌握国民党飞机的动向，从接收国民党遗留的十几部旧雷达中，挑选了两部较好的，稍加整修后，架设在提篮桥附近安国路的一幢六层楼上，成立了一个雷达队负责对空警戒。然而由于技术人员的缺乏，这两部雷达依然没有在实战中派上用场，只能在浦东和市区建立了七八个目力观察哨，肉眼监视国民党飞机动向。淞沪警备部队当时没有一门高射炮，只有3个高射机枪连，配置在市区中心的高楼上，负责上海党政机关驻地的对空警戒。江南造船厂和杨树浦发电厂、自来水厂等重点企业，由连队集中轻、重机枪，白天到高楼和厂房顶上值班，对空警戒。解放军基本是

[1]　沈志华：《苏联专家在中国（1948—1960）》，第93—94页。

陆军，没有防空作战经验。当国民党飞机到来时，战士们用肉眼寻找目标，然后对空中射击。机枪的射程仅为1 000多米，而国民党飞机投弹时飞行高度多在3 000米以上，因此对它们基本上构不成威胁。高射机枪由于缺乏组织指挥，也发挥不了多大作用。

1949年8月3日，国民党飞机轰炸上海江南造船厂后，中共中央华东局和华东军区向中央军委求援。10月，军委命令华东军区组建5个高射炮团，赴沈阳接受苏联援助的高射炮并进行突击训练。每个团配备苏制85毫米高射炮12门、37毫米高射炮24门。其中第十一、十四团负责保卫上海，11月底到达，这就是“一・二五”（即1月25日）和“二六”轰炸发生时上海最主要的防空力量了。“二六”空袭时，国民党B-24轰炸机做水平投弹，其余飞机均环绕目标进行俯冲投弹，不紧不慢，而后扬长而去。由于雷达发现不了飞机，目力观察哨观测距离过近，轰炸机飞临市区上空，防空部队才释放空袭信号，市民根本来不及疏散隐蔽。另外，高炮部队组建不久，数量少，且缺乏雷达预警，无法提前发现目标。高炮射手技术生疏，指挥不熟练，射击混乱，不会环绕目标射击。虽然进行集中火力射击，但射击时机过晚，所以一架飞机也没有击落。[1]

这就是当时中共上海政权在遭受空袭时的无奈状态。这种情况下，全市上下能不惶恐乃至慌乱吗？更令人感到绝望的是这一状况在短时间内没有根本好转的希望，而国民党空军的下一波更大规模的空袭随时可能发生！所以，陈毅当时说：“我们解放了上海，只解放了领土，还没有解放领空，上海只能算解放了一半。不掌握制空权，上海是不能生存的。”[2]“解放领空”的任务在敌机逼拶之下再也没有耽搁的余地。

在军事部署方面，上海方面本身能做的很有限。2月6日当天，淞沪警备司令部调整高射炮部署，把仅有的两个团集中起来保卫发电厂。淞沪警备司

---

[1] 刘统：《1950年中苏联合上海防空保卫战》，韩钢编：《中国当代史研究（一）》，第189页。

[2] 中国人民解放军上海警备区政治部、中共上海市委党史研究室编：《警备大上海》，第133页。

令部成立高射炮兵指挥所，加强对现有高炮部队的训练，提高实战技能。为了让仅有的雷达发挥作用，提供敌机袭击的预警信息，陈毅于2月16日发出指示：立即抽调交通大学电机系四年级部分学生，前往华东军区淞沪警备司令部防空处安国路雷达部队进行突击学习，尽快掌握雷达操作技术。当天下午交大电机系电信组四年级的21名学生即响应号召赴防空处报到，次日上午即开始值班，也就是说这批没有任何实战训练的大学生从接受任务到参加战斗值班用时还不到24小时，但他们却成了解放军历史上的第一代有着大学学历的雷达操纵员。但最初一段时间，雷达依然发现不了敌机，后来请了抗日战争时期在缅甸战场远征军中操控过雷达的交大讲师蒋大宗和上海国际无线电台的总工程师钱尚平进行技术指导，前后耗时一个多月，终于在3月20日上午9时通过雷达在国民党飞机飞往上海途中尚有250公里的距离时将其捕捉，高炮部队集中火力待敌才有了条件。[1]

然而，上海方面仅仅凭借这些装备肯定还是无法抵制国民党飞机入侵。无计可施之下只能继续向中共中央汇报求援。自1月下旬至2月中旬，华东军区连续4次电报中共中央军委，要求加强上海的防空力量。但是，要让人民解放军从一个基本上是单一的陆军军种，很快按现代防空要求组建和部署上海的空中防务，不是一件轻而易举的事。中共中央军委除指示华东军区立即加强防空的组织领导，增强上海的防空力量外，又于2月8日急调在沈阳接收装备并训练的原来准备列入保卫首都北京作战序列的华北军区高射炮第十七、十八团南下上海，加强上海地区防空。两个团于2月17日和18日到沪，受淞沪警备司令部高炮指挥所统一指挥。加上之前的第十一、十四团，至此上海共有4个高炮团担任对空警戒任务，重点保卫发电厂、火车站、码头、油库、机场，国民党飞机肆意低空炸射的情况少了很多。

---

[1]　叶介甫：《我军第一支雷达部队的组建》，《传承》2010年第31期。

二、中苏合作为上海防空提供契机

尽管此时上海防空依然处于被动局面，威胁继续存在，但当时的中苏合作为此问题的解决提供了良好的契机。

毛泽东率中国党政代表团于1949年12月6日以为斯大林祝寿为名启程访苏，16日到达莫斯科，1950年2月17日离开，在苏联“扎”了足足两个月，其间万般折冲，为新中国博取了大量现实利益。此行的一个重要目的是获取作战飞机，因此随行的有空军司令员刘亚楼等人，但目标指向主要是为解放台湾做准备，而非城市防空。围绕此目的，中共领导人进行了很多活动。1月，刘亚楼向苏方订购了各型飞机586架，其中拉-9歼击机280架，图-2轰炸机198架，教练机和通信机108架。[1]毛泽东与刘亚楼多次在莫斯科商谈空军事宜，2月6日当天，在未收到国内电报的情况下，毛泽东、周恩来一行参观了莫斯科的飞机制造厂。[2]

“二六”轰炸发生后，华东局和上海方面急电中央，主持工作的刘少奇将情况转报于毛泽东，毛泽东转而与斯大林商议，请求苏联出动空军予以支援。此时《中苏友好同盟互助条约》的主要内容已敲定，斯大林对于毛泽东的疑虑加深，对于中苏同盟的前景也充满怀疑，因此，他不愿意无条件帮助中国，提出苏中要签订一个《补充协定》，规定：“在苏维埃社会主义共和国联盟远东边疆与中亚细亚诸共和国的领域内，同样在中华人民共和国东北与新疆的领域内，不给予外国人以租让权利，并不准许第三国的资本或其公民以直接或间接形式所参加之工业的、财政的、商业的及其他的企业、机关、会社与团体的活动。”[3]而且，应苏联方面要求，这个《补充协定》与旅顺口、大连和中长铁路的议定书一起，不予对外公布，作为中苏之间的“秘密协定”。斯大林把苏联与

---

[1] 沈志华：《苏联专家在中国（1948—1960）》，第98页。

[2] 汪东兴：《汪东兴日记》，北京：中国社会科学出版社，1993年，第199—200页。

[3] 《中国与苏联关系文献汇编》编委会编：《中国与苏联关系文献汇编：1949年10月—1951年12月》，北京：世界知识出版社，2009年，第139页。

东北、新疆接壤的两个地区作为对等，其实苏联那些地方是没有人去的，无非是想以“二六”之后的上海空防危局为要挟，在中国的东北和新疆搞两个势力范围。根据俄国档案材料，2月11—13日，双方代表进入了一轮新的谈判，主要针对《补充协定》。周恩来问：第三国指的是哪些国家？东北原来就有许多朝鲜人，不也是第三国人员吗？斯大林回答说：“主要是指美、英、日。”毛泽东不肯签这个文件，斯大林则坚持。中方考虑当时美、英等是敌视中华人民共和国的国家，为了照顾中苏团结的大局，也是在上海防空的严峻形势迫使之下，只好让步。至此，斯大林才表示要把东北和北京的敌伪财产由中方接收，并派出防空集团赴上海支援。这就是后来周恩来所说的，“两个势力范围交换两个东西”：一是在上海对中方提供空中保护，二是给一点敌伪财产。[1]

2月17日，毛泽东离开莫斯科当天致电刘少奇并转饶漱石：“积极防空，保卫上海，已筹有妥善解决办法，不日即可实施。上海工厂不要勉强疏散，尽可能维持下去。但对上述防空办法，务须保持秘密，以期一举歼敌。”[2]从毛泽东的语气看来，此时他对于打破轰炸已经胸有成竹了。

三、中苏联合防空体系的构建

实际上在谈判期间苏联方面已着手调派部队。他们决定派出的是一个由多兵种组成的约3 500人左右的防空混合集团军。这是一支经过第二次世界大战洗礼的英雄部队，也是苏联空军的精锐部队，承担首都莫斯科的对空警戒任务。2月12日傍晚，莫斯科防空军区司令莫斯卡连科上将紧急召集军区参谋长巴基斯基中将交代任务，决定由巴基斯基出任防空集团军司令、斯柳萨列夫任副司令。该集团军由5部分构成：司令员巴基斯基中将领导的编队指挥

---

［1］ 刘国新主编：《中华人民共和国历史长编（1949—1956）》，南宁：广西人民出版社，1994年，第111—112页。

［2］ 刘统：《1950年中苏联合上海防空保卫战》，韩钢编：《中国当代史研究（一）》，第191页。

人员、师长亚库申上校领导的第106歼击航空兵师、师长斯皮里多诺夫上校领导的第52高射炮兵师指挥人员、团长李森科上校领导的探照灯团、米哈伊洛夫少校率领的独立无线电技术营。

巴维尔·费多洛维奇·巴基斯基，生于1910年，1924年参加苏联红军，1938年加入苏共，苏联英雄。中国抗日战争初期曾作为顾问来华指导对日作战。卫国战争期间先后在乌克兰和白俄罗斯方面军中任军长，参与了解放波兰、歼灭东普鲁士德军重兵集团、攻克柏林和解放布拉格的战役，建立了卓越功绩。1948—1950年任莫斯科防空军区参谋长，1950—1953年任空军副总司令兼参谋长，期间参与了逮捕贝利亚的行动。1954—1965年任莫斯科防空军区司令，1966年任国防部副部长兼国土防空军总司令。1968年被授予苏联元帅军衔。1984年去世。[1]

2月16日晨，巴基斯基与各部队指挥员从莫斯科中央机场登上飞机，沿莫斯科—喀山—斯维德洛夫斯克—赤塔—哈尔滨—北京的路线，17日上午飞到中国，降落北京机场。当天，苏军将领拜会了朱德、周恩来和聂荣臻等领导人。下午即到达南京，华东军区副司令员粟裕向其介绍了国共双方力量对比的情况。19日下午3时，苏军指挥班子抵达上海，与华东军区司令员陈毅会晤。陈毅向对方着重介绍了华东军区保卫上海的兵力和装备，上海这座城市有哪些特点，最需要保护的重要工业区和运输枢纽的分布情况，使苏军指挥员尽快熟悉和掌握情况。其后，巴基斯基将作战指挥所设立在上海虹桥路，将苏联空军的主要基地设置在虹桥机场。3月1日，中央军委命令华东军区航空处机关人员从南京迁到上海，与淞沪警备司令部防空处和上海防空指挥部合并组成淞沪防空司令部，郭化若兼任司令员和政委。巴基斯基等苏联指挥员指导上海市防空司令部在淮海中路1189号开设了要地防空合成指挥所，建立了中苏协同作战关系。根据中苏双方政府的协议，巴部负责担任长江南岸到杭州湾北

[1] 《苏联军事百科全书》中译本编辑组编:《外国著名军事人物(上)》,北京:知识出版社,1980年,第142—144页。

图9-1　1950年5月朱德与阔日杜布等人谈话时的情形
资料来源:《人民日报》1950年5月20日,第5版。

岸,以上海虹桥机场为中心、150公里半径(但向东不能超过海岸线)以内地区的防空任务。[1]

第106歼击航空兵师是这个集团的主力,有3个团:帕什科夫上校率领的第29近卫歼击航空兵团,有40架米格-15战斗机,是苏联首个将这种喷气式战斗机投入实战的部队;马卡罗夫上校率领的第351歼击航空兵团,有45架拉-11歼击机;谢苗诺夫上校率领的第829混编航空兵团,有30架图-2和伊尔-10战机。[2]该师包括多位"苏联英雄"获得者,包括时年30岁的苏联空军第一王牌飞行员、三次获得"苏联英雄"称号的阔日杜布。3月7日,第351团先期抵达徐州机场。13日起第29团和829团也陆续在徐州机场完成集结,随即呈战斗队形展开。3月20日,歼击机团先遣队抵达上海。从4月1日起,该师调整了部署,开始正式用两个航空兵团——第29团全部(40架战机)和第351团的一部(25架战机)直接防卫上海。其中第29团部署在大场和虹桥机场,351团

[1]　刘统:《1950年中苏联合上海防空保卫战》,韩钢编:《中国当代史研究(一)》,第192—194页。

[2]　李学实:《建国初的中苏上海防空保卫战》,《联合日报》2014年11月22日,第1版。

在江湾机场。第351团的其余战机和第829团暂时留在徐州机场，承担对国民党参与封锁的海军舰只的轰炸。[1]

其他的部分：探照灯团，有36部雷达探照灯、72部跟踪探照灯，以排为单位，分别部署在上海市区、市郊和浦东；雷达营，有波3A、波3K雷达16部，以连(站)为单位，分别部署在上海市及其外围，如南汇、苏州、海盐、启东、镇海等地；第52高射炮兵师指挥人员担任解放军高炮部队顾问。4月1日人员装备全部到达，各项部署迅速到位，仅有线电话就架设达15 000公里，专线对讲机66对。[2]

当时上海的四个机场条件较差，均不适合喷气式飞机的起降，尤其是预备作为米格-15喷气式飞机主要基地的虹桥机场，当时只有两条平行的碎石跑道、3条滑行道、7条推机道，条件远远不够。为了迎接苏联空军的到来，上海当局在严格保密的条件下开展党、政、军总动员，突击修建和扩建江湾、大场、龙华、虹桥机场。陈毅号召，"以移山填海的气魄，排除困难，争取时间，像打淮海战役那样，打赢上海防空这场新的战争"。参加修建机场的人员达到22.3万人，动用车辆1 200多辆，实行人海战术，白天黑夜轮着干，运送砂石的船队挤满了黄浦江。苏联官兵到来后，也参加了修建机库等设施的工作，在3月雨季时，苏军士兵劳动时满身泥水，但依然保持火热劳动和战斗劲头。为支援上海防空，周恩来还亲自组织，从东北、华北、中南等地区调拨了大量粮食、物资运到上海。[3]上海警备司令部分别派第97师第290团、第99师第297团和第100师第300团共1万多人担任苏军进驻机场的警戒任务，分散各地的探照灯、雷达部队驻地也都派出部队警戒。这样就形成了"中国党政军搭台搞后勤和防卫、苏联空军唱戏空中歼敌"的上海防空体系。

[1] 荆继洪：《战斗在中国上空的拉-11》，《航空知识》2006年第2期。
[2] 叶介甫：《建国初期大上海上空的防御保卫战》，《福建党史月刊》2011年第15期。
[3] 李维民：《解放初期保卫上海领空的战斗》，《党史博览》2014年第2期。

此前的研究者多认为台湾方面对苏联防空集团入驻上海之事毫不知情，其实，虽然毛泽东命令要“务须保持秘密，以期一举歼敌”，上海方面也要求绝对保密，但实际上在为迎接苏联防空集团军做准备工作的过程中，国民党方面就已经从夹缝中获得了一些信息，并针对这些情况进行了报道和破坏。3月17日，《中央日报》援引路透社的消息称：“上海家具业最近空前繁荣，共党当局大量购置成套之客室及卧室家具，若干购办者暗示此乃用以为苏联顾问准备住所者。按上海方面已有消息，谓沪西虹桥机场区域约有房屋二千间已被征用，以供苏联顾问居住。此等顾问业已到达上海，其在沪之主要任务为修复上海各机场，预料机场修复后，将有若干飞机调沪，以防国机来袭。”[1]3月20日，苏联部分飞机刚到上海，恰逢国民党飞机又来袭扰，国民党飞行员看到“在近郊上空曾见有非美式飞机三架，仓皇向西北方向逃逸”。[2]此后几日，国民党飞机连续出动，为求证此事，在上海三机场上空反复搜索，并未发现“非美式飞机”。[3]因当时中苏还未做好对敌准备，将飞机藏在了机库之中。但是此时台湾方面已经能肯定苏联防空集团军入驻上海，3月24日《“中央”日报》刊登了一则消息：“在苏联人员监督下，虹桥机场刻已建筑地下飞机库，抵沪之苏联人员约有六千人，内有俄兵二千人。后者大部分为空军地勤人员及高射炮兵。闻苏联顾问系向莫斯科支薪，而由中共当局供给住所、运输工具及食物。建立地下飞机库一事，极守秘密，从事此项工程之工人，只准每半月探望家人一次，并须由中共兵士护送。全城已布置高射炮网，上海若干闻名建筑物中所架设之高射炮，即由俄兵管理，此等建筑物包括国际饭店、跑马厅、法国公园、外滩、龙华、江湾及虹桥机场等。在苏帝的指使下，沪匪自三月一日起，发动民众协助匪军，于每日下午6时起，赶修龙华、江湾、虹桥等机场，扬言南侵。”[4]台湾方面也竭力阻止苏联入援上海，3月14日对龙华机场的狂轰滥炸最为典型，对不

---

[1] 《俄顾问到沪任务，替匪规复机场》，《中央日报》（台北）1950年3月17日，第1版。
[2] 《我空军昨晨袭沪》，《中央日报》（台北）1950年3月21日，第1版。
[3] 《我机飞沪搜索，未发现匪机》，《中央日报》（台北）1950年3月23日，第1版。
[4] 《大批俄人派到上海》，《中央日报》（台北）1950年3月24日，第1版。

大的区域倾泻了上海解放一年间所遭空袭中最多的炸弹量。留沪特务也将重点转入对机场和防空点的破坏。相应地，上海的防特重点也从市区转向郊区，“做好苏联友人和机场、防空点的警卫工作”，从1950年4—6月间，在这些地方被破获的国民党特务案件共338起，捕获特务848名。在塘桥防空点附近，特务埋设炸药100多斤，被警备部队及时发现并排除，从而有效保卫了机场、雷达和探照灯等设备和苏联军队的安全。[1]

国民党方面之所以如此恐慌，是因为和他们相比，苏联空军具有明显的优势。从飞机数量上来看，苏联空军上海地区驻军共有115架飞机（徐州机场的苏联飞机也承担拱卫上海任务），并且绝大多数是歼击机。国民党方面集结在舟山机场的飞机主要有：P-51战斗轰炸机48架、B-25轻轰炸机5架、P-38侦察机4架。[2]加上台湾基地的飞机，总数有限，每次用于轰炸上海的也只是一小部分。从飞机性能上来看，1948年底才交付苏联空军使用的米格-15歼击机是当时世界上最先进的亚音速飞机，最大速度1 070公里/小时，最大飞行高度15 200米，航程1 782公里。机上装有一门37毫米、两门23毫米机关炮，备有200发炮弹。第106歼击航空兵师的飞行员大部分都有第二次世界大战的实战经验，是一支战斗力极强的飞行部队。而国民党空军当时最好的战斗机是美制P-51歼击机，为二战期间研制的活塞式螺旋桨飞机，最大飞行速度704公里/小时，最大飞行高度12 800米，航程3 700公里，配备12毫米机枪6挺，炸弹450公斤。执行轰炸任务的B-25轰炸机最大飞行速度467公里/小时，最大飞行高度8 540米，航程5 960公里，配备12毫米机枪10挺，炸弹4 000公斤。对比这些参数可以看出，苏联喷气式战斗机在飞行高度、速度等性能方面比国民党空军的飞机都要优越得多。其主要缺点是航程较短，但这对于防御作战没有任何影响。[3]

---

[1] 中国人民解放军上海警备区政治部、中共上海市委党史研究室编：《警备大上海》，第38页。
[2] 蒋天然：《防空保卫大上海——中苏空军打败美蒋空军纪实》，《福建党史月刊》1994年第5期。
[3] 刘统：《1950年中苏联合上海防空保卫战》，韩钢编：《中国当代史研究（一）》，第195页。

四、战场态势顷刻扭转

战场态势也在这一优势比对中顷刻扭转。3月13日，在苏联歼击机部队正在徐州机场集结时，遭到国民党P-51战斗机的空袭，苏联空军当即升空将其击落。翌日又有一架B-25轻型轰炸机飞临徐州侦察，苏联空军将其击伤并使其迫降于徐州东大湖车站附近，俘获国民党空军分队长孙希文上尉以下6人，在徐州地区两战两捷。

苏联空军的上海首战是在3月23日，当时大部队尚未进驻，由歼击机先遣队将一架正在轰炸扫射的P-51飞机击落。4月2日，又有2架P-51型飞机袭扰上海，在市区轰炸扫射，此时苏军大部队已进驻上海，喷气式歼击机立即起飞迎战，在追击过程中，精确攻击，将其中1架击落于杭州湾海中，另1架被击成重伤，在南逃途中坠毁于浙江四明山区。在前几次作战中，指挥部发现等到敌机到达上海市空后再起飞迎战，虽然敌机最终会被击落，但人民生命财产还是会受到很大损失，依然属于被动防御。因此，苏联空军调整应敌策略，针对这种上海靠前濒海的特点和空情预警时间有限的情况，采取提前起飞至敌机可能进入方向上空实施待机的战法，以将敌人所造成损失降到最低。4月28日，国民党飞机从海上进入，未及投弹即被击落于横沙，飞行员王宝翔毙命，僚机也被击成重伤，最后坠落于岱山机场海边，飞行员李长泰跳伞落于岱山岛以西海面。连续的打击迫使国民党空军一改以白天轰炸为主的空袭方式，转为冒险的夜间偷袭。

5月11日夜9时，国民党空军B-24重型轰炸机2架，携带重磅炸弹妄图趁黑夜轰炸上海，顷刻之间，驻上海的防空部队全部进入一等战斗准备，严阵以待。当第一架飞机刚进入探照灯照射区域，即被精确照中和不间断跟踪。夜航驱逐机和地面高射炮紧密协同，交替轮番射击，这架飞机很快被击中，坠落于浦东塘桥，机上国民党空军第8大队大队长和作战课长等毙命。另1架在上海境外仓促投下炸弹即遁去。[1]第二天的《解放日报》以《血债必须血还，一架匪机被击落》的大标题，报道了国民党轰炸机被击落的消息和飞机残骸的照片，其中一块碎片上印着“美国加利福尼亚州”字样。这个消息使被空袭轰炸压抑多日的上海军民感到兴奋，人们纷纷跑到浦东看敌机残骸。《解放日报》的一则消息记录了当时群众的激动情绪：

> 自从5月11日夜间我人民解放军防空部队击落一架B-24式轰炸机后，当夜消息就传遍了全上海，人们有声有色地描述着我严密的炮火扫射飞机，以及飞机像火球一样沿着弧形线坠地时的情景。当夜报馆的电话应接不暇，一个接着一个的读者兴奋地证实这一消息，在浦东警戒匪机残骸的警备部队也连夜接到正在与困难搏斗的鸿丰纱厂工人们的要求，他们都希望能够集体去参观，附近的几个中学更是迫不及待，争先抢后，络绎不绝地跑去参观，码头工会、华东煤总分会的纠察队出动了一个分队，分为两班帮助警备部队维持秩序，离开匪机坠落的火坑只有50公尺的附近居民和公安局派出所的工作同志们都赶来协同搜索逃跑的两名匪空军人员，他们一夜都没有睡觉，不知疲倦地清理敌机的残骸，一直工作到天亮，从各方面过江来浦东参观的人，更是络绎于途，就像是赶庙会一般。[2]

虽然国民党方面已经获悉这是苏联空军所为，但上海方面还是严格保密，从未予以承认。报纸只笼统地说国民党飞机“被我防空部队击落”。在陈毅举行的记者招待会上，外国记者问他是用什么武器击落飞机的，陈毅说是用高射炮打下来的。有的记者问：“高射炮能打这么高吗？”陈毅风趣地说：“它能

[1] 《上海军事志》编纂委员会：《上海军事志》，第487—488页。
[2] 《参观匪机残骸记》，《解放日报》1950年5月15日，第1版。

飞多高我们就能打多高!”[1]

在不到两个月的作战中,以苏联空军为主要力量的防空部队六战六捷,取得了辉煌战果,上海的防空颓势终于得以扭转。

也正在此时,一个从根本上清除国民党对上海的空袭威胁的“利好”事件发生了,那就是舟山群岛的解放。在国民党方面看来,“雄踞东海的舟山群岛”,“北制长江口,西控杭州湾,南望象山港,扼东海航道的要冲”,“不仅是敌人的盲肠,也是敌人的坟墓”。[2]它“既是关闭匪港,轰炸匪区的海空基地,同时也更是未来国军反攻登陆的第一块跳板”。[3]“上海撤守以后,舟山群岛成了国军海军的重要根据地,空军从此起飞,轰炸京沪杭地区,摧毁匪军工业,破坏匪区交通;海军舰队,以此为基地,巡逻海岸,执行关闭匪港任务。”[4]解放军进攻沿海岛屿的行动之所以屡屡受挫,对台湾的总攻准备之所以迟迟未能完成,就是因为国民党有舟山基地的存在,“就是因我们海空军也是同样地日以继夜的努力,在破坏他们的准备,他沿海的炮位、港湾中的船只,随时遭到我们海空军的扫荡。这种扫荡的效力,如果达到一定程度,就可以使敌人的准备永远无法完成,攻势永远无法发动”。[5]舟山基地如此重要,所以蒋介石非常重视。1949年1月他刚宣布“下野”,就命令蒋经国亲自监督定海机场的扩建工程,使其能够起降大型运输机和轰炸机。淞沪弃守,汤恩伯的军队就是靠着定海机场起飞的空军掩护才得以安全逃离。蒋经国回忆:“记得父亲引退之后,交我办理的第一件事情是希望空军总部,迅速把定海机场建筑起来。那时,我们不大明白父亲的用意,只能遵照命令去做,父亲对这件事显得很关心,差不多每星期都要问机场工程已进行到何种程度了?后来催得更紧,几乎三天一催,两天一催,直到机场全部竣工为

[1]　中国人民解放军上海警备区政治部、中共上海市委党史研究室编:《警备大上海》,第63页。
[2]　《舟山海陆空军上月战果统计》,《中央日报》(台北)1949年12月2日,第2版。
[3]　《战地归来》,《中央日报》(台北)1949年9月7日,第2版。
[4]　《加强舟山群岛防务》,《中央日报》(台北)1949年9月14日,第1版。
[5]　《扭转局势,确保舟山》,《中央日报》(台北)1949年12月22日,第2版。

止。”[1]1950年初起，国民党空军又开始以机械和人力平山填海的方式修建岱山机场，耗资4 000万元，历时近半年，完成了2 000米长的跑道，用以停放B-29重型轰炸机。如果让其如愿，国民党空军的轰炸半径和杀伤力会增大数倍。

正是由于国民党舟山基地对上海和华东区构成的巨大威胁，三野一直在寻机拔除这根钉子，但1949年11月初登步之战失利后，解放军全军上下均意识到渡海登陆作战和陆地攻坚战存在根本区别，尤其是在不掌握制空权和制海权的情况下，根本不可能取胜。并且从11月开始到1950年4月，国民党统帅部又先后将52军，以及40、45、92三个师和19军的两个师海运到舟山群岛，使当地的总兵力从5万增加到12万。舟山国民党军举行了几次海陆空三军联合攻防演习，发挥三军联合守备力量，提高防御技能，在舟山本岛加强防御体系，并不断派飞机轰炸袭扰解放军，使解放军筹集的船只遭受不少损失。“二六”轰炸后，中央军委命令三野集中力量，充分准备，彻底解决舟山的国民党军队。但是鉴于金门、登步的教训，一定要集中优势兵力，做好充分准备。如果条件不具备，宁可推迟。[2]三野没有耽搁，1950年上半年，准备工作一直在紧锣密鼓地进行中，但按照各项武器装备和场站设施的筹备进度，应到6月才能完成。

5月1日，四野攻占了海南岛，拔除了国民党沿海防线上的一颗大钉子。解放军的关注重心放在了舟山群岛。国民党统帅部也获悉了解放军攻取舟山的准备工作已基本完成的消息，鉴于苏空军进驻上海后，国民党“空中优势不能确保”“敌近我远，支援不易”和“补给线长，运输困难”三大原因，国民党开始考虑舟山撤军。5月9日，国民党舟山部队统帅石觉奉命秘密飞往台北参加蒋介石召开的舟山撤军会议。10日，石觉回舟山调兵遣将。13日，

[1] 蒋经国：《我的父亲》，台北：三民书局，1975年，第50页。
[2] 刘统：《跨海之战：金门·海南·一江山》，北京：生活·读书·新知三联书店，2010年，第258页。

第一批部队52军开始登船。那几天舟山持续大雾，给国民党军的撤退提供了掩护。晚上又雾散天晴，为国民党军集结登船输送提供了方便。到17日晨，最后一批国民党军登船到外海集结后，石觉下令海空军掩护，船队以疏散队形向台湾航行。5月20日，部队全部到达台湾各港口登陆。共计撤出人员12万5千人，战车121辆，卡车180辆，另有大批武器弹药，还有随行群众5 000余人、临时抓获壮丁1万余人。临行前，国民党空军炸毁了启用仅4天的岱山机场。[1]

获悉国民党军队舟山撤退的消息，负责进攻舟山的三野七兵团迅速出击，逐岛进占，5月20日实现全部占领。国民党舟山撤退被认为是一场决策英明、指挥得当的"逃亡大胜利"，使得三野歼敌12万于舟山的计划落空，并使台湾防务因兵力的增强而得以巩固。有人认为"这是一个关键的历史节点"："如若解放军成功灭掉驻舟山群岛的国民党军，使其丧失全部实力四分之一的基干部队，那么台湾就无坚兵可守、无精兵可用，防务空虚，则有可能造成台湾内部极度混乱，或者迫使蒋介石第四次下野，最终结束内战分裂局面。"[2]其实，如果没有朝鲜战争爆发的话，这一假设可能成立。推后一个月看这一问题，或许可认为海南岛和舟山群岛的顺利解放都是一种莫大的幸运，因为朝战爆发之后，美国第七舰队游弋东海，那时候不一定能有机会攻克这两个至为重要的战略基地，而如果舟山和海南岛的楔子拔除不了，沪宁杭、广州等重要城市就会长久笼罩在轰炸阴影之下，20世纪50年代浙东和海峡西岸的情况均能说明这一点。

舟山解放的消息，使上海人民感到欢欣鼓舞。《解放日报》5月21日在头版以套红标题报道："舟山群岛全部解放，上海封锁宣告解除！"几天后，来自舟山的渔船陆续到达上海十六铺码头，满载新鲜的大黄鱼、带鱼，上海百姓的饭桌上又摆上了久违的舟山海鲜。战争和空袭的阴霾一扫而光，上海人民真

[1] 刘统：《跨海之战：金门·海南·一江山》，第269页。
[2] 唐洪森：《国民党军撤守舟山群岛史事辨析》，《民国档案》2012年第4期。

正和平安定的生活开始了。[1]5月底，在金门饭店召开的防空作战胜利总结大会上，陈毅宣布上海防空戒严令从6月1日起解除。上海领空的彻底解放，为各项工作的开展尤其是国民经济的恢复和发展创造了条件。6月，巴基斯基中将奉调回国，被任命为苏联防空参谋长，斯柳萨列夫空军中将接替他的职务。

苏联空军在保卫了上海地区安全的同时，又接到一项新任务：为解放军紧急培训飞行员。为早日实现解放军空军保卫领空和解放台湾的目标，1950年6月19日，解放军第一支作战航空兵部队——混成第4旅在南京宣告成立，当时对外代号称“中国人民解放军太平洋部队”，旅长是“渡长江、战上海”的猛将聂凤智。该旅下辖两个歼击机团（10团和11团）、一个轰炸机团（12团）和一个强击机团（13团）。[2]每个团有3个飞行大队，大队飞行员许多都是中共所办的东北航校的第一代毕业学员，后来在抗美援朝战场上立有殊勋，成为中国空军的优秀指挥员，如后来担任空军司令员的王海上将（当时任第10团二大队中队长）、副司令员林虎中将、北京军区空军司令员耀先中将、济南军区空军司令员林基贵中将等。10团和11团先后于7月25日和29日进驻上海。为了展现解放军空军的风采，增强全市民众的信心，“当10团乘坐的军列驶进上海闸北火车站后，他们以严整的军容、饱满的精神和整齐的列队，在响亮的军号声中，迈着军人的步伐走出车站，与英雄的上海人民见面了。他们登上20多辆从国民党军队缴获的胜利品——美国式大卡车，浩浩荡荡地通过了繁华的四川路、南京路、淮海路……直驱郊区的龙华机场。欢腾的人群互相奔走相告，两路旁的人们自发的热烈鼓掌，高兴地欢呼跳跃，人民高兴上海的天空有了自己的保卫者了”。几天以后的台湾报纸上赫然刊登出一条新闻：“中共精锐的

---

[1] 刘统：《跨海之战：金门·海南·一江山》，第272页。

[2] 关于空军第4混成旅的番号确定，首任空军司令员刘亚楼说：“我考虑了很久，还是叫第4旅好。我们要效仿毛主席的做法，他在井冈山创建第一支中国工农红军部队时，开始就叫红四军，没有叫红一军嘛！我看应叫‘空军第4旅’，这里有一个继承和发扬红军光荣传统的问题，也有利于这支部队建设。”郭贵保：《组建空军第一支航空兵部队》，《航空史研究》2000年第2期。

喷射部队抵沪！”经中苏两国政府商定，苏军防空集团军将全部装备有偿转让给中国，并帮助培训进驻上海的两个团，改装米格-15和拉-11战机。10团驻大场和虹桥机场，接收苏军第29团的米格-15战机，并由该团负责训练。11团驻江湾机场，接收苏军第351团的拉-11战机，并由该团负责训练。华东军区又从华东军政大学本科学员和干部中抽调1 100余人到上海组建探照灯团，接收苏联探照灯装备。经过两个多月的艰苦训练，到10月中旬，各作战单位初步掌握了改装机型的驾驶技术，能达到在白天简单气象条件下执行单机、双机和4机编队水平。10月17日，陈毅等上海和空军领导人代表中共中央军委主持了正式接收苏军巴部装备的仪式。同日，中共中央军委发布命令，规定空军混成第4旅两个驱逐机团从1950年10月19日零时起，正式负责担负保卫上海的防空作战任务。[1]至此，苏联空军巴基斯基中将率领的防空集团军已胜利完成了在上海的空中设防和训练空军飞行员的任务，于10月下旬分批离沪回国，或赴中国东北归建。为答谢这支部队在打破国民党轰炸中所作出的功绩，中共华东军区司令部、政治部向防空集团全体指战员颁发了特制的“上海防空纪念章”。

中共利用当时特殊的政治、军事、外交形势，终于在“解放上海领土”、掌握上海政权一年之后，艰难地取得了上海的制空权，从而赢得了“最后一战”的胜利。从此，上海的民众不必再在军事打击的惶恐心绪下工作生活，国民经济的恢复与发展以及政治上的种种伸张也才有了相对可靠的基础。

在上海进行紧锣密鼓的反轰炸部署之时，国民党飞机四处出动，轰炸目标北到青岛、蚌埠，南到福州、广州，遍地开花，并且炸电厂“上了瘾”，先后炸毁了南京和杭州的发电厂，给两地带来了很大困扰，也使上海的防空部署更为迫切。此期的轰炸重点目标集中在宁波、福州、广州前线，致使解放军的渡海作战计划一再迟滞。

---

[1]　郭贵保：《建国初期的上海防空》，《航空史研究》1999年第3期；朱秉秀：《解放初期的上海防空》，《军事历史》1994年第3期。

5月11日，B-24飞机的被击落和几天之后舟山群岛的解放，标志着上海防空形势从根本上好转，此后国民党飞机窜犯上海均带有一定的投机性，其中不乏造成较大损失的烈性事件。但一方面出于人心稳定的考虑，另一方面由于当时上海的防空体系已能阻止事件影响的无限蔓延，因此上海当局对其宣传采取淡化处理。以下将1950年5月以后历次国民党空军对上海的投机轰炸事件进行梳理：

6月25日，朝鲜战争爆发，美国反应激烈；6月27日，第七舰队进驻台湾海峡，从此国民党方面有了保护伞，又有了“反攻大陆”的精气神，就在两天以后，即6月29日，派多架飞机入侵上海，轰炸了中华新路、沪太路、宝源路、启东路等处，炸死炸伤500余人，炸毁房屋1 000多间。这是中苏联合防空期间国民党飞机制造的最大破坏事件。[1]

10月19日，亦即人民解放军空军接过保卫上海领空重担的第一天，国民党飞机空袭了金山朱行、观俺两地，炸死10人。

鉴于抗美援朝战争爆发，保卫上海的空军混成第4旅旅部和第10团奉调北上参战。11月25日，以华东军区抽调的干部为基础在上海成立空军第2师，师长刘善本。原混4旅所属的第11团划归空2师，改番号为第4团。又以步兵独立第208师第624团团部为基础，新组建第6团，归空2师建制。该师接续担任保卫上海的任务。[2]

12月28日，中共中央华东局为加强上海市防空保卫工作的领导，决定由郭化若、聂凤智、张希才等7人组成上海市防空保卫委员会。

1951年1月某夜，国民党空军第八大队出动两架飞机轰炸当时已成为解放军驻沪空军部队主要基地的大场机场，投弹8枚。由于当时驻沪解放军空军部队还不具备夜航能力，只用防空炮火轰击，击落敌机1架。[3]

---

[1] 《上海民防志》编纂委员会编：《上海民防志·大事记》。笔者索之于《解放日报》《文汇报》等主流媒体，均未见对此事有只言片语的报道，可能是当局为了稳定局势的有意淡化。

[2] 郭贵保：《建国初期的上海防空》，《航空史研究》1999年第3期

[3] 章孟杰：《夜袭上海——解放初期蒋空军的一次轰炸行动》，《纵横》1995年第2期。

此后国民党空军袭扰上海的基本情况见下表：

表9–1　1951—1957年国民党飞机侵入上海地区的架批统计表

时　间	机型和架数	活动地区	其　他
1951年3月27日	1架	江湾地区	被解放军防空部队击落1架，机毁人亡
1951年8月25日	1架	从南汇以东海面窜入市区上空	经解放军防空部队驱逐，即仓皇向东海逃窜
1951年9月21日	1架	上海西南100公里处，离市区70公里即向东南海面逃逸	防空部队施放了警报
1951年11月29日	1架	夜间，在市区上空活动	防空部队施放了警报
1952年9月20日	B–29型1架	上海东南海面	被解放军击落佘山岛附近
1952年10月30日	7批32架	上海及上海附近	
1952年11月22日	PBV–2型1架	上海东北上空	被解放军空军击伤
1953年7月25日	F–47型3批6架	金山卫、南汇、川沙等地	被解放军击落1架
1953年9月3日	RB–25型1架	夜间，在宝山地区	
1954年2月13日	PB4Y型1架	经上海散发传单	
1954年9月9日	1架	夜间，经上海散发传单	
1955年4月9日	1架	经大场、虹桥侦察	
1955年4月13日	1架	经上海附近侦察	
1955年4月14日	1架	青浦附近侦察	
1957年4月15日	RF–84F型2架	上海以东海面侦察	1架于济州岛西南坠海

资料来源：《上海民防志》编纂委员会编：《上海民防志》，第159页。

这些均属于军事上的袭扰、报复与反报复行为，国民党方面所采取的大多是速进速出的偷袭手段，上海市区在防空部队的保卫下，基本未再遭到实质性的破坏。在1952年9月20日的空袭中，国民党空军美制B–29重型轰炸机这一庞大“空中堡垒”被驻沪空军用喷气式战斗机击落坠海。这是解放军空军航空兵在保卫上海领空作战中首次在海上超低空条件下击落对上海有严重威胁的美制重型轰炸机。从此国共空军开始了空中直接对战，并且解放军空军处于优势地位，至1957年共击落敌机8架，制止了对方对上海的骚扰。其间，解放军于1955年1月18日成功实施了一江山岛海陆空联合登岛作战，一举取得了浙江沿海的制空权，国民党空军来往上海的路线被斩断。到1958年夏季，为配合炮击金门，解放军航空兵部队入驻福建，以绝对优势压制了国民党空军对解放军地面阵地的干扰，从此大陆方面摆脱了国土防御、空中对敌中的被动局面。

1958年以后，两岸形势基本趋向于缓和。开始时国民党空军还经常派U-2高空侦察机和P-2V夜间特务飞机深入大陆骚扰，但自1962年9月9日第一架U-2被击落后，人民解放军导弹兵部队在之后几年中连续击落4架U-2，而1967年9月8日，第5架U-2被驻沪导弹部队击落于浙江海宁后，国民党空军也失去了利用高空侦察机骚扰大陆的最后一点依凭。从此，反攻大陆连采取象征手段的能力都不具备了，仅作为一个念想长留在蒋介石的脑海中。

结　语

解放战争中，国民党军队一溃千里。为了反击报复，他们只有凭借当时最主要的优势——空军空袭。于是，内战后期，国民党“丢了沈阳炸沈阳，丢了北平炸北平，丢了开封炸开封，丢了济南炸济南”的残忍丑剧一再上演。[1]作为刚刚被撵下台的执政党，穷途末路之时，竟常向民众要能耐，实施“无差别轰炸”，充分表现了它的荒唐与颟顸。依此行径而论，他们肯定“回不来了”。

作为国民党政权以前的经济中枢，上海自解放以后受到的“青睐”极多，特别是遭到持续的封锁和轰炸，屡屡将这座人口500万、经济首屈一指、承担新中国财政税收和工业品主要来源的特大城市推向绝境。上海不稳，天下大震。这也是何以相比于宁波、福州、广州、南京、杭州、青岛等地而言，上海的遭炸次数、投弹量、死伤人数并非最多，但影响和危急性最大的原因。

国民党加诸上海的封锁与轰炸是同时存在的，但也有一个主次矛盾的转化过程。1949年下半年，以封锁为主，轰炸从属于封锁，主要指向军事目标，在于强化封锁和消解解放军的出海、渡海作战潜力。轰炸在其中虽然发挥了很大的作用，也造成了很大破坏，但并未引起绝大多数人的在意，特别是政府的在意，所以应有的反轰炸措施并没有能够逐步创建。此时重点任务是反封锁，到1949年底，新中国对国内资源进行整合提升，降低了对外依存度，虽然肯定不如在“两种资源两个市

[1] 《声讨飞贼》,《大公报》(上海)1949年7月5日，第10版。

场”下发展得顺畅,但已经可以宣布敌人封锁政策的失效了。1950年初,在无法奏效的封锁还在继续时,轰炸被升级了,目标开始瞄准交通枢纽、发电厂、自来水厂、码头等民用设施。虽然此前已经有50次以上的空袭,但1月25日的轰炸和“二六”大轰炸似乎依然是在所有上海人均毫无心理准备的情况下发生的。突发事件之下,血肉模糊、断壁残垣、黑暗肮脏等满目惨象,再加上头顶每天自由出入的敌机呼啸声,让整个上海的气氛从平静转向了惶恐,由此构成了大危机!

面对危机,掌舵者很快稳住了阵脚,在没有任何应急预案的情况下,凭借自己的传统优势和解放半年内的创建与积累,按照自己的旧有套路见招拆招,并尽可能借力打力,试图“一揽子”解决当时的所有矛盾。首先是充分发挥组织优势,以党组织、工会等战斗堡垒,将全体工人动员起来,实行人海战术,将抢修、防护工作快速高效地搞起来。其次是全面履行阶级代言人的角色,在救护、救济、抚恤等工作中坚持无条件无差别对待所有遇难者,坚持将政策向弱者倾斜,使受救助者体会到极大的认同感。再次是充分发挥舆论宣传优势,准确归纳反轰炸特殊时期宣传工作的主要目标,并将关乎国家政治、经济长远发展的两个重要手段:一个是对美国的深刻批判以清除国人崇美、恐美、亲美情绪;另一个是劝购公债以增加财政收入、回笼货币降低通胀,整合入反轰炸的宣传中,采取了技术上虽不高明但很高效的宣传手段,将社会舆论引向了积极的方向。另外,短期内推出的各项紧急措施,虽然均属于反轰炸的题中应有之义,但也能充分体现执政者思维的清晰和果决。

其实,以上种种仅是中共在自己能力框架下做出的努力,但均不足以打破轰炸所造成的被动局面。直接打破它依然是一个军事问题。4个静止于阵地的高炮团加上几个时好时坏的雷达以及目力观察哨,无法将轨迹多变的国民党飞机阻之门外。当时中共所能依靠的只有苏联。恰逢中苏谈判的最后阶段,几天之后条约的签订便意味着中苏同盟的确立。苏联领导人正为出乎意愿的谈判结果困惑伤神之时,上海的危机等于为他们提供了“驳回一盘”的天赐良机,他们显然不愿意无条件出兵上海,在情势所迫下,中共领导人只能无奈让步,以

“两个势力范围”来换取苏联空军支援。于是，轰炸阴影很快在明显的优劣势对比中消散了，同时被彻底打破的还有封锁。如此，上海历史上的最后一场战争，以中共全面取胜而告终，上海经济社会和平与发展的基础从此奠定。

虽然在持续的轰炸中有数千人死伤，数万人流离，数十万人失业，数百万人惶恐，无数财产损失，但也不能过分夸大轰炸的物理影响。因为在国共鏖战的战场上，这些死伤应不算很大的记录。

相反，大轰炸和反轰炸运动的“化学影响”是巨大而深远的。第一，它是解放后上海自上而下最广泛、最有效的一次总动员。相比于之前的“冬防”、难民救济，反轰炸运动以威胁每个人生命财产的迫切感使得民众广泛参与，在思想意识、社会感知与认同等方面都有所提升，民众与新政权的联系在外力的催化下得到加强，中国共产党对民众的影响力也迅速提升。同时，群众竞相加入的人民防护队也成为此后上海民众组织基层自治机构的组织基础。第二，上海的人防体系从此建立。虽然防空警报、防空洞（壕）、交通管制、灯火管制等规定作为临时应急举措被提出，但由于其系统、全面、实用，成为人防体系建立的起点，此后在全国逐步推开，形成今天的格局。第三，轰炸威胁的实际存在使得执政者不得不思考未来中国的战略格局，尤其是原子能和冷战时代。执政者开始担心若将最大的经济总量放置在沿海一隅之地，一旦遭受袭击必会招致严重后果，于是“小三线”“大三线”建设在若干年后如火如荼展开。第四，在全国开展反美“三视”教育运动之前，上海人心目中的美国形象已经开始恶化。国民党轰炸上海发电厂不仅是“共产党对美国态度的转折点”，“而且当六个月以后朝鲜战争开始后，政治氛围已经变得到处充满对美国的仇恨”。[1]第五，党和政府在处理危机中的果决与高效，增强了人们的信心与认同，从而打消了民众对它的存疑，党和政府在民众心目中站稳了脚跟。从这个意义上来说，1950年5月起，新的中国真正诞生了！

[1]　[美]魏斐德：《红星照耀上海城——共产党对市政警察的改造》，第177页。

一、解放后上海的电价

（一）7月25日调整后的电价

电 力 公 司	动力电价（单位：元）	电灯电价（单位：元）
上海及沪西电力公司	107	214
法商电灯电车公司	86	172
闸北水电公司	129	258
浦东电气公司	171	342
华商电气公司	159	318
大耀电气公司	200	400
特别说明： 1. 家庭用电热价格与电灯价格同，工业用电热与电力同，公用事业用电，路灯用电，同业趸购等价一律按电力收费，私装路灯与电灯价同。 2. 优待办法：凡经工商处证明之各种生产单位，其所需动力电价照一般用户所用之电灯电热定价二分之一计算；驻军、市政机关、学校、文教机关、卫生机关等得照定价八折支付水电费。		

资料来源：《水电煤气电话价格调整》，《文汇报》1949年7月27日，第2版。

（二）11月25日调整过的电价

售 电 类 别	电　力	电　灯	电　热	同 业 趸 售
上海电力公司	357	1 071	2 142	500
法商电车电灯公司	418	1 254	2 508	—

续　表

售电类别	电　力	电　灯	电　热	同业趸售
闸北水电公司	471	1 413	2 826	660
华商电气公司	659	1 977	3 954	2 333
浦东电气公司	659	1 977	3 954	—
大耀电气公司	778	2 334	4 668	1 904

资料来源:《公共事业价格调整》,《文汇报》1949年11月25日,第2版。

(三)"二六"轰炸后限制用电时期电价表

售电类别	电　力	电　灯	工业用电热	公用事业	同业趸售	公共路灯	私有路灯
上海沪西电力公司	1 269	3 807	3 807	1 269	1 650	1 269	3 807
法商电车电灯公司	1 163	3 489	3 489	1 163	2 210	1 163	3 489
闸北水电公司	1 221	3 663	3 663	1 221	1 587	1 221	3 663
华商电气公司	1 372	4 116	4 116	1 372	2 333	1 372	4 116
浦东电气公司	1 944	5 832	5 832	1 944	2 333	1 944	5 832
大耀电气公司	1 465	4 395	4 395	1 465	1 904	1 465	4 395

资料来源:《公用局宣布限制用电办法》,《解放日报》1950年2月15日,第4版。

(四)4月27日限电政策取消后电价表

售电类别	电　力	电　灯	电车自来水公共路灯	同业趸售
上海电力公司	1 026	3 078	821	1 026
闸北水电公司	1 050	3 150	840	1 050
法商电车电灯公司	1163	3 489	930	1 163

续　表

售电类别	电　力	电　灯	电车自来水公共路灯	同业趸售
华商电气公司	1 368	4 104	1 094	—
浦东电气公司	1 472	4 416	1 178	1 472
大耀电气公司	1 260	3 780	—	—
附注：工业用电热照电力计价，其他电热除明令禁用者外，照电灯计价，私有路灯亦照电灯计价。				

资料来源：《水电煤气相继减价》，《文汇报》1950年4月13日，第2版[1]。

[1] 旧上海电源点分散，电价各不相同，之所以如此，盖因技术、网络等因素所致成本不同。以最高者浦电和最低者上电为例，有4个理由：1. 浦东地域广大，浦电线路较长，损耗比上电多11.3%；2. 浦电发电机效率低，要比上电增加的煤耗多0.273公斤；3. 浦电营业范围比上电小得多，管理费开支率相对较大；4. 浦电工业用户比上电多5%，在电价核算中占权重大。详见《浦东电价为啥较高？》，《解放日报》1949年10月7日，第6版。

二、上海空袭警报期间交通管制办法(草案)

(1950年2月14日)

1. 自发放空袭警报起，全市应即实行交通管制。交通管制任务，路上由人民警察、武装部队负责执行；水上由人民警察和港务监督检察院、信号员负责执行，民兵和民防纠察人员，就地维持秩序。

2. 在空袭警报发出后，交通管制执勤人员，应即进入指定的工作岗位执行任务，指挥车、船、行人就地分散掩蔽。交通民警应在交通岗位上悬挂防空旗，使用指挥信号灯指挥交通。港务监督信号员，应在信号台上悬挂防空标志，发出船舶停止航行的信号（白天悬挂两只黑球，夜间悬挂一盏红灯）。

3. 空袭警报期间，车、船、行人应当遵守下列规定：

（1）在空袭警报发出后，除持有防空通行证件的军用、消防、救护和警备车辆外，其他车辆应即停止行驶，向就近马路支线疏散停放；电车应即就地或靠边停放，并关闭电门，拉下拖铃；车上乘客依次下车，就近疏散掩蔽。

（2）水上船舶应即减速停驶，就地抛锚停泊；客轮、轮渡迅速向附近码头停泊，船上乘客依次离船上岸，疏散掩蔽。

（3）路上行人应即就地疏散掩蔽。

（4）车、船、行人必须听从防空执勤人员的指挥。各种车辆不得停放在交叉路口、弄堂口和消防设施附近。装载危险物品的车辆，应按指定的地方停放。

(5)在车站、码头、商场里的群众,应即就地疏散掩蔽。公共娱乐场所应即停止活动,场内观众、游人,应有秩序地疏散掩蔽。

4. 解除警报发出后,一切活动恢复正常。交通民警、水上信号员应即摘除防空标志,恢复正常的水陆交通指挥,其他防空执勤人员,应当协助维持秩序,防空拥塞或发生事故。

5. 解除警报发出后,遭受敌机轰炸的灾区,仍应实行交通管制,除执行防空勤务的消防、救护、警备车、船与人员外,禁止其他车、船、行人进入灾区。

资料来源:《关于公布上海市防空警报讯号及发放办法(草案)上海空袭警报期间交通管制办法(草案)及警报处的任务及编制(草案)》,1950年,上海市人民防空办公室档案B120-1-6,第2、3页,上档。

三、1950年上海市各区组织人民防护队统计表

区名	大队（个）	中队（个）	小队（个）	小队以下各组队员数（人）							合计（人）
				防空设备	消防	救护	自卫	疏散	善后救济	水电管理	
总计	118	425	1 479	8 218	18 965	10 699	16 789	3 989	2 367	3 001	64 028
黄浦	5	1	65	88	990	978	1 049				3 015
老闸	4	32	104	504	1 185	1 178	1 526	102	50	80	4 625
邑庙	5	27	48		352	291	638			86	1 367
蓬莱	6	25	183	1 681	2 796	211	3 953				8 641
嵩山	10	8	58		87	412	404	944		60	1 907
卢湾	6	23	25	1 650	144	64	194				2 052
常熟	5	13	50	336	885	691	918	238	132	215	3 415
徐汇	3	32	94	957	2 016	1 413	1 720	369	537	427	7 439
长宁	5	31	10	52	692	133	704	12	8	5	1 606
静安	8	6	51	330	507	724	515	118	107	109	2 410
新成	5		17	100	428	100	100	100	100	100	1 028
江宁	6	28	75		509	316	574	161		149	1 709
普陀	5	23	115		686	357	797	172		270	2 282
闸北	8	11	30	301	384	275	290				1 250
北站	4	46	131	500	2 000	500	500	500	500	500	5 000

续　表

区名	大队（个）	中队（个）	小队（个）	小队以下各组队员数（人）							合计（人）
				防空设备	消防	救护	自卫	疏散	善后救济	水电管理	
虹口	7	14	27	28	340	304	372	5	13	41	1 103
北四川路	4		62	500	1 443	300	300	300	300	300	3 443
提篮桥	6		66	46	375	386	423	58	23	32	1 343
榆林	5	6	31	160	649	160	200	160	160	160	1 649
杨浦	3	18	99	28	525	1 071	631	20	7	37	2 319
新市		35		600	1 070	600	600	600	300	300	4 070
真如	1	3	12	30	100	12	30	30	30	30	262
洋泾		22	78	100	752	100	200	100	100	100	1 452
吴淞	7	21	48	227	50	123	151				551

资料来源：《上海民防志》，上海：上海社会科学院出版社，2001年，第132—133页。

四、医院救治空袭伤员临时办法
(1950年2月)

1. 各医院应尽量准备扩充空床位,必要时应劝令慢性疾病患者暂时出院,让出空床位救治伤员;并应尽量增加手术组及设备,以便随时施行手术。

2. 各院担任治疗伤员的工作人员应明确分工,以免临时紊乱,并应加强工作人员训练与服务精神,随时与所在地区救护科取得密切联系并接受其指挥。

3. 各院救护车应配备救护员至少一人经常随车护送伤员,并设置简单包扎器材及担架若干副,每副担架必须设置毯子,又救护车出发时并将救护队工作人员往返运送,伤员到达医院时应免除挂号等繁杂手续,立即救治有住院必要者,不得因无住院费等原因拒绝收容,倘病床额满时,亦应先予急救处置,而后电告所在地区救护科或救护处,调度转院。

4. 倘因施行手术之伤员过多,医院手术组人员及设备不敷时,应电告救护科或救护处调度设法解决。

5. 各院救护站及救护队所需药品材料及担架等,可向各该区救护科领用。

6. 各院收治伤员之费用,包括住院费、伙食费、药品材料费(实报实销,在可能范围内应撙节使用)统按三等病房结算。具体规定如下:

① 军人或市府各局处工作人员,统由卫生局结算;

② 民众负伤住院，经区接管委员会证明确属无力付费者，概由政府负担，由卫生局结算；

③ 药品材料限于必需之治疗药材，并应尽量采用国产，不得采用成药及奢侈性的补药；

④ 担任重点区的医院，必要时得向本处领用急需之药品材料，但仍需计价，在结账时救护处于应付药品费内扣除之。

7. 免费伤员之费用，包括12条规定各项每十天向人民政府卫生局结算一次。

8. 各院救治伤员之报告办法规定如下：

① 本市每次被空袭后，各该医院所办急救站的救护工作，应立即填报（用救护工作报告表）送所在区的救护科自救护处直接调度之各医院（公济、仁济、广慈、中山、中西疗院），所填上项报表，直接送救护处，不必送科；

② 各院救治伤民，凡遇伤民入院出院，均须按日填具报告表（用医院收容伤民入院表与医院收容伤民出院表）；

③ 担任重点区救护收容医院，如院址不在重点区内，对于该重点区救护科免送入院报告表。

9. 各院均须于每晚八时或翌晨八时前，将本日所有空床位数，电话或书面报告区救护科。

资料来源：《紧急救治空袭时伤员，各重点医院决定办法》，《文汇报》1950年2月28日，第2版。

五、人民防空须知
(1950年2月19日)

1. 要注意并尊重市防空治安委员会及各区分会有关防空治安的通知，遵照执行，并严守防空纪律。

2. 自愿地自动地参加各区人民救护队的各组（如消防组、救护组、纠察组等）组织，并积极地工作。

3. 每家备水一至二大缸。

4. 凡有已淤塞的自流井或土井者，应即挖开，以便救火，并准备作必要时的饮食之用。

5. 节省不必要的电灯，准备洋烛或汽灯、煤油灯或植物油灯，收拾好一切容易引起火灾的东西。

6. 茅棚木屋及过旧的建筑物，不但不能抵御敌机的扫射，且有着火与倒塌的危险。所以切勿在这些地方躲避。凡有地下室者，应将地下室收拾干净，以备作防空掩蔽部。如有空闲亦可于室外墙边筑上沙包土堆，当作临时的简单防空掩体。

7. 无事不到热闹地区及一切容易遭受敌机轰炸的地区散步游逛。

8. 一闻预备警报，即将玻璃窗打开，以免轰炸时因空气急剧的冲击而破碎伤人。有窗帘者则一面开窗，一面放下窗帘。这样即可减少破坏与伤亡。

9. 夜间一闻警报即自动熄灭灯火，或用黑布窗帘将灯光遮住。

10. 在路上行走时,一闻预备警报即应迅速离开热闹与拥挤的地方,一闻紧急警报则应立即就近寻找地方躲避,但切勿惊慌乱跑。

11. 在开阔平坦的地方,如见敌机投弹切勿惊慌乱跑,听到炸弹从空中落下的声音(嘘嘘)时,应立即卧下,可减少危险与伤亡。

12. 在空袭时应注意并严防匪特分子趁机抢劫。

13. 在空袭时应注意防止匪特向敌机发信号或纵火等。如遇有此等情况,应奋勇捉拿或立即向附近军警报告,隐匿不报者罚,据实报告者赏。

14. 凡在易受敌机轰炸之地区内居民年老、有病、小孩、孕妇等,应尽可能迁出该地区移居亲友家中。年青体壮者则仍应继续工作与生产,更需遵照各工厂、各学校、各地区防空治安分会或人民防护队的指示防空。听到预备警报时,即收拾东西准备躲避。听到紧急警报时,应按事前被指定的位置隐蔽。但此时各机关、各团体、各工厂、各学校中之值班人员,及被指定的防空监视哨,仍应继续工作。

上海市人民防空治安委员会颁布

资料来源:《防空治安委会公布使用空袭标识及指挥交通旗帜办法与人民防空须知》,《解放日报》1950年2月20日,第1版。

六、上海反轰炸期间官方指定学习材料

1.《上海的同胞们,记着这笔血海深仇》(《人民日报》1950年2月9日);

2.《上海市委宣传部反轰炸破坏的宣传要点》(《解放日报》1950年2月10日);

3.《上海人民紧急动员起来反对美蒋轰炸》(《解放日报》1950年2月12日);

4.《陈毅市长在追悼大会上的讲话》(《解放日报》1950年2月13日);

5.《青年团上海市工委关于团结广大青年开展反轰炸斗争的决议》(《解放日报》1950年2月15日);

6.《中苏友好合作的新时代》(《人民日报》1950年2月15日);

7.《巩固中苏兄弟同盟》(《人民日报》1950年2月16日)。

资料来源:《青年团上海市工作委员会关于1950年3月份加强轰炸工作破坏形势教育的决定》,1950年,共青团上海市委档案C21-1-43-5,第1页,上档。

参 考 文 献

一、报刊

《解放日报》、《大公报》（上海）、《文汇报》、《中央日报》（台北）、《人民日报》、《新民晚报》、《益世报》（天津）

二、档案

1. 上海市档案馆馆藏档案：

《中共上海市委政策研究室关于二六轰炸后上海工业动态的简报》，1950年，中共上海市委政策研究室档案A4-1-5-4。

《上海资本主义工商业改造群众工作资料汇编（上册）》，1958年，上海市工会联合会档案C1-1-228。

《上海海员工会关于解放后反轰炸维持生产的情况》，1950年，中国海员工会上海区委员会档案C17-2-48-67。

《上海人民广播电台呈报华东局宣传部广播事业局的报告》，1950年，上海人民广播电台档案B92-1-54-1。

《中共上海市委秘书处关于上海市推销公债工作的几个问题决定的通知》，1950年，上海市人民政府档案B1-2-51-1。

《上海人民广播电台1950年关于反轰炸、参朝、劝购公债、政治宣传等专题总结》，上海人民广播电台档案B92-1-49。

《上海市人民政府卫生局在二六飞机大轰炸时期救护工作简报》,1951年,上海市人民政府卫生局档案B242-1-322-25。

《关于反轰炸中善后救济工作的材料》,1950年,上海市防空治安委员会档案B168-1-753-56。

《黄元庆、陆阿根关于建立二六轰炸罹难同胞各界人民追悼纪念碑的提案》,1952年,中国人民政治协商会议上海市委员会档案L1-1-26-163。

《上海电力公司关于应付空袭紧急措施及疗恤伤亡暂行办法》,1950年,中共上海市公用事业委员会档案A59-1-22-29。

《关于公布上海市防空警报讯号及发放办法(草案)上海空袭警报期间交通管制办法(草案)及警报处的任务及编制(草案)》,1950年上海市人民防空办公室档案B120-1-6。

《中共上海市委办公厅关于上海市遭受匪机空袭时防火及维持治安的注意事项材料》,1950年,上海市民政局档案B168-1-752-8。

《上海电力公司二·六反轰炸总结》,1950年,中共上海市公用事业委员会档案A59-1-23-1。

《上海市公用局有关上海电力公司1950年"二六"轰炸杨树浦发电厂之报告》,上海市人民政府档案B1-2-390。

《中共上海电力公司委员会关于全国劳模张世宝情况的报告》,1953年,中共上海电力公司委员会档案A59-2-3-14。

《上海电力公司关于全国劳模张世宝近况的报告》,1951年,上海电力公司档案C7-2-35-73。

《上海空袭后电力困难克服的经过》,1950年,华东军政委员会财政经济委员会计划局档案B0-15-50。

《上海电力公司的历史概要》,1955年,上海电力公司档案C7-2-70-1。

《上海市市政工会关于"二六"轰炸情况资料》,1950年,上海市政工会档案C7-1-1。

《中共上海市公用事业委员会所属各党组织关于防空反轰炸的通知、情况汇报等记录》,1950年,中共上海市公用事业委员会档案A59-1-22。

《关于"二·六"轰炸前后本市人防工作情况资料(1962年战备期间整理)》,1962年,上海市人民防空办公室档案B120-1-69。

2. 中国国民党文化传播委员会党史馆馆藏档案:

《为舟山海南撤军事对全国同胞之广播词》,档案号132/52。

3. 中国台湾"中研院"近史所档案馆藏档案:

《国机轰炸波及法产》,1950年,11-32-08、11-02-091。

《英商轮晏芝士号(Anchises)被炸赔偿》,1949年,11-32-11-06-042。

《我空军袭中共波及美国财产》,1950年,11-07-02-14-02-030。

《处理在沪英轮》,1949年,11-32-11-06-055。

三、书籍

[美]魏斐德:《红星照耀上海城——共产党对市政警察的改造》,梁禾译,北京:人民出版社,2011年。

刘统:《跨海之战:金门·海南·一江山》,北京:生活·读书·新知三联书店,2010年。

辞海编辑委员会:《辞海(1979年版)》,上海:上海辞书出版社,1980年。

顾诵芬、史超礼主编:《世界航空发展史》,郑州:河南科学技术出版社,1998年。

肯尼思·R. 惠廷著,张忆民译,吕民序校:《第二次世界大战中的苏联空军》,1983年。

马毓福编著:《中国军事航空1908—1949》,北京:航空工业出版社,1994年。

爱新觉罗·溥仪:《我的前半生》,北京:群众出版社,2007年。

《上海民防志》编纂委员会编:《上海民防志》,上海:上海社会科学院出版社，2001年。

熊月之主编：《上海通史·民国政治》，上海：上海人民出版社，1999年。

熊月之主编：《上海通史·当代经济》，上海：上海人民出版社，1999年。

马军、蒋杰主编：《上海法租界史研究》（第一辑），上海：上海社会科学院出版社，2016年。

［日］前田哲男：《重庆大轰炸》，李泓、黄莺译，成都：成都科技大学出版社，1989年。

徐朝鉴、王孝询主编：《重庆大轰炸》，重庆：西南师范大学出版社，2002年。

张济顺：《远去的都市：1950年代的上海》，北京：社会科学文献出版社，2015年。

沈志华：《苏联专家在中国（1948—1960）》，北京：新华出版社，2009年。

中国人民解放军上海警备区政治部、中共上海市委党史研究室编：《警备大上海》，上海：上海远东出版社，1994年。

中共上海市委党史研究室编：《历史巨变：1949—1956》，上海：上海书店出版社，2001年。

中国科学院上海经济研究所、上海社会科学院经济研究所编：《上海解放前后物价资料汇编（1921年—1957年）》，上海：上海人民出版社，1958年。

中共上海市委党史研究室编：《陈毅在上海》，北京：中共党史出版社，1992年。

上海市电力工业局史志编纂委员会编：《上海电力工业志》，上海：上海社会科学院出版社，1994年。

马齐彬等编：《中国共产党执政四十年（1949—1989）》，北京：中共党史资料出版社，1989年。

《共和国历程》编委会编：《共和国历程》，北京：光明日报出版社，1997年，第103页。

中央档案馆、中共中央文献研究室编：《中共中央文件选集（1949年10

月—1966年6月)》,北京:人民出版社,2013年。

汪东兴:《汪东兴日记》,北京:中国社会科学出版社,1993年。

《中国与苏联关系文献汇编》编委会编:《中国与苏联关系文献汇编:1949年10月—1951年12月》,北京:世界知识出版社,2009年。

刘国新主编:《中华人民共和国历史长编(1949—1956)》,南宁:广西人民出版社,1994年。

《苏联军事百科全书》中译本编辑组编:《外国著名军事人物(上)》,北京:知识出版社,1980年。

《上海军事志》编纂委员:《上海军事志》,上海:上海社会科学院出版社,1994年。

蒋经国:《我的父亲》,台北:三民书局,1975年。

中共中央文献研究室编:《陈云传》,北京:中央文献出版社,2005年。

四、已刊文章

白献竞:《试析德国"闪电战"在二战初大行其道的原因》,《沈阳教育学院学报》2004年第3期。

彭训厚:《史无前例的大规模登陆战役——诺曼底登陆战役述评》,《军事历史》2008年第1期。

穆景元:《美国空军在二战中对日本本土战略轰炸的作用》,《大连近代史研究》第12卷(2015年)。

陈存恭:《中国航空的发轫·民前六年至民国十七年》,中央研究院近代史研究所《集刊》(台北)第7期。

哈恩忠:《段祺瑞派飞机"轰炸"紫禁城》,《北京档案》2012年第8期。

张建基:《北伐战争前后的中国空军》,《军事历史研究》1990年第2期。

袁成毅:《国际社会为何聚焦日军空袭锦州》,《中国社会科学报》2010年3月2日。

唐学锋:《抗战初期日机对我国城市的轰炸》,《航空史研究》1999年第3期。

蔡亮、苏智良:《日本侵华对中国现代化建设的破坏——以上海闸北为例》,《民国档案》2009年第4期。

袁成毅:《日本陆海军对华航空初战及其影响(1931—1932)》,《历史研究》2014年第3期。

韩子善:《日军轰炸上海火车站》,《领导文萃》2005年第10期。

黄丹彤、钟鸣:《日机轰炸广州密度仅次重庆》,《广州日报》2012年10月22日,第16版。

焦光生、李玉凡:《日寇轰炸武汉实录》,《湖北档案》2005年第7期。

米歇尔·乔治著,杨常修编译:《1937—1949国民党政府空军建设的局限性》,《航空史研究》2001年第6期。

郭晔旻:《"长治"号传奇》,《舰载武器》2010年第9期。

江水:《逃台前后的蒋介石》,《两岸关系》2000年第10期。

李德仑整理:《上海海员在反封锁反轰炸的日日夜夜里》,《上海党史》1994年3月。

劳黎:《机智勇敢的上海海员——忆上海解放初期反封锁反轰炸的斗争》,《航海》1992年3月。

周洁:《一个应对突发事件的成功案例——上海解放初期的反封锁、反轰炸斗争》,《上海党史与党建》2005年第4期。

谢忠强:《新中国成立初期上海市反轰炸斗争述略》,《军事历史研究》2012年第4期。

《"二六"轰炸档案史料选》,《档案与史学》1995年第1期。

赵瑞卿:《"二·六轰炸"事件亲历记》,《中国边防警察》2011年第7期。

徐锋华:《一九五〇年上海"二·六轰炸"及应对》,《历史研究》2014年第4期。

苗生:《截获空中的黑色幽灵——侦破国民党保密局“上海独立台”纪实》,《党史纵横》1999年第10期。

萧宏林:《上海“二六”轰炸案特务落网记》,《龙门阵》2005年第6期。

李动:《建国初期沪上的一场谍战》,《解放日报》2012年12月4日,第12版。

杜华:《仇视美国! 鄙视美国! 蔑视美国!》,《看历史》2012年第8期。

庄志龄:《新中国第一公债在上海发行》,徐福生主编:《共和国风云》,上海:上海古籍出版社,2004年。

《上海市推销人民胜利折实公债史料》,《档案与史学》1999年第3期。

叶介甫:《我军第一支雷达部队的组建》,《传承》2010年第31期。

李学实:《建国初的中苏上海防空保卫战》,《联合日报》2014年11月22日。

荆继洪:《战斗在中国上空的拉-11》,《航空知识》2006年第2期。

叶介甫:《建国初期大上海上空的防御保卫战》,《福建党史月刊》2011年第15期。

李维民:《解放初期保卫上海领空的战斗》,《党史博览》2014年第2期。

蒋天然:《防空保卫大上海——中苏空军打败美蒋空军纪实》,《福建党史月刊》1994年第5期。

唐洪森:《国民党军撤守舟山群岛史事辨析》,《民国档案》2012年第4期。

郭贵保:《建国初期的上海防空》,《航空史研究》1999年第3期。

朱秉秀:《解放初期的上海防空》,《军事历史》,1994年第3期。

章孟杰:《夜袭上海——解放初期蒋空军的一次轰炸行动》,《纵横》1995年第2期。

五、学位论文

李雪:《1931—1937年“航空救国”运动探析》,硕士学位论文,云南大学人文学院,2014年。

杨红霞:《抗战时期日本轰炸甘肃研究》,硕士学位论文,西北师范大学历史学系,2014年,第42页。

林江彩:《1950年上海“二六”轰炸研究》,硕士学位论文,东华大学历史系,2013年。

赵喜:《二战期间美国战略轰炸研究》,硕士学位论文,山东师范大学世界史专业,2011年。

六、网络文献

景智宇:《王小亭和他的惊世之作》,政华摘编,上海档案信息网,2013年6月3日,http://www.archives.sh.cn/shjy/scbq/201306/t20130603_38695.html

后　记

拙著自产生“动议”到系统收集资料，再到今日的大体粗成，竟已有六年之久。那是2011年夏，我的“民国上海大空难”专题即将告竣之时，导师马军研究员希望我以“‘二六’轰炸”为选题再写点东西，延续“从空中看上海”的研究视野。那时也曾一本正经地坐在图书馆里收集了一些资料，后来忙着毕业、找工作、结婚，多处分心，这项研究就被耽搁下来。2012年夏，我终于在离上海3 000多里之外的家乡平凉安顿下来，27岁，成家立业，碌碌之中倒也顺畅。本来已经没有研究上海史的客观条件，我也打算继续搁置或放弃，可是马军老师一再鼓励我把这个题目坚持做下去，鞭策我在研究上不要停顿，一停就容易变懒。他还创造条件支持我到上海查资料，在研讨会发表初步报告。毕业五年来往上海四次，食宿车马很多都是得自老师的资助。2015年春，他将本专题纳入他所主编的“战乱中的上海”丛书，解决了它成形之后的出路问题。书稿写作过程中，他多次给我提示、意见、鼓励，并第一时间通读全稿，逐字修改。这一份老师对学生的关爱和引导在当今之世大概是不多见的。最深沉的感激已不足以酬谢知遇，我只有尽己所能搞好研究，提升自己，以不辜负老师的期望。

拙著集中撰写的这两年时间，正是我工作生活最忙乱的阶段。我是党校教员，除了跟上教学科研本职工作的正常进度，还承担了部分行政工作，恰又赶上连续的各种活动，打电话、送文件、写材料，要处理的事务增加不少，当终于有空坐下来写作时，脑子里往往一片空白，好几个小时都进入不了角色。与妻两地，儿子刚满半岁，正需要有人照顾。每天下班总晚两个小时，赶紧替换母亲带孩子，与他打闹嬉戏，终于哄睡之后，每每已近子时，才强撑起来对着电脑一字字地磨。有时儿子摸身边没人，一声哭醒，得再将他抚平后才又起身。如此这般，半夜两三点就寝是常态，周末往往到鸡鸣（家住城郊，常闻鸡鸣狗叫）。此中甘苦自知，好在正值壮硕之年，虽然百般疲劳，终究无恙。如今书稿付梓在即，终于可以舒一口气，准备迎接更加令人兴奋的场面。

我要向我的“大家庭”——中共平凉市委党校的领导和同事致以深深的谢意和歉意，自检两年来，工作中多有失误。但大家深刻谅解，从未责怪，李昌武校长在多个场合对我点名表扬，这是对我最大的支持和鼓励。

拙著能够由学术的殿堂——母校上海社会科学院所属的出版社资助出版是我的莫大荣幸。责任编辑章斯睿博士学力深厚，专业细致，热情周到，为本书出版注力尤多，为我指正了不少谋篇和技术上的不足，在此深表感谢。

上海社会科学院图书馆馆长王海良老师在研究生阶段即对我关怀备至，正是在他的安排下我才得以去台湾交流访学，一则开阔了眼界，二则也为拙著搜集到难得的史料。回平凉后，他经常和我交流。我请他代为作序，他慨然应允，随即细读全书，深情命笔，在序言中对我褒赞有加，提点和奖掖后辈之意跃然纸上。

2011年，中国台湾“中研院”近史所的张宁副研究员仅和我做过短暂的交流。因写作中资料的需要，六年之后我再向她发邮件“求援”，她竟毫不推拒，替我在该所档案馆拍摄了400多张弥足珍贵的档案资料，为拙著增色不少。

本研究的前期论文在研讨会发表时，学界前辈马长林、冯绍霆两位先生，以及周武、冯筱才等教授在场垂听，他们给出的中肯建议对我的后续写作启发很大。副主编蒋杰博士通读了初稿全文，逐字批阅，给我提供了最全面的修改意见。吴健熙老师是上海史专家，他乐于助我，斧正了我论文中的一些明显误用，也提供了很多资料线索。我的同学兼兄长张光润学问精深，为人厚道，与我朝夕三年，始终友善。若没有他搁下自己的博士论文，利用华师大公共数据库为我查阅大量文献资料，拙著则不可能完成。至于程佳、夏和武、蒋欣凯、梁艳、陈来虎等人，因与我有同门之谊，他们对本书的贡献，我总认为是理所当然的，在此也一并表示感谢。

上海社会科学院历史所资料室、上海市档案馆、华东师范大学图书馆和上海社会科学院图书馆是拙著所参考的史料的主要收藏单位。甘慧杰老师此前与我并无交流，毕业三年后到资料室，刚要做自我介绍，甘老师直呼拙名，任我查阅，一时颇感温暖。各单位资料的开放程度和设施的现代化水平，以及服务的便捷到位，让我在资料收集中事半功倍。

要感激的人太多，难以一一尽述，但还是必须表达对母亲、妻子和儿子的谢意与挚爱，有他们绵密不绝的爱的庇护，我安心完成这部书稿也是理所当然的。

怎么不令人兴奋呢？ 2015年《民国上海空难简史》出版时，儿子安之尚未满周岁，马军老师说“好比你又添了个儿子”。如今又有一个小生命鼓噪于母腹中，随时都有可能呱呱坠地。我昼夜兼程地完成书稿，就是想全力拥抱我生命中又一个奇迹。

2017年4月19日凌晨于平凉润斋

图书在版编目（CIP）数据

1950年上海大轰炸/张犇著.—上海：上海社会科学院出版社，2017
ISBN 978-7-5520-1970-4

Ⅰ.①1… Ⅱ.①张… Ⅲ.①国民党反共活动—史料—上海—1950 Ⅳ.①K265.220.6

中国版本图书馆CIP数据核字（2017）第086016号

1950年上海大轰炸

著　　者： 张　犇
责任编辑： 章斯睿
封面设计： 周清华
出版发行： 上海社会科学院出版社
上海顺昌路622号　邮编200025
电话总机021-63315900　销售热线021-53063735
http://www.sassp.org.cn　E-mail: sassp@sass.org.cn
排　　版： 南京展望文化发展有限公司
印　　刷： 上海信老印刷厂
开　　本： 720×1020毫米　1/16开
印　　张： 14
插　　页： 3
字　　数： 189千字
版　　次： 2017年8月第1版　2018年5月第2次印刷

ISBN 978-7-5520-1970-4/K·395　定价：48.00元